Permítanme contarles
Un texto imprescindible para comprender cuatro décadas de vida civil venezolana
1958 - 1998

Paulina Gamus

Permítanme contarles

Prólogo
Fernando Mires

dahbar

Permítanme contarles
Un texto imprescindible para comprender cuatro décadas
de vida civil venezolana, 1958 - 1998

© Editorial Dahbar
© Cyngular Asesoría 357, CA, 2017

Corrección de pruebas: Alberto Márquez

Diseño de portada: Jaime Cruz

Depósito legal: DC2018000607
ISBN: 978-980-425-021-7

A mis hijos Raquel y Ram
A mis nietos Joel, Eduardo y Victoria
por haberme regalado el privilegio
de ser seis veces bisabuela.

A la memoria de Amram Cohen Pariente,
mi inseparable compañero por veinte años

Contenido

Prólogo

Con dominio pleno de la ironía dice Paulina Gamus que nos va a narrar su paso por la profesión política (1968-1999). Uno, que como todo paso, fue seguido por otro: el de la observadora sagaz de la política desde el momento en que el Estado de su nación fue ocupado por Hugo Chávez Frías y su gente, hasta llegar a nuestros días, cuando en medio de «inciertas incertidumbres», otro capítulo de la ya no corta vida política venezolana está a punto de ser cerrado.

Permítanme contarles, solicita Paulina. Y el título de su libro no puede ser más exacto. Porque en el verdadero sentido del término, Paulina narra una historia que ella, como casi nadie, está en condiciones de testimoniar. Con eso estoy diciendo que, como ocurre con muchas cosas de la vida, el libro que estoy prologando es una unidad tridimensional. Es una historia, una narración y un testimonio a la vez.

Existe, por cierto, en círculos historiográficos, una ya larga discusión acerca del valor de los testimonios. Los testigos, aducen algunos historiadores, juzgan el pasado de acuerdo a vivencias y sus relatos son, por lo mismo, subjetivos. Puede que eso sea así en algunos casos; y no lo niego. Pero hay, por otra parte, diferentes tipos de testigos. Y si el o la testigo es una persona cien por cien política, y si a ello, además, se suma talento para secuencializar acontecimientos, quiere decir que estamos frente a un testigo privilegiado. Más aún, si a esas dotes agregamos una pluma brillante y mordaz, quiere decir que el libro de Paulina Gamus es una obra destinada a marcar hito en la narrativa política e historiográfica venezolana. Un libro que –esa fue mi experiencia– habiendo comenzado a leerlo, atrae como imán, impide conciliar el sueño y habiendo terminado su lectura, incita a volver a leerlo. O lo que es igual: a disfrutarlo.

Puedo imaginar que quienes sustentan la tesis de «la historia como ciencia» no estarán de acuerdo en conceder el título de narración histórica a un libro como el de Paulina Gamus. Según esa corriente, la historia no se ocupa de seres humanos, sino de «procesos y estructuras». Las personas, de acuerdo a tan aburridísima historiografía, no son más que prolongaciones secundarias de supuestas «leyes objetivas». Más aún, todo lo que tenga que ver con el humano existente y real, es relegado por dicha historiografía al lugar de lo subjetivo e, incluso, de lo literario. Así, para los marxistas y liberales, la historia es el resultado de relaciones socioeconómicas; para los hegelianos, de una astucia que solo la historia conoce; y para los darwinianos, el producto de una evolución natural.

Paulina Gamus demuestra, en cambio, y sin habérselo propuesto, que el curso de la historia, por lo menos el de Venezuela, está condicionado por seres como tú y yo, y por eso mismo, la historia, según las medidas de la sastrería humana, será siempre como sus actores: imprevisible, precaria, defectuosa, inconsistente. Pero también, y por eso mismo, alcanza de pronto instantes luminosos que, aunque sea de modo efímero, nos hacer ver, como una vez versara la inolvidable Violeta Parra: «al bueno tan lejos del malo».

O en otras palabras: precisamente porque Paulina nunca se propuso escribir un libro de historia, escribió un libro de historia. Una historia que es su historia, o biografía, pero que a la vez es parte de la historia de su nación. En cierto modo, confirma una sospecha; y es la siguiente: hay momentos en que la verdadera historia no puede sino ser autobiográfica, es decir vivida. Y aquí no hay necesidad de citar a Nietzsche para afirmar que todo lo que no es vivido carece de interés. El mundo pertenece a los vivos y no a los muertos. Esa última frase, como ustedes saben, no es de Nietzsche.

En el exacto sentido del término, biografía no es solo escribir «sobre sí mismo», sino «desde sí mismo hacia los demás», hasta alcanzar ese punto alcanzado por Paulina, punto en el cual lo subjetivo se hace objetivo y lo objetivo se hace subjetivo. Es por eso que reitero: estamos frente al testimonio de una testigo privilegiada. Una que no solo tiene el conocimiento preciso de lo que aconteció en el pasado reciente, sino, además, de los actores principales de una trama de acontecimientos formados por incidencias, accidencias: gestos de valor y vilezas innombrables cometidos por seres reales, en muchos casos todavía actuantes o activos.

Pero se trata –no olvida nunca Paulina– de una trama política, es decir, una en donde se cruzan enemigos y amigos políticos, quienes no tienen siempre que ver con amigos y enemigos personales pues, como confidenciara una vez Ramón J. Velásquez a Paulina: «Hay que diferenciar entre los amigos y los amigos del cargo». Creo que lo mismo vale para los enemigos. Y con estos últimos es Paulina implacable. Fue esa la razón por la cual al leer uno de esos incisivos artículos con los que cada cierto tiempo nos confronta, escribí a ella: «no quisiera contarme entre tus enemigos». Pero esa es también una opinión digna de ser revisada.

Si bien Paulina Gamus es una difícil enemiga política, siempre hace la diferencia entre la enemistad política y la enemistad personal. Como excelente conocedora de la condición humana sabe que al ser cada uno de nosotros portadores de opiniones, podemos cambiar de opinión sin que eso nos haga peores o mejores que antes. No son pocas las veces en las cuales a lo largo de libro, Paulina reconoce aspectos positivos en sus enemigos políticos y a la inversa, grandes deficiencias en algunos de sus amigos. Eso quiere decir, la amistad o enemistad política no es en Paulina –mujer política– incondicional. La política, eso lo aprendió muy bien, está sujeta a condiciones. Cambian las condiciones, cambian las relaciones. En ese punto, Paulina no cierra las puertas a nadie. La vida –comprueba su propio libro– da muchas vueltas.

Portadora de una tradición religiosa y humanista, la judía, sabe que nadie, ni aún el mejor entre nosotros, puede ni debe erigirse en juez absoluto de la historia. Ese oficio no nos corresponde. Pertenece solo a Alguien. Es por eso que Paulina, a través del libro, no niega la reconciliación con sus contradictores.

Solo dos veces apela Paulina –y en eso estoy totalmente a su lado– a la irreconciliación radical. La primera es contra aquellos que nos niegan el derecho a la palabra. Hay en el texto un no breve pero muy bello párrafo dedicado a la defensa de la libertad de palabra. A través de ese párrafo, y siguiendo el mandato de su tradición, Paulina es muy consciente de que si somos lo que somos es porque hablamos, y nunca hablamos para nosotros, sino para «los otros». Y sin los otros no somos «nos-otros». La negación de la palabra, hablada o escrita es para Paulina –quien como parlamentaria fue un ser parlante– un pecado mortal. Así lo entendí yo, al menos.

La segunda es el antisemitismo.

Pero no solo se trata, aunque también se trata, de la defensa de una religión, de un pueblo, de una tradición e historia. No solo es la suya una auto-defensa. Es también la defensa del derecho de cada ser humano a ser como es y lo que es. Me explico:

Todos podemos ser atacados y los que nos hemos ocupado de esa «cosa», la política, lo hemos sido más de alguna vez. Pero es muy distinto ser atacados por opiniones, por argumentos, incluso por principios, que ser atacados por lo que somos: miembros de una familia, de una historia, de un pueblo, de una tradición. En ese caso, si somos atacados por lo último, lo somos en nuestra propia «razón de ser en el mundo». Y quien ataca a nuestro ser, no puede ser sino un enemigo total. Eso es el antisemitismo.

Las opiniones, los argumentos, los principios, los podemos cambiar. Incluso podemos cambiar de territorio, de «hábitat», de nacionalidad, en algunos casos, de religión y en los últimos tiempos, hasta de sexualidad. Lo único que no podemos cambiar es la pertenencia a una familia, a un pueblo, a una tradición. De ahí que ser atacado en esa última relación, no por lo que hacemos, digamos, pensamos, sino por lo que somos, es un acto criminal. Contra ese acto no caben reconciliaciones.

En un discurso, el presidente Chávez, llevado por su irrefrenable verbo, gritó: «Te maldigo, Estado de Israel». Si Chávez hubiera dicho: «Te maldigo, gobierno de Israel», habría sido algo distinto.

Todos podemos estar de acuerdo o en desacuerdo con un determinado gobierno. Pero maldecir, no a un gobierno sino a un Estado, es decir a la representación jurídica y política de una nación, es un insulto de otro calibre. Es racismo; es antisemitismo en su más primitiva y fascista expresión.

Chávez en esa ocasión se declaró enemigo absoluto, no solo del Estado de Israel sino del ser humano. Contra ese ataque no hay peros que valgan. Chávez, desde ese momento, se convirtió en el enemigo absoluto de Paulina Gamus. Después de tan maligna declaración, Chávez no dejó ninguna otra alternativa. Y, no obstante, Paulina, aunque no perdona, quiere entender. ¿Cuáles son las razones que llevan a cruzar los límites que posibilitan la coexistencia humana?

Paulina Gamus, aunque ella no lo quiera, es una intelectual. Por eso intenta analizar desde una perspectiva psíquica el antisemitismo de Chávez. El narcisismo agudo que, según algunos psiquiatras han detectado en el presidente, será objeto de su atención. También indaga en la formación ideológica de Chávez y ahí se encuentra con los textos de Norberto Ceresole, su mentor ideológico: un fascista argentino de antisemita profesión. Y no por último, en la fascinación que ejerce en Chávez la teocracia persa, enemiga jurada de Israel. A los enemigos hay que entenderlos; esa parece ser una de sus divisas.

A los amigos también. Sobre todo a quienes fueron sus amigos políticos en el pasado reciente. Sin embargo, quien espera una apología del pasado pre-chavista o una exaltación de su militancia «adeca» se desengañará. Del mismo modo, quien espere que Paulina haga un «borrón y cuenta nueva», también se sentirá frustrado. En ese punto, Paulina ha sabido encontrar el justo término medio. No se deja alinear junto a los «reivindicacionistas», quienes añoran un supuesto pasado esplendoroso, lleno de magistrados sabios y presidentes honestos. Pero tampoco cae en la «leyenda negra» cultivada por el chavismo, a saber: que todo ese pasado solo fue un pantano de corrupción, hasta que apareció Chávez, enviado por Bolívar, a salvar a su nación. Política avezada, Paulina sabe muy bien que los cambios no ocurren en contra de la continuidad histórica y que, en muchos casos, las grandes transformaciones no son sino reproducciones del mismo pasado que se quiere denostar. Pero no solo frente al pasado es ella crítica.

La vida política es vida polémica y no hay polémica sin crítica. De acuerdo a esa premisa, Paulina se aleja de una actitud maniquea de acuerdo a la cual basta estar en contra de Chávez para poseer la razón histórica. Por el contrario: Paulina ha debido librar, al interior del propio espacio antichavista, duras polémicas. Sus adversarios (no enemigos) internos han experimentado de modo duro sus críticas. Sean aquellos que durante un tiempo jugaron con la idea de la insurrección de masas; sean los que, de modo irresponsable llamaron al abstencionismo electoral; sean los que confundieron al enemigo y atacaron entre otros a Rosales y a Petkoff con más furia que a Chávez; sean los que se dejaron llevar por tentaciones «antipartidistas», contra todos ellos, Paulina ha debido librar gramaticales batallas. Y no obstante, aun en los momentos de mayor tensión, Paulina Gamus ha sabido mantener uno de sus principales dones: un muy agudo sentido del humor. Un humor que la ha llevado a reírse incluso de sí misma, sin perder jamás la compostura. Ese buen humor cruza casi todas las páginas de su libro, haciendo de su lectura un fino placer.

El libro termina en ese espacio de incertidumbres que vive la Venezuela de nuestros días (escribo en el justo medio del 2012). Pero ¿no es siempre la política algo incierto?

Nadie tiene en sus manos las llaves del futuro. Y precisamente porque nadie las tiene, necesitamos de la política, actividad que, como enseña Paulina, debe ser conjugada en tiempo presente. La política es existencial o no es.

No obstante, para construir ese futuro incierto, precisamos conocer el pasado. Sobre todo necesitamos conocer lo que nos dicen quienes lo vivieron y lo pensaron. Permitamos entonces a Paulina Gamus que nos cuente lo que tiene que contarnos. Es mucho, y, además, muy pero muy importante. Lo puedo asegurar.

Fernando Mires

Nota de la autora

Desde hace años me acosaba la idea de escribir las memorias o el anecdotario de lo que fue mi paso, digamos que fugaz (1968-1999), por la política. ¿Fugaz? ¿Tres décadas de discursos, declaraciones de prensa, apariciones en televisión, diatribas parlamentarias, pleitos partidistas e interpartidistas, chismes y zancadillas pueden catalogarse como algo fugaz? Si tomamos en cuenta que para el año 1968 tenía treinta y un años, se comprenderá que opté por el activismo político a una edad en que la mayoría de profesionales del área tienen muchas millas de navegación. Además, decidí retirarme a los sesenta y dos, lo que para casi todos los políticos venezolanos –al menos los de la vieja escuela– constituiría un mutis prematuro. Fugaz o no, en treinta años pasaron tantas cosas que sentía la necesidad de contar aquellas que permanecieron en mi memoria. Nunca me lamentaré lo suficiente por no haber llevado un diario, lo que sin duda hubiese facilitado este esfuerzo. Pero entre las muchas inconsistencias de la manera venezolana de hacer política ha estado precisamente esa: confiar en la fidelidad de la memoria y no tomarse el trabajo de escribir lo que se quiere recordar con exactitud.

El primer y más grave escollo es (y sigue siendo) cómo contar hechos recientes cuyos actores están vivos y si no ellos, sus hijos. En otras palabras, cómo relatar sucesos que ofenderían o pondrían en entredicho a determinadas personas, sin levantar un polvorín. Si partimos del hecho de que eso ha sido siempre la política: polemizar, hablar mal de los adversarios y divulgar sus vicios o debilidades, nada más natural que escribirlos. Pero ¿sería eso justo ahora cuando todos estamos en un mismo barco que hace años navega a la deriva? En ese barco sin rumbo ni brújula viajamos las estrellas, los actores de reparto y los figurantes o extras de los cuarenta años de militancia político partidista que corrieron entre enero de 1958 y diciembre de 1998. En ese barco no hay políticos de primera, de segunda o tercera como sucedía en los viejos tiempos, todos compartimos el mismo destino.

Hechas estas salvedades me adentro en el pantano movedizo de narrar hechos que ocurrieron y de los que fui actora (actriz no queda bien) o testigo. Solo por el placer de compartir lo vivido ¿y por qué no?, quizá algo quede para la historia.

-I-
La aventura de ser adeca

Revelada mi edad en la nota introductoria ya no puedo sino seguir adelante; diré entonces que al estallar la Revolución de Octubre (1945) yo tenía ocho años y medio.

Esa mañana mi papá me había llevado a una óptica en el centro de Caracas donde debía recoger los lentes que me había prescrito el prestigioso oftalmólogo Jesús Rhode. Se oyeron los primeros disparos y todos nos lanzamos al piso, alguien le gritó a mi papá que cuidado con la niña, en pocas palabras: ¡no sea inconsciente!, como si mi papá pudiese haber adivinado lo que iba a suceder. En aquella plácida Caracas ocurrían milagros como, por ejemplo, conseguir un *libre* (taxi) en pleno estallido revolucionario. En ese *libre* llegamos mi papá y yo a nuestra casa en El Conde, no sin antes rescatar por el camino y llevar a su casa a una amiga de la familia que salía de la Escuela de Artes y Oficios, situada en lo que es hoy la avenida Universidad.

Mi papá, Habib Gamus, era natural de Alepo, Siria, de donde había emigrado a Venezuela en 1929. Mi mamá, Alegre Gallego, era una judía sefardita nacida en Salónica, Grecia, y había llegado a Caracas ese mismo año. Ambos vinieron acompañados de todo su grupo familiar, eran los inmigrantes que no tenían vuelta atrás, los que nunca tuvieron en mente retornar a sus lugares de origen. En Caracas se conocieron presentados por alguien fiel a la gran *mitzvá* o acto piadoso de la fe judía que es promover matrimonios. Siendo de la misma religión pertenecían a culturas distintas, pero aquí en Caracas se casaron y aquí nacimos sus cinco hijos.

En mayo de 1945 ocurrió la rendición de la Alemania nazi y en agosto de ese año terminó la Segunda Guerra Mundial. Durante los cinco años de guerra y aunque la pequeña comunidad judía venezolana nunca se vio amenazada por ese conflicto, había un miedo que se respiraba en el aire de mi casa. Mi papá, judío observante, hacía salir con cualquier pretexto a la empleada doméstica antes de rezar sus oraciones del *shabat* (sábado) u otras festividades. Yo no estaba en edad de saber que, a pesar de la alineación del gobierno del general Isaías Medina Angarita con los países aliados en contra del nazi fascismo, se había girado a todos los consulados de Venezuela en Europa un instructivo que prohibía conceder visas a judíos que penaban por escapar del genocidio. Ese instructivo, casi idéntico en varios países de América Latina, se mantuvo vigente hasta entrados los años cincuenta. Mi mamá había perdido en el campo de exterminio de Auschwitz a todos sus tíos y primos que vivían en Salónica, cuando esa ciudad, la *Jerusalén* sefardita, fue ocupada por el ejército nazi. Por razones más que lógicas, mi papá sentía pavor de expresarse políticamente: *musiú* (extranjero) y además judío eran dos trabas para él insalvables.

Cuando comenzaron las sesiones de la Asamblea Nacional Constituyente, en 1946, en el país existía una euforia a favor de Acción Democrática, el partido que en conjunción con jóvenes oficiales del ejército había promovido el exitoso golpe cívico militar o revolución contra el presidente Medina Angarita. La radio en la sala de mi casa nos transmitía en vivo y en directo las sesiones de la Constituyente y en mis recuerdos perdura la atenta admiración con que mis padres y mi tío Isaac, hermano menor y soltero de mi papá, oían los discursos, especialmente las intervenciones del poeta Andrés Eloy Blanco, quien presidía ese cuerpo parlamentario. De una vez supe que, con las reservas propias de su doble extranjeridad, mis padres sentían simpatías por Acción Democrática, el Partido del Pueblo. Jamás podrían ser copeyanos, ¿judíos socialcristianos?, y menos aún comunistas.

Un poco de eso, otro poco del sentimiento de rabia por el derrocamiento del presidente Rómulo Gallegos, más la influencia de mis profesores en el Colegio Moral y Luces Herzl Bialik, en su mayoría acciondemocratistas o adecos vetados por la dictadura de Pérez Jiménez para trabajar en liceos oficiales, me inclinaron hacia el partido fundado por Rómulo Betancourt. Sin que lo supiéramos en aquel momento, el colegio judío de Caracas fue un lugar de encuentros y de reuniones de los adecos perseguidos por el régimen perezjimenista. Nunca llegamos a enterarnos en aquel entonces de que Pedro Felipe Ledezma, uno de nuestros profesores, era el secretario general de AD en la clandestinidad y que fue encarcelado y sometido a terribles torturas por la Seguridad Nacional (la policía política del régimen). Fue acusado de participar en una conspiración para derrocar al dictador, en la que estaban involucrados dirigentes de AD en el exilio y en el país. Pero sí supimos lo suficiente para llorar la expulsión del país de nuestro profesor de Historia, José Manuel Siso Martínez, cuando estábamos en la mitad del curso del segundo año de bachillerato.

En octubre de 1954 ingresé a la Universidad Central de Venezuela para estudiar Derecho. El primer día de clases nuestro profesor de Sociología, Rafael Caldera, hizo una pregunta colectiva para que cada uno de los cursantes de ese primer año la respondiera de manera verbal y breve: ¿por qué eligieron esta carrera? No puedo recordar con exactitud qué fue lo que respondí, era algo que tenía que ver con la búsqueda de la justicia. Pero debió impresionar gratamente al profesor Caldera porque unos días después me abordó José Rafael Zapata Luigi, estudiante de 5º año y coordinador del partido social cristiano Copei en la Facultad de Derecho. Me dijo que Caldera le había hablado de mí y que le gustaría que yo me acercara a ese partido. Le respondí negativamente con dos argumentos: mis simpatías por AD y mi condición de judía, que indudablemente no armonizaba con un partido que se autodenominaba cristiano. A pesar de esa negativa, Caldera fue muy deferente conmigo ese año y luego cuando fue mi profesor de Derecho del Trabajo, en el tercero. Un día de clases en el primer año de derecho, Caldera felicitó a los alumnos por tener entre ellos a una periodista de proyección internacional. Volví la cabeza hacia atrás y hacia los lados para saber de quién se trataba, resulta que se estaba refiriendo a mí por una carta que yo había enviado al editor de la revista *Life* en español. En la misma protestaba por las burlas y el trato despectivo a Venezuela y a su gente en un reportaje que esa revista había publicado.

Rafael Caldera, Arístides Calvani, quien nos enseñaba Introducción al Derecho, y otros profesores eran en su mayoría copeyanos. Podían continuar su actividad académica y seguir su vida normal, ya que Copei no estaba ilegalizado como sí lo estaban AD, el Partido Comunista y Unión Republicana Democrática (URD). Sin embargo, hay un episodio que se recuerda poco y fue el atentado de la Seguridad Nacional contra Caldera mediante una granada arrojada a su casa. El artefacto, que por suerte no explotó, cayó cerca de la cuna de su hijo Andrés que era un bebé. Pedro Estada, temido jefe de esa policía represiva, había demandado a su esposa en un conflictivo juicio de divorcio y Caldera era el abogado de la señora Estrada. No fue difícil deducir que aquel ataque fue un acto intimidatorio contra el abogado y profesor Rafael Caldera.

Los meses finales de 1957, que lo fueron también de la dictadura de Pérez Jiménez, estuve ausente de clases por una peritonitis y otras complicaciones posparto que me mantuvieron postrada varias semanas. Las clases se suspendieron a fines de octubre por las revueltas estudiantiles en protesta contra el régimen. En el mes de febrero de 1958, ya derrocado el dictador, las nuevas autoridades de la Universidad Central permitieron la reincorporación de los estudiantes que estaban presos o exiliados, en el mismo año que cursaban cuando fueron obligados a abandonar sus estudios. Gracias a esa decisión no perdí el año por mi ausencia de casi tres meses. La lucha política comenzó muy pronto en la Universidad porque en diciembre de ese mismo año se realizarían las primeras elecciones democráticas después de once años de régimen dictatorial. Se retomaron las viejas consignas contra el candidato de AD: era un comunista agazapado, regresaría el sectarismo adeco del trienio 1945-1948 causante de la dictadura. La más frecuente y casi natural de todas las imputaciones en la Venezuela homófoba y machista de aquellos tiempos (y también de estos): Rómulo era homosexual, aunque el calificativo que se usaba contra él no era tan delicado. Muchos años después, una mañana en la que un grupo de dirigentes adecas lo visitábamos en su quinta Pacairigua, en Altamira, Rómulo nos llevó a ver su corral y nos dijo que solo comía gallinas y pollos picatierra porque «con la fama de marico que tengo, imagínense si me pongo a comer pollos engordados con hormonas».

El triunfo de Rómulo Betancourt en esas elecciones de 1958 fue rotundo. Su conocimiento profundo de la idiosincrasia de Venezuela, su país, que recorrió de punta a punta, lo hizo insistir en la candidatura aun en contra de la opinión de muchos de sus compañeros de partido que preferían a un independiente. Esa opinión adversa no solo provenía de las rencillas internas, sino también de los recelos que despertaba en muchos venezolanos el pasado sectario y radical de AD, una de las causas del derrocamiento de Rómulo Gallegos. Betancourt se impuso no solo a la oposición dentro de AD, sino que logró derrotar al almirante Wolfgang Larrazábal que era de muy buen ver, lo que entonces las mujeres llamábamos un *mango*. Carismático y además rodeado de la simpatía general por haber presidido la Junta de Gobierno que sustituyó al derrocado Pérez Jiménez. Si aquella elección se hubiera dado en estos tiempos en que la presencia física y el carisma tienen tanto peso en la imagen televisiva de los políticos, quizá Rómulo que era pequeño, regordete, bastante feo, con la cara picada de viruela y con una voz atiplada, no habría podido conquistar la presidencia.

Como ejemplo del sectarismo adeco se contaba en esos días un chiste que tenía como protagonista a la entonces dirigente de AD, Mercedes Fermín. Alguien le decía que los adecos eran sectarios y ella lo negaba con el siguiente argumento: «Si yo fuera sectaria diría que Luis Beltrán Prieto es más buen mozo de Wolfgang Larrazábal, pero como no soy sectaria digo que están ahí, ahí». Habría que aclarar para quienes no lo conocieron, que el maestro Prieto, importante dirigente de AD en aquellos años y máximo líder del poderoso gremio de los educadores, era feo de toda fealdad, abusaba de esa condición de la cabeza a los pies. Para dar solo una idea de las desproporciones de su figura, se recoge el hecho de que años más tarde al ser aspirante a la candidatura presidencial por su partido, Movimiento Electoral del Pueblo (MEP), surgido de la tercera escisión de Acción Democrática, la tarjeta electoral de esa organización de identificaba por una gigantesca oreja y el eslogan era «Vota Oreja». Tenía, para compensar tal desconsideración de la naturaleza para con él, una inteligencia privilegiada y un manejo ácido y punzante del humor. En un mitin de la campaña electoral en la que se enfrentó a su excompañero de partido Gonzalo Barrios, candidato de AD, un grupo de mujeres adecas acudió con la intención de sabotear el acto. Las féminas gritaban: ¡Abajo Prieto! ¡Abajo Prieto! El candidato hizo un paréntesis en su discurso para responderles, con el megáfono en mano: «Estas compañeritas gritan abajo Prieto porque no saben lo bueno que es Prieto arriba!

A pesar del ambiente bastante hostil a la figura de Betancourt, en particular, y a los adecos en general, la supremacía de estos en la UCV y la alianza de Copei y de URD con el gobierno de Betancourt basada en el Pacto de Punto Fijo, permitieron que esa fuese una época de relativa tolerancia política en el ámbito estudiantil. Fue así como el ya presidente Rómulo Betancourt pudo visitar por primera y única vez la Ciudad Universitaria de Caracas. Ocurrió exactamente el 6 de agosto de 1959, con motivo del acto general de graduación en el Aula Magna. Nuestra promoción de abogados llevó el hombre de Leonardo Ruiz Pineda, el dirigente de AD asesinado por la policía perezjimenista. Un compañero de estudios, primo del presidente Betancourt, le entregó la invitación para el acto de graduación. Rómulo no solo asistió, sino que nos hizo entrega de los títulos, uno a uno, a los cuatrocientos o quinientos graduandos de las distintas carreras. Mis compañeros me designaron para pedir a las autoridades rectorales que nos concedieran el título de abogado. Hice especial énfasis en el nombre de Ruiz Pineda y Rómulo me obsequió un gesto de deferencia cuando me entregó el pergamino: estrechó con sus dos manos la mía, momento del que conservo una foto. En aquellos tiempos no se había estandarizado el besuqueo que ahora hace interminables (además de altamente antihigiénicos) los actos públicos de asistencia masiva como son las graduaciones universitarias. Era esa la primera vez que veía en persona a Betancourt y, por supuesto, mi corazoncito adeco latió con más fuerza que nunca.

Dos años después el ambiente político del país era otro y el universitario uno muy distinto. Las promociones universitarias concurrieron divididas a los actos de graduación con epónimos acordes a las tendencias partidistas predominantes: las de abogados en la que se graduó mi hermano Rafael, se llamó «Fidel Castro», y la de sociólogos, a la que perteneció mi hermana Esther, «Revolución Cubana», ambas en agosto de 1961. La Ciudad Universitaria de Caracas se transformó en coto cerrado de la ultraizquierda y en guarida de personas vinculadas con la lucha armada castro comunista contra el gobierno de Betancourt. Acción Democrática quedó debilitada en la Universidad Central por la primera división que sufrió al escindirse el Movimiento de Izquierda Revolucionaria (MIR) que captó a la mayor parte de la dirigencia juvenil y militancia estudiantil del partido. El movimiento universitario copeyano pasó a sustituir a AD en su combatividad por defender la democracia. Pasaron los años y cuando ya los muchachos miristas de 1959 –Simón Sáez Mérida, Américo Martín, Moisés Moleiro, Rómulo Henríquez, Lino Martínez y otros– pintaban canas, los dirigentes adecos continuaban lamentándose de no contar con un movimiento juvenil importante porque habían perdido a la crema y nata de la juventud partidista con esa división. Lo cierto es que AD perdió –por el desgaste que conlleva el ejercicio del poder– el atractivo heroico y contestatario que entusiasma a los jóvenes. Y nunca más pudo ser mayoría en la primera y más importante universidad del país.

La división política de aquellos días se hacía presente en la casa de mis padres: yo, adeca (aunque sin carnet), con el apoyo irrestricto de mi mamá; mi hermano, urredista; una hermana, del MIR; la hermana menor, del PCV, y la penúltima con inclinaciones hacia la izquierda, pero sin militancia, y además con un marido adequísimo que influía sobre ella para hacerla votar siempre, aunque a regañadientes, por AD. Las discusiones eran interminables y con frecuencia agrias. Un día mi papá explotó y amenazó con irse de la casa si continuábamos con esas peleas. Fue como un sacudón y desde entonces, sin cambiar nuestras ideas, entendimos que el afecto familiar estaba por encima de ideología y partidos. Mi papá nunca aceptó que sus hijos activáramos en política, le tenía terror sobre todo a ver su apellido desacreditado. Él hacía culto de la buena fama acatando así un proverbio judío que aparece en el Pirké Avot o Tratado de los Padres: «Nada hay más importante en la vida ni mejor legado a los hijos que un buen nombre». «El buen nombre es mejor que el mejor ungüento» decía, según mi papá, el rey Salomón. Recién graduado mi hermano Rafael, por quien Jóvito Villalba, el máximo dirigente de URD, tenía gran aprecio, lo nombraron síndico procurador municipal del Distrito Sucre, uno de los más ricos de la zona metropolitana de Caracas. Aunque ese concejo municipal no era aún el centro de escándalos de corrupción en que convirtió un tiempo después, mi papá hizo que a las pocas semanas mi hermano renunciara al cargo, nunca más aceptó otra designación vinculada con la política. Con el tiempo se distanció de URD y hasta perdió su anillo de graduación de la promoción «Fidel Castro» al lavarse las manos en un avión; sin duda, un acto fallido. Tampoco yo habría hecho carrera política si mi papá no hubiese muerto en noviembre de 1963.

En 1961, recién graduada y con solo 24 años, comencé a trabajar en la División de Menores de la Policía Técnica Judicial, a las órdenes de la abogada –entonces adeca– Clarisa Sanoja. Pocos meses después pasé a dirigir la Sección de Menores de Chacao, que cubría la zona metropolitana del estado Miranda. Allí estuve nueve años que para mí fueron de un invalorable aprendizaje sobre la manera de ser, vivir y pensar de los venezolanos más pobres y también, con alguna frecuencia, de los más ricos. La jurisdicción de esa dependencia policial abarcaba las urbanizaciones más elegantes y los barrios más pobres del este de Caracas. También fue una escuela para mí sobre las miserias y grandezas del ser humano.

En aquellos tiempos era entrevistada con alguna frecuencia por la prensa escrita en relación con los casos policiales a mi cargo. Así conocí el escozor de la vanidad que le entra a la gente cuando ve su nombre e imagen en las páginas de un periódico, como si se tratara de subir un peldaño hacia la fama. Sin embargo, no me satisfacía la idea de ser apenas una funcionaria policial, me gustaba escribir y aspiraba a convertirme alguna vez en una escritora de renombre. Pero –tengo que confesarlo– antes de tener esas aspiraciones intelectuales quise ser cantante. Tenía una bonita voz de soprano aunque nada educada, por la que fui solista en el coro y en los actos culturales de mi colegio y en el Liceo Andrés Bello. Un día, cuando tenía 14 años, me jubilé de clases y me fui a Radio Continente para participar en un concurso de aficionados. Ya había ensayado con el pianista el pasodoble «El Relicario» con el que debía conocer las mieles del éxito y padecía temblores de miedo escénico, cuando apareció ante mí Amador Bendayán, el famoso comediante, que era, además, hermano de mi tía Rebeca Bendayán de Gallego. Me preguntó qué hacía en la radio y yo, al borde del desmayo, le respondí que estaba acompañando a una amiga concursante. Apenas pude, salí corriendo del sitio sin realizar mi debut. Allí y en ese momento se frustró mi carrera de cantante, pero tuve la suerte de que mis padres no se enteraran nunca de esa aventura que me habría costado quién sabe qué castigo. Una mujer que trabajara en lo que aún no se llamaba la farándula, era lo peor que le podía suceder a cualquier familia decente en aquella época cuajada de prejuicios; era casi equivalente a ser una mujer de mal vivir.

Mi sueño de ser una escritora renombrada pasaba por escribir en *El Nacional*; pocas actividades daban mayor prestigio que tener una columna de opinión en ese diario. Por razones que nunca indagué, mi papá, que era un pequeño comerciante con todas las condiciones para preferir *El Universal*, como casi todos sus paisanos y colegas, siempre compró *El Nacional*. Con ese periódico crecimos mis hermanos y yo. Su propietario y director, Miguel Otero Silva, además de reconocido intelectual había sido un connotado militante del Partido Comunista y continuaba ubicado en la izquierda. Y aunque en el periódico se daba cabida a columnistas de distintas tendencias, los intelectuales y periodistas marxistas eran la mayoría. *El Nacional* era el periódico liberal por excelencia, en contraste con *El Universal*, conservador, y con *Últimas Noticias*, de Miguel Ángel Capriles, el diario de mayor circulación en el país, con frecuencia amarillista pero siempre preferido por los sectores populares.

La aspiración de ser columnista de *El Nacional* y con ella el ingreso a la vida política activa, ocurrió de la manera más insospechada. Corría el cuarto trimestre de 1968 y en diciembre se realizarían las elecciones presidenciales. Los candidatos con mayor opción eran Gonzalo Barrios, de Acción Democrática, y Rafael Caldera, de Copei. *El Nacional*, contrariando la que había sido su línea tradicional, tomó partido abiertamente en contra de la candidatura de Caldera. Ocurrió que faltando dos semanas para las elecciones, el vehículo en que viajaba con mi hermana Victoria y mi cuñado, y en el que ondeaba una bandera blanca con el escudo de AD, fue atacado por unos activista copeyanos que se concentraban en la plaza Venezuela, de Caracas; estuvieron a punto de volcarlo con nosotros adentro. Se puso una vez más de manifiesto mi vocación epistolar: escribí una carta al director del diario denunciando el hecho y la llevé yo misma a la recepción del periódico. En ella acusaba de fascistas a los agresores y lamentaba que mi exprofesor Caldera, a quien yo admiraba, tuviese a su alrededor gente de esa calaña.

Esa misma noche, alrededor de las 9, llamó por teléfono a mi casa don José Moradell, el legendario caballero español. Me anunció que mi carta se publicaría destacada al día siguiente. Así fue: en la primera página del cuerpo de política, apareció la carta con este gran titular: «De una admiradora del doctor Caldera».

Llovieron las felicitaciones de gente a la que conocía y a la que no, algunos dirigentes de AD obtuvieron mi teléfono y me llamaron para expresarme su satisfacción. Pero Caldera ganó aquellas muy reñidas elecciones y a los pocos días de ser investido, la Policía Judicial pasó a ser dirigida por copeyanos como casi todo el gobierno. Comenzó un hostigamiento sistemático contra mí con el propósito de que renunciara al cargo, lo que hice un año después. En el ínterin y gracias al estímulo de José Moradell, me hice columnista semanal de *El Nacional*. La columna se llamaba «TicTac» y se transformó en una descarga inclemente de tinte humorístico o satírico contra el gobierno de Caldera. Las pocas mujeres columnistas que había para la época no solían aplicarse en el género humorístico. Fue así como al sostener una polémica con Adriano González León, quien escribía en *El Nacional* con un seudónimo que no recuerdo, él me respondiera con un artículo que comenzaba diciendo: «ese señor que utiliza el seudónimo de Paulina Gamus de Almosny...». Aproveché entonces para volver a replicarle acusándolo de machista irrecuperable. Era tan insistente y puntillosa mi columna semanal que en 1972, cuando fui al Palacio de Miraflores con la representación del Congreso Judío Latinoamericano que se celebraba en Caracas, el entonces presidente Caldera al darme la mano como bienvenida, me dijo: «Paulina, siempre la leo» y al despedirme, con una sonrisa casi de ruego: «Paulina, deme un respiro».

Definitivamente, nunca sería cantante como lo deseaba en mi primera adolescencia ni una famosa escritora como lo soñé en mis tiempos de juventud; tuve que conformarme con ser conocida como una política con alguna habilidad para escribir artículos de opinión y, por supuesto, cartas. Mucho tiempo después conocí una anécdota tribuida al expresidente uruguayo Julio María Sanguinetti, quien fue, antes que político, un reconocido dramaturgo. Alguien le preguntó cómo había saltado del teatro a la política y él respondió que ser actor y político eran más o menos la misma cosa. ¿Entonces Carlos Andrés Pérez es un actor?, le preguntó el interlocutor, ¡Nooo –respondió Sanguinetti–, lo de Carlos Andrés no es teatro, es ópera!

Contra viento y marea

Ser adeco nunca fue fácil para alguien que tuviera la pretensión de pertenecer al mundo intelectual. Ya desde su primera experiencia de gobierno en el trienio 1945-1948, se fabricó el estereotipo de los adecos como el epítome de la ignorancia y de la cursilería. Si se tiene en cuenta que al producirse la revolución de octubre en 1945, el analfabetismo era el peor de los males heredados de la dictadura gomecista y que ese pueblo pobre y marginado se hizo masivamente adeco, no es difícil entender que a AD se le llamara el partido de los *pata en el suelo*. Se ridiculizaba así el símbolo de la organización, que era un campesino calzado con alpargatas, con sombrero cogollo y con un bollo de pan bajo el brazo. Muchos de los más destacados intelectuales de la generación del 28 participaron en la gestación de AD. El más grande novelista venezolano, Rómulo Gallegos, el más laureado poeta, Andrés Eloy Blanco, el más celebrado caricaturista, Leoncio Martínez, «Leo», y el más respetado músico y maestro de varias generaciones, Vicente Emilio Sojo, estuvieron entre los fundadores y aun así no pudieron deslastrar a sus compañeros de partido de esa fama de palurdos y ramplones. El himno de AD, el único que partidarios y adversarios reconocen al instante apenas suenan los primeros acordes y las líneas: «Adelante a luchar milicianos...», es obra de Andrés Eloy Blanco, la letra, y del eminente músico margariteño Inocente Carreño, la música.

La derecha y la izquierda solían coincidir, como ha sucedido tantas veces, en sus expresiones despectivas contra el «partido del pueblo». Unos lo calificaban de cuasi comunista y los otros de derechista, pero ambos hacían mofa de la escasa pulitura social y cultural de sus militantes. El semanario humorístico venezolano más famoso de todos los tiempos –*El Morrocoy Azul*–, en cuya plana mayor figuraban comunistas o intelectuales ligados al marxismo, como Miguel Otero Silva y Kotepa Delgado, se solazaba en las burlas a los adecos. Eran tan cursis, según ese semanario, que decoraban sus casas con ordinarias flores plásticas y con las mabitosas cortinas de lágrimas de San Pedro; usaban unas pantuflas de fieltro bordadas a mano que decían en la izquierda «recu» y en la derecha «erdo», para formar juntas la palabra recuerdo. Comían caviar con nuestra criolla torta de harina de yuca, el casabe, por cierto, una deliciosa combinación. Con el renacer de la democracia en 1958, aparecieron nuevos medios humorísticos como el semanario *Dominguito* de Kotepa Delgado, que insistía en la sátira a costa de los adecos. Y más tarde *La Pava Macha*, dirigido también por Kotepa Delgado con las firmas de Aquiles y Aníbal Nazoa, Jaime Ballestas (Otrova Gomás) Manuel Caballero, Igor Delgado, Rubén Monasterios y Luis Britto García, entre otros.

La cursilería, el sectarismo y el clientelismo político de AD nunca dejaron de ser una veta muy rica a ser explotada por esos medios. A Domingo Alberto Rangel, dirigente nativo del estado Táchira, quien luego sería uno de los fundadores del MIR, lo bautizaron con el mote de «jurungamuerto» por su inveterada costumbre de incluir en sus discursos a los mártires de AD, es decir, a los compañeros de partido asesinados por la dictadura perezjimenista. Uno de los chistes que se contaban durante el segundo gobierno de Rómulo Betancourt (1959-64) era el del adeco que había sufrido toda clase de torturas –incluso fue castrado– en las cárceles perezjimenistas y buscaba un cargo en la administración pública. En todos los ministerios y dependencias públicas había letreros muy visibles que decían «No hay cargos vacantes». Desesperado, el adeco decidió enfrentar al director de personal de uno de esos despachos y despojándose de su orgullo le dijo que él era no solo militante del partido de gobierno, sino además un héroe de la resistencia contra Pérez Jiménez. El jefe de personal le ofreció un cargo de ínfima categoría con sueldo aún más ínfimo: entonces el adeco reaccionó y le dijo: ¿esa miseria para alguien que fue castrado por la Seguridad Nacional? ¡Yo no pido limosnas! El jefe de personal, impresionado por la revelación, revisó la nómina y cambió la propuesta: –bueno, aquí aparece un cargo de cuatro mil bolívares (casi mil dólares en ese momento), pero usted no tiene que venir a trabajar, apenas preséntese a cobrar los días quince y último. –Usted me ofende –dijo furioso el adeco–, yo no soy ningún vago, yo quiero contribuir al éxito del gobierno del compañero Betancourt. El jefe de personal contestó: –mire, amigo, aquí todo el mundo viene a echarse aire en las bolas, como usted no tiene, venga solamente los quince y último.

Muchos años después, al ganar las elecciones presidenciales Jaime Lusinchi, un viejo adeco que había estado preso en el campo de concentración de Guasina pidió audiencia con el presidente del partido, Gonzalo Barrios, y le manifestó su inhibición, hasta ese momento para pedir algún cargo que compensara sus padecimientos durante la dictadura de Pérez Jiménez y su probada lealtad partidista. Pero le parecía que había llegado la hora de recibir algún reconocimiento: apenas aspiraba a ser designado embajador «... *aunque sea en París, compañero Barrios*».

A la fama de ignorantes y primitivos que perseguía a los adecos, se sumó, con el combate a la guerrilla castro comunista en la década de los sesenta y primeros años del setenta, el sambenito de torturadores, delatores o espías y luego uno que fue *in crescendo*: el de corruptos. A pesar de esos resquemores antiadecos, recuerdo que a las tertulias que se hacían en la pequeña oficina de Julio Barroeta Lara, en *El Nacional*, acudíamos los columnistas del diario casi todos de izquierda y muy pocos adecos o copeyanos. Sin embargo, cordializábamos y una aceptaba bromas a costa de su adequismo y también las hacía, sin que las diferencias políticas que nos separaban se vistieran de odios.

Si alguien me preguntara hoy como me pregunté tantas veces a mí misma, qué fue lo que más me atrajo de Acción Democrática, diría, sin lugar a dudas, que fue la capacidad de los adecos para reírse de sí mismos. Para mí esa es una de las características esenciales de la verdadera inteligencia, la misma a la que ahora se le agrega el adjetivo emocional. Y también muestra de un genuino espíritu democrático. A diferencia de los chavistas, que carecen por completo de sentido del humor, hasta el punto de que los catalogados alguna vez como humoristas ahora destilan hiel, la dirigencia adeca jamás persiguió a quienes hacían humor a costa de su tipología y de los estereotipos que los encasillaban. Por el contrario, celebró sus bromas y hasta las divulgó. Fue Jaime Lusinchi, cuando era secretario general de AD, quien hizo conocer la historia y el texto del célebre Discurso de Cariaco, que en alguna oportunidad fue transcrito en el diario El Nacional, de Caracas, de donde lo copio:

«Un discurso universal: 1947 se recuerda como un año en que la lucha política adquirió signos de violencia en muchas regiones de Venezuela. Los partidos Acción Democrática (AD), Social Cristiano Copei, Unión Republicana Democrática (URD) y Partido Comunista de Venezuela (PCV) se disputaban las elecciones presidenciales.

Asunción Guzmán, militante fundador de Acción Democrática, fue escogido para que hablara en un mitin en Cariaco (hoy capital del municipio autónomo Ribero del estado Sucre) al que asistiría el candidato presidencial de ese Partido, Rómulo Gallegos.

Cuenta el profesor e historiador Alberto Yegres Mago que Asunción acudió a su amigo Andrés Barrios, militante de URD, encargándole que le hiciera un buen discurso político para leerlo el día del acto en la plaza de Cariaco. Barrios, bajo los influjos de las copas en una bodega de Carúpano, diseñó y confeccionó el discurso con el agravante (o atenuante) de que muchas frases y palabras, giros y gracejos, fueron añadidos por otras personas que compartían la jarana alcohólica en ese caluroso mediodía carupanero. La tradición oral ha conservado el texto del discurso de Asunción Guzmán, quien frente al público y de espaldas a un descomunal árbol de jabillo, expresó: Compañeros deportivos, hétenos aquí solemnemente instalados, serena la mirada, seguro el porvenir, aquí en Cariaco con sus ríos caudalosos, sinuosos, brumos y hermosos. Aquí en Cariaco con sus techos rojos, sus blancas torres, sus azules lomas y sus bandadas de tímidas palomas que hacen nublar de lágrimas mis ojos. Porque Cariaco no es Casanay ni Casanay es El Pilar ni El Pilar es Tunapuy ni Tunapuy es Pantoño, ni Pantoño es Cariaco, y yo estoy hablando precisamente aquí en Cariaco» (gran ovación) «Por aquí pasó un tal Jóvito Villalba (silbidos y rechiflas) y se fue, pero no importa porque como dijo nuestra querida compañera Juana de Arco, en un mitin de Acción Democrática en Tucupita: ¡Un amor que se va cuántos se han ido, otro amor volverá más duradero y menos doloroso que el olvido! Aquí está con nosotros el compañero Severo Cortés, que no es severo ni es cortés pero es valiente. El compañero Severo, antes de la revolución de Octubre, no sabía leer ni escribir y hoy pesan sobre sus hombros cartapacios y cartapacios de documentos.

Estamos satisfechos compañeros por la obra creada desde el poder. En los años que tiene el compañero Rómulo Betancourt al frente de la Junta Revolucionaria de Gobierno, hemos construido nada menos que la Cordillera de los Andes, la Cordillera de la Costa, el Cabo de Tres Punas, San Francisco, Malapascua, Punta Cardón, Punta Arena y la Península de Araya. Y si no hemos hecho el acueducto de Margarita, a los adecos nos cabe la honra de haber hecho la Isla que no es lo mismo.»

«Acuérdense compañeros del compañero Francisco Bermúdez, que montado en lo alto de este jabillo dijo: ¡Cariaqueños, desde lo alto de este jabillo cien siglos os contemplan! Acuérdense del compañero Simón Bolívar cuando paseaba en las glándulas llenas de belleza, allá en Venecia, con su prima Fanny y acuérdense también del compañero Jesucristo, cuando con cinco panes y cinco sardinas les dio de comer a cinco mil personas y eso que no había Junta Reguladora de Abastecimiento».

Compañeros, fíjense hasta dónde llega el sectarismo de los urredistas, el sectarismo marrón, que una obra como «Romeo y Julieta» ellos dicen que la escribió un tal Chakespiare, claro porque ese Chakespiare es urredista. Pero todos sabemos en el Partido que esa obra salió de la pluma vigorosa del compañero Domingo Alberto Rangel. Compañeros, yo lo único que les pido es que voten por Rómulo Gallegos para la presidencia de la República. Gallegos es grande en el pensamiento y en la acción. Gallegos es tan grande, compañeros, que es capaz de echarse él solo encima a la América del Norte, a la del Sur, a Monagas, Anzoátegui, Nueva Esparta y Trinidad.

¡Abajo la banca, abajo la industria, abajo el comercio!

¡Viva Acción Democrática!

Estruendosos aplausos, gritos, silbidos y rechiflas que impidieron entender las últimas palabras.

Entre mujeres te veas

Después de la derrota del candidato de AD Gonzalo Barrios, en diciembre de 1968, me propuse incorporarme de lleno al trabajo partidista, aunque desde mi condición de independiente. Tomé la decisión en esos tres angustiosos días que siguieron a la jornada electoral, días en los que personas como yo, que éramos apenas simpatizantes del partido, llenábamos los espacios del CEN en La Florida y nos codeábamos con el candidato en ascuas y con otros altos dirigentes. Había un virtual empate entre el candidato socialcristiano Rafael Caldera y el adeco Gonzalo Barrios, y quienes padecíamos aquella prolongada incertidumbre, nos consolábamos con «bolas» que ponían a ganar al nuestro, actas que aparecían en perdidos lugares de la geografía nacional, votos que eran sacados debajo de las piedras para obtener el triunfo de nuestro líder. Gracias a la brillante inteligencia del candidato Gonzalo Barrios y a su sensatez sumada a la del presidente de la República, Raúl Leoni, AD reconoció el triunfo de Caldera sin detenerse en lo irrisorio del número de votos de ventaja.

Años después, cada vez que alguien me echaba en cara no ser adeca desde la cuna y haber llegado con tardanza al partido, como si eso fuese un antecedente delictivo, le respondía que lo había hecho justamente en momentos en que muchos adecos de toda la vida se habían esfumado por la pérdida de las elecciones. Después de la toma de posesión de Rafael Caldera, en febrero del 69, la soledad de la casa nacional del partido que perdió el gobierno por apenas 33.0000 votos y que continuaba siendo la primera fuerza política del país, era patética. En 1970, al renunciar a mi cargo en la Policía Judicial, empecé a participar en actividades partidistas del Departamento Femenino y con la categoría estatutaria de simpatizante. Debo anotar que el partido que había logrado el voto para las mujeres en la Constituyente de 1946-1947, no le otorgaba a su sección femenina el rango de Secretaría Política. En 1969, AD tenía solo una diputada y una senadora, situación inexplicable después de la importante figuración femenina –dieciséis diputadas– en aquella Asamblea Constituyente. La manera de darles un caramelo a las compañeras de partido para que no protestaran, era ubicar a la directora del Departamento Femenino, Elia Borges de Tapia, como emergente para llenar la vacante de cualquier miembro del CEN (Comité Ejecutivo Nacional) que se retirara temporalmente para ejercer un cargo ministerial o bien –con mayor estabilidad– la de alguno que hubiese fallecido. Y, por supuesto, fue ella la única mujer que figuró en varias elecciones, en un puesto salidor de las listas para la Cámara de Diputados del Congreso. La otra congresista adeca fue la dirigente larense Dori Parra de Orellana, que era una fija como senadora por su estado.

En 1973 tuve alguna participación como independiente y siempre dentro del ámbito femenino, en la campaña de Carlos Andrés Pérez, candidato presidencial de AD. Pronuncié mi primer discurso político en un acto multitudinario de mujeres que se convocó con el lema: «Pregúntale a Carlos Andrés». En las puertas del Hotel Ávila de Caracas donde se celebraba ese acto, había un comité de señoras que recibía a las invitadas. Llegó entonces Beatriz Veitané, la sacerdotisa del culto a María Lionza, con su acostumbrada batola floreada y un signo del culto tatuado o pintado en la frente. Una de las señoras del comité de recepción le impidió la entrada con el argumento de que no tenía tarjeta de invitación. Beatriz Veitané levantó su mano derecha y comenzó a sacudir sus dedos en un sube y baja de esa mano, mientras pronunciaba palabras ininteligibles que fueron interpretadas como una maldición. Al día siguiente el esposo de la «maldecida» sufrió un infarto y dos días después murió. Desde entonces todas las enteradas del caso pasamos a ser de lo más cordiales y solícitas con la sacerdotisa. En las frecuentes oportunidades en que se me acercó para hacerme alguna petición jamás tuve la descocada idea de negársela.

Carlos Andrés ganó las elecciones en diciembre del 73 y asumió en febrero del 74. A la euforia general por aquel triunfo se unió un desbordamiento de adulación a todos los niveles. Quienes no tenían a su alcance la posibilidad de guindarse directamente del presidente recién electo, se conformaban con los ministros o con sus esposas. Aún no había comenzado la era cuasi saudita de la «Gran Venezuela», pero en el ambiente parecía olfatearse que ese fenómeno ocurriría. Como el femenino era el sector en el que daba mis primeros pasos dentro de la política partidista, me fue imposible faltar a un homenaje que ya no recuerdo quiénes le organizaron a Gloria Capiello de Peñalver, la esposa del recién designado ministro de Educación, Luis Manuel Peñalver. En la entrada del Gran Salón del Hotel Caracas Hilton había un enorme libro con tapa de letras doradas frente al cual las asistentes hacían cola para firmar, no sin antes escribir algunas palabras de elogio a la agasajada. Era esa la primera vez que la veía, ¿cómo entonces escribir algo que me saliera del alma? Creo que apenas firmé debajo de la palabra «Éxito».

Jamás olvidaré aquel sarao sin precedentes ni repetición, en lo que a mí respecta. Mientras un pianista académico pretendía captar la atención de las mil y tantas asistentes, con valses de Chopin, un conjunto de música criolla con arpa, cuatro y maracas, se presentaba en la otra esquina del salón. Un poco más allá, el compositor Ítalo Pizzolante interpretaba algunas de sus baladas. Así fueron desfilando intérpretes de todos los géneros. Y como no podía faltar la declamación de versos coincidentes con el suceso, el poeta colombiano Jaime Tello se subió al escenario y desde el pódium concluyó su elegía a la agasajada con estas palabras: *Gloria a Dios en las alturas y Gloria en la tierra a Luis Manuel Peñalver.*

La beneficiaria del homenaje, ya en trance de agradecer tantas muestras de estima, pronunció un discurso que culminó así: «Como dijo nuestro gran poeta Andrés Eloy Blanco, caminante no hay camino, se hace camino al andar». Alguien le susurró que ese verso era de Machado y ella corrigió: «Perdón, como dijo Gustavo Machado». Para quienes no lo recuerden, Gustavo Machado era el máximo líder del Partido Comunista de Venezuela y jamás, que se sepa, fue poeta.

Ese mismo año de 1974, recién posesionado como presidente, Carlos Andrés Pérez creó por decreto la Comisión Femenina Asesora de la Presidencia de la República. La integración fue bastante heterogénea o heterodoxa, muestra de su empeño por diferenciarse de todo lo conocido como adeco o adecoide, entre otras cosas del muy criticado sectarismo del partido. Así fue como en aquella Comisión de Mujeres coincidimos militantes y simpatizantes de AD, filo-copeyanas, militantes y exmilitantes de la ultraizquierda recién pacificada y hasta la esposa de un excandidato presidencial que había competido contra Pérez. Fui designada secretaria ejecutiva de esa Comisión y tuve así la posibilidad de trabajar, por primera vez, a las órdenes de un grupo de mujeres cuyo objetivo debía ser la promoción de los derechos y reivindicaciones femeninas.

La Organización de Naciones Unidas declaró 1975 como Año Internacional de la Mujer, lo que obligaba a los países miembros a realizar actividades en consonancia, antes o después de la Conferencia Mundial que se llevaría a cabo en Ciudad de México. La Comisión Femenina organizó entonces el Primer Congreso Venezolano de Mujeres, un acontecimiento inédito en la Venezuela contemporánea que solo las mujeres (y no todas) tomamos en serio. Pude constatar que la manera usual y por lo general exitosa de desvalorizar toda empresa que se refiriera a los derechos y aspiraciones de la mujer, fue siempre la burla. Por ejemplo, un mitin de mujeres era llamado el *pantaletazo* y con otras denominaciones bastante obscenas.

Aquel Congreso fue una demostración de gran amplitud política, participaron mujeres de todos los partidos y tendencias y hubo confrontaciones realmente ideológicas –no exentas de violencia verbal y amagos de física– en temas como el aborto, apoyado por las mujeres de la izquierda radical pero que las socialcristianas rechazaban furiosamente. Estas últimas se peleaban además con las adecas por capitalizar las resoluciones del Congreso y mientras tanto una buena parte de la prensa caricaturizaba la reunión. Como muestra de esa costumbre de ridiculizar la femenino, circuló profusamente el Manifiesto del Sindicato de Caminadoras del Distrito Federal y Estado Miranda, cuya autoría algunas personas atribuyeron a Miguel Otero Silva, Paco Vera Izquierdo y otros humoristas y «mamadores de gallo» de la época.

El manifiesto, fechado el 15 de mayo de 1975, decía:

Ciudadana Presidenta y demás delegadas del Congreso de Mujeres, el Sindicato de Caminadoras del Distrito Federal y Estado Miranda (hetairas en la antigua Grecia, geishas en Japón, prostitutas, putas, rameras, etcétera) las felicitamos por el trascendental acontecimiento que significa la instalación de este Congreso del que –aun cuando no estamos aparentemente representadas– nos consideramos parte muy calificada. Por su digno órgano nos permitimos formular los siguientes planteamientos que constituyen nuestras justas aspiraciones, ante los organismos a los que competa satisfacerlas:

a. Que se nos extienda una credencial o carnet que nos haga inmunes a la persecución policial que constantemente nos acosa, en nombre de una moral y de unas buenas costumbres totalmente obsoletas y periclitadas. Este acoso de la policía constituye sin lugar a dudas, un atentado contra la libertad de tránsito y de trabajo que nuestra Constitución garantiza a los venezolanos.

b. Que se ponga coto por todos los medios al alcance de las autoridades competentes, a esos depravados engendros que ahora llaman transformistas y que no son otra cosa que homosexuales (vulgo maricos) los cuales valiéndose de artimañas de mala ley, siembran confusión entre nuestra clientela y nos hacen víctimas de una competencia desleal.

c. Reclamamos una jubilación o pensión de retiro después de veinte años de trabajo, pensión cuyo monto sería fijado entre el Sindicato y el o los representantes del gobierno. Esta pensión podría ser acordada habida cuenta de las facultades extraordinarias conferidas por el Congreso al Presidente de la República, por decreto. A cualquier objeción al respecto podría responderse ¿qué es un decreto más? Consideramos obvio referirnos a nuestro trabajo arduo y sacrificado, sin jornada ni horario fijos, pues laboramos de día y de noche sin pago de horas extra, sin disfrute de vacaciones ni de días feriados, haciendo largas caminatas para levantar al cliente quien –en no pocas ocasiones– resulta insolvente y nos echa el gran carro, sin que podamos ejercer ninguna acción para obtener el pago de nuestros servicios. El trabajo en esas condiciones nos inhabilita, antes de transcurrir veinte años, para seguir ejerciéndolo con eficacia. Por otra parte, esa jubilación facilitaría el ingreso al mercado de las nuevas promociones de caminadoras, aminorando las pugnas generacionales.

d. Apoyamos, por último, la petición de nuestras camaradas socialistas en el sentido de legalizar el aborto. Si bien es bastante difícil que una caminadora salga preñada (a menos que incurra en un lamentable descuido) consideramos que se debe evitar el nacimiento de más hijos de puta (hideputa, los llama Cervantes en El Quijote) pues ya existe superabundacia de ellos en nuestro país.

Confiadas en que ese honorable congreso prestará su decidido apoyo a nuestras justas y razonables aspiraciones, nos es grato testimoniarles nuestro anticipado reconocimiento.

Seguían las firmas y algunas consignas, bastante subidas de tono, entre las cuales estaba una que calzaría muy bien en los tiempos de socialismo del siglo XXI que hoy sufrimos: «Abajo las putas extranjeras, representantes de la oligarquía y del imperialismo» y «Por la nacionalización de la putería sin burdeles mixtos». Concluía el manifiesto con la siguiente aclaratoria: «Esta exposición como pudiera suponerse por el lenguaje utilizado, no ha sido redactada por ningún intelectual de la extrema izquierda, somos políticamente independientes».

No era fácil imaginar en esa época que en una sociedad tan hipócritamente moralista, tan machista y homófoba como la venezolana, sería factible discutir el tratamiento de la prostitución como una actividad laboral merecedora de protección social. Menos aún que la homosexualidad dejaría de ser motivo de escarnio, al menos en los medios de comunicación y expresiones públicas.

La Conferencia Mundial del Año de la Mujer, en Ciudad de México, a la que asistí como miembro de la delegación venezolana, se inauguró en junio de 1975. Ese acontecimiento merece unas líneas no solo por la representación de los países musulmanes cuyos jefes de delegación eran todos hombres, sino por el llamado Foro donde ocurrían situaciones realmente grotescas y descabelladas. Allí se congregaban las extravagancias menos imaginables y eran esos los hechos que los titulares de la prensa mexicana e internacional destacaban. Los caricaturistas de distintos países aguzaron su ingenio en el propósito de satirizar el acontecimiento propiciado por la ONU.

Estaba recién salida del horno la resolución de ese organismo que equiparaba los términos sionismo y racismo, la misma que había sido impulsada y aprobada con los votos de los países musulmanes además de la Unión Soviética y sus satélites, entre ellos Cuba, y por supuesto la China maoísta. Eran pocos los oradores con poder de convocatoria, la mayoría hablaba ante salas casi desiertas, pero el día fijado para el discurso de la jefa de la delegación israelí, Leah Rabin, esposa del entonces primer ministro Yitzhak Rabin, la sala se llenó y era difícil conseguir una silla vacía. El público estaba constituido por delegados de los países árabes y de los países de la Europa comunista, además de cubanos y chinos. Apenas llegó la oradora al pódium, todos ellos se levantaron de sus sillas golpeándolas unas con otras y abandonaron la sala entre abucheos e insultos.

A la par ocurrió algo insólito: la jefa de la delegación de Siria simpatizó conmigo desde el primer día y aunque nunca cruzamos una palabra, ella me sonreía cada vez que nos tropezábamos y yo le devolvía el gesto. El día de la clausura se acercó a mí con un paquete y me dijo en un inglés más o menos inteligible, que en vista de que no le podía hacer un regalo a cada una de las delegadas de Venezuela, me había elegido para que yo recibiera el obsequio que su delegación destinaba para nosotras. Le agradecí lo más efusivamente que pude y en su presencia abrí el regalo, que era un bellísimo chal de seda color verde, bordado con hilos dorados. Lo conservo como recuerdo de que en el fondo y a pesar de tantos odios alimentados a lo largo de muchas décadas, árabes y judíos tenemos unas raíces y una historia comunes. Algún rasgo de mis ancestros árabes debió ver en mi rostro aquella representante de Siria, paisana de mi papá, para escoger justamente a la judía del grupo como merecedora del regalo de su país.

Algo que a lo largo de mis años en la vida política comprobé como muy sabio y realista, fueron las palabras de un historiador peruano sentado a mi lado durante un foro con delegadas de varios países. Todas sin excepción se quejaban de la discriminación contra la mujer y todas aparecían como adalides de las reivindicaciones femeninas. Mi vecino mascullaba sus opiniones adversas hasta que explotó y me dijo que esas señoras eran unas hipócritas: «mire que yo he estudiado la historia (es mi profesión) y me he encontrado miles de casos de hombres que han dado su vida por hombres, de hombres que han dado su vida por mujeres, de mujeres que han ofrendado su vida por hombres, pero ni uno solo de una mujer que haya sacrificado su vida por otra mujer». Políticamente, se entiende.

Era presidente de México Luis Echeverría, quien me hizo comprender las diferencias abismales y nunca superadas de un virreinato, como había sido su país, y una humilde capitanía general como fue Venezuela. En el centro de un coso enorme, una especie de poliedro monumental, se había erigido una estructura en forma de pirámide. En la cúpula aparecía sentado solo, como descendiente directo de Quetzacóatl, el presidente Echeverría. Varios, pero varios metros más abajo, sentadas en un semicírculo estaban las autoridades de la ONU, ministros y otras personalidades; luego, más abajo todavía, los jefes de delegación. En las gradas todos los demás: delegados, invitados y público en general.

Cuando Echeverría pronunció su discurso desde aquel trono faraónico, no supe lo que dijo: estaba fascinada por la inexistencia de límites para la vanidad humana cuando se mezcla con el poder, en este caso prácticamente omnímodo. Solo así se explica que los mexicanos toleraran durante seis años las extravagancias y manías de la primera dama, María Esther Zuno de Echeverría. Fanática del folklore de su país, obligaba a las esposas de los ministros y de otros altos funcionarios, a asistir a las recepciones y actos oficiales con trajes típicos de las diferentes regiones de México. Ella misma se encargaba de escogerlos y de llamar a las víctimas para imponerles el atuendo correspondiente a cada una. Prohibió que en los actos oficiales se sirviera licor por lo que cualquier brindis, fuese quien fuese el invitado de honor, se hacía con las llamadas «agüitas» que podían ser de guanábana, tamarindo, limón, guayaba, piña, etcétera.

La poco agraciada señora Echeverría invitó a un almuerzo en Los Pinos, la residencia presidencial, a las delegaciones de los países que ella había visitado en gira oficial, entre ellos Venezuela. Por supuesto que solo bebimos «agüitas». Ya estábamos en los postres cuando la orquesta típica que amenizaba el condumio comenzó a tocar La Bamba y la primera dama, carente de cualquier atisbo de eso que los españoles llaman salero, salió al ruedo a bailar esa pieza con la esposa de un ministro. Algo risible por lo grotesco y también relacionado con la forma autoritaria de ejercer el poder, esa que no conoce límites para el ridículo.

Algunos años después volví a México en otra misión y era presidente José López Portillo. Apenas conocí al joven que me serviría como una especie de guía o attaché, este me preguntó si sabía por qué a la primera dama la llamaban la «mujer tacón». Por supuesto que no lo sabía, entonces me explicó: «Por respeto, por respeto, por no decir la mujer-suela». Resulta que la señora Carmen Romano, esposa de López Portillo, a la que había visto en fotografías cuando la pareja vino de visita oficial a Venezuela, era una bohemia que bebía algo más de la cuenta, tocaba piano y cantaba en sitios nocturnos de la capital mexicana, amén de atribuírsele unos cuantos amantes mucho más jóvenes que ella. En las fotos, la primera dama mexicana aparecía con unos intensos ojos verdes profusamente maquillados y un aspecto similar al que tenían las cabareteras en las películas mexicanas de los años cuarenta y cincuenta. Confieso que las historias sobre su conducta, que la mayoría consideraba impropia de la posición que ocupaba, me la hicieron altamente simpática: por fin le tocaba a una primera dama vengar a todas sus pares, víctimas tradicionales y silenciosas de los adulterios y humillaciones públicas de sus maridos gobernantes.

El embrujo de Miraflores

Fui invitada por primera vez a una recepción en el palacio presidencial de Miraflores cuando el presidente Carlos Andrés Pérez, a quien por comodidad llamaré en lo sucesivo CAP, estaba recién estrenado en el cargo y le brindó un homenaje vespertino al escritor Julio Garmendia. No sé de quién fue la idea pero es muy probable que haya surgido del entonces secretario de la presidencia, Ramón Escovar Salom. Y no es difícil suponer que las razones fueran la necesidad de que el nuevo mandatario, precedido de una fama de policía político y por consiguiente de tosco, violento e inculto, se ganara la simpatía del mundillo intelectual. CAP había sido ministro de Relaciones Interiores en el gobierno de Rómulo Betancourt y principal responsable de la lucha antiguerrillera. De allí su fama de represor que había sido explotada por Copei y por la Izquierda a lo largo de la campaña electoral. Pero irónicamente, exponerlo como un hombre duro y un policía implacable contribuyó a su triunfo; la consigna «Democracia con Energía» fue determinante. Ya se presentaban en el país situaciones que motivaban a los electores a desear un gobernante con carácter que aplicara mano dura a la delincuencia.

Por lo que pude ver aquella tarde, el propósito de la velada no era particularmente difícil de alcanzar, allí estaba lo que podría llamarse la crema y nata de la cultura vernácula: escritores, poetas, artistas plásticos, músicos y articulistas de prensa. Fue por esta última cualidad que alguien me incluyó en la lista de invitados. Después de las palabras de rigor para ofrecer el homenaje, el recién estrenado presidente fue rodeado por ese enjambre de mentes elevadas que se daban discretos empujones para estar lo más cerca posible del jefe y quizá –si la suerte los acompañaba– hasta tocarlo y hablarle. Mientras tanto, el tímido poeta y escritor Julio Garmendia quedaba absolutamente solo en un rincón de aquel corredor miraflorino donde se desarrollaba su homenaje. El realismo fantástico de sus obras quedó esa tarde aplastado por el realismo fáctico: el de la fascinación por el poder y la consecuente adulación de la que no escapan ni los seres de inteligencias más esclarecidas.

La segunda visita a Miraflores, esta vez al despacho presidencial, fue cuando CAP me juramentó como secretaria ejecutiva de la Comisión Femenina Asesora de la Presidencia de la República. La tercera –con mayor protagonismo– ocurrió cuando me designó coordinadora de la Comisión presidencial para la reforma del decreto llamado Uno por Uno. Algunas semanas atrás CAP había decidido, como parte de la decretorragia de su gobierno, promulgar uno que obligaba a las emisoras de radio a difundir una pieza musical de factura nacional por cada pieza extranjera. Se produjo una protesta masiva de los dueños de radios en todo el país. El argumento era que no había suficiente producción de música venezolana para cumplir con el decreto. Otras críticas apuntaban al parroquialismo del mismo, a su nacionalismo ramplón y chauvinismo. Lo cierto es que ante la andanada de críticas el gobierno decidió designar una comisión mixta de funcionarios, empresarios de la radio y personas vinculadas al mundo de la música, para que reformara el decreto.

El día de la juramentación estábamos sentados en semicírculo, frente al presidente Pérez, el maestro Antonio Estévez, director de orquesta y excelso compositor de música académica, los compositores de género popular María Luisa Escobar y Chelique Sarabia, Alberto Federico Ravell, quien era director de la Oficina Central de Información, el ministro de Comunicaciones, Armando Sánchez Bueno, y el entonces presidente de la Cámara de Radio. No recuerdo con exactitud lo que dijo CAP acerca de «las serenatas de Beethoven», pero ese encuentro fue el debut y despedida del maestro Estévez; nunca asistió a las reuniones de la Comisión ni participó en sus decisiones. Dos meses después presentamos un proyecto de nuevo decreto reduciendo las exigencias de música nacional al 15%, con el compromiso de incentivar su producción a futuro. Pero ese logro fue secundario ante la hazaña de haber conseguido que el ministro Sánchez Bueno, de legendaria tacañería, ofreciera un almuerzo a los miembros de la Comisión en un restaurante relativamente costoso. Por supuesto, después de mucha insistencia de mi parte y resistencia de la suya.

Muchos empresarios de los medios de comunicación, altamente críticos de los gobiernos democráticos que tuvo Venezuela entre 1959 y 1998, aceptaron sin chistar que el gobierno de Chávez les impusiera una copia casi clonada del decreto Uno por Uno del primer gobierno de CAP. Así pudimos apreciar la diferencia abismal entre dos presidentes: uno democrático y otro autoritario, que sin embargo guardan muchas similitudes en otros aspectos. Quizá no haya otro gobernante en la historia venezolana más parecido al Carlos Andrés Pérez del período 1974-1979, que Hugo Chávez Frías. Tal vez sea esa una de las razones por las que CAP fue, de todos sus predecesores, a quien Chávez ha odiado más. Sus manías de grandeza, sus aspiraciones de ser líderes mundiales del tercermundismo, sus excéntricas y con frecuencia alocadas ocurrencias producto de horas de insomnio, trasformadas luego en decretos y en leyes, su afán de figuración, el creerse dueños de la verdad absoluta, su sabelotodismo, su egolatría, su incapacidad para la autocrítica. Pero Carlos Andrés Pérez demostró siempre ser un demócrata y además un valiente. No solo porque sabía cuándo dar marcha atrás y rectificar, sino también porque respetó la libertad de sus críticos para expresarse y jamás procuró eternizarse en el poder. Y cuando las circunstancias se lo exigieron, mostró su arrojo, como en la madrugada del 4 de febrero de 1992. Renunció dignamente cuando fue prácticamente destituido de la segunda presidencia (1989-1993) por decisión condenatoria de la Corte Suprema de Justicia y acató luego con entereza su privación de libertad en la cárcel y después en su residencia.

Otros destinos

A finales de 1975 mi tolerancia al feminismo, visto a través del cristal de la mayoría en la Comisión Femenina Asesora de la Presidencia, rebasó todos los límites. La decisión de abandonarla provino de una pelea casi a dentelladas entre dos de sus miembros (una feminista de rompe y rasga utilizaría el espantoso término de miembras), por ocupar un alto cargo judicial que CAP ofrecería generosamente y por primera vez a una mujer. Una de las dos, la que mejor supo administrar su cara de «yo no fui» y su acceso al presidente, se quedó con el cargo. La otra la emprendió contra mí culpándome de no ser lo suficientemente efusiva y convincente al redactar la carta de postulación que había sido acordada por el colectivo. Esa guerra entre egos nada tenía que ver con los principios y valores feministas que aquella Comisión debía promover. Allí mismo y en ese momento decidí que siempre estaría dispuesta a defender los derechos y las justas aspiraciones de las mujeres, pero lo más alejada posible de las organizaciones femeninas que no eran necesariamente el mejor instrumento para impulsar esas reivindicaciones. Siempre sería feminista por convicción, pero sin afiliación institucional o grupal.

Pasé entonces a ocupar, por insistencia del ministro Luis Manuel Peñalver, la Dirección de Información y Relaciones Públicas del Ministerio de Educación, donde siempre me sentí desambientada. El ministro Peñalver fue en todo momento un caballero y era un destacado educador, pero había nombrado a una legión de directores cuyas atribuciones resultaba difícil determinar. Apenas fui designada en el cargo, el ministro y su esposa viajaron a la Unión Soviética en gira oficial. La costumbre era que todos los directores se trasladaran al aeropuerto de Maiquetía para la despedida, lo que era una copia al carbón del acompañamiento en cambote de todos los ministros con sus esposas al presidente Pérez, cada vez que este viajaba al exterior y cuando regresaba de sus periplos. En medio de aquel despliegue de adulación a los esposos Peñalver, alguien les hizo ver que yo no sería nada eficiente como titular de las relaciones públicas: había visto al ministro con el vaso de whisky vacío y no había corrido a llenárselo de nuevo. Cuando otra persona me hizo saber el comentario, le respondí que mi cargo no era de mesonera y que jamás le serviría un vaso de licor a nadie salvo que fuese un invitado en mi casa.

Una vez que el matrimonio ministerial regresó de su gira, empecé a recibir las llamadas casi diarias de la señora Peñalver con quejas por lo mal que la retrataban los fotógrafos que estaban bajo mi dirección. Eran tan insistentes los reclamos que empecé a responderle: «Dígale a su esposo que me destituya». Así continuó sucediendo hasta que un día me dijo algo que me ha servido como la más útil lección para esa coquetería que todas las mujeres tenemos en mayor o menor grado: «Es que esos brutos no saben que a una dama otoñal no se le toman *close up*».

Gloria Peñalver fue sin duda un personaje merecedor de que algún genio de la psiquiatría analizara su caso y lo describiera para la posteridad. En una época en que no existían los celulares, los ministros y viceministros tenían radios en sus automóviles y en sus casas, conectados a una central en Miraflores. Cuando alguien hablaba los demás oían, por lo que las conversaciones se limitaban a instrucciones o informaciones escuetas y precisas. Pero Gloria usaba esa radio para participarle a su marido incidencias domésticas y asuntos familiares que provocaban las burlas de todos los escuchas. Cuando yo tenía algunos meses trabajando en el ministerio, nos llegó una remesa de veinte mil ejemplares del libro *Confieso que he vivido*, de Pablo Neruda. Se trataba de un contrabando decomisado por el Ministerio de Hacienda y se acordó distribuirlo a bibliotecas y a liceos de todo el país. Los empleados del ministerio comenzaron a desfilar por mi oficina para pedirme que les regalara un ejemplar y yo los complacía, ya que no teníamos la infraestructura para la distribución de esa cantidad de libros. Un día Gloria me convocó a su casa para tratar sobre una actividad que estaba programando, oí perfectamente cuando su secretaria o asistente le anunció mi llegada. Pasaron veinte minutos y no había señales de la dueña de la casa, me levanté y me dirigí hacia la puerta para irme. La secretaria me preguntó por qué me iba y le dije que estaba cansada de esperar y tenía otras cosas que hacer. Cuando por fin la señora Peñalver bajó las escaleras, regañó duramente a la empleada «por no haberle informado de mi llegada» y de seguidas me dijo: «Necesito saber por qué uno de mis escoltas tenía un libro de Pablo Neruda, él me dijo que tú se lo regalaste, pero yo se lo quité porque esa no es literatura para un policía, que lean novelitas policiales».

A pesar de sus avatares familiares, Peñalver era dueño de gran simpatía y de un magnífico sentido del humor; siendo ministro debió viajar a su natal Cumaná, donde el Concejo Municipal lo designaría Hijo Ilustre de la Ciudad. Al día siguiente nos contaba, en medio de carcajadas, que a un paisano poeta lo habían declarado «Bardo esclarecido de la tierra cumanesa» y a un sacerdote católico que dirigía una escuela de niños pobres: «¡Apóstol del educando desguarnecido!» Como puede observarse, había un cierto estilo adeco que se distinguía por la grandilocuencia. He conservado como una joya de esa manera de expresarse y de escribir, la carta que me envió cuando aún era yo directora en el Ministerio de Educación, un abogado que ejercía la secretaría de relaciones públicas del sindicato de empleados de un instituto público. Seguidamente la transcribo *ad longum y ad pedem litterae*:

Distinguida doctora. La satisfacción de la noble comunicación está en los hombres como una de sus más grandes estimas, por lo que hace de este inmediato escrito, un solaz esparcimiento de esta principiante amistad, que haría en usted como en mí, la mejor remuneración de humanidad, que se ahonda más en el saludo hacia usted de estos mis amigos de la Junta Directiva, los que se muestran amigos suyos también, por voluntaria insistencia de hacer estrechas relaciones con tan ilustrísima y preocupante personalidad que llena el requisito de Patrimonio Nacional, en el fruto genio y cuerpo social, por estar en sus alturas la esperanza del conocimiento luces de los pueblos.

Esta comunicación y este conocimiento, que con tanta y presurosa insistencia hablamos en todos los áticos de nuestra vida social, es el pan de cada día que conllevó también nuestra historia para saborear en particulares o en colectividades de la educación, que es el nacimiento en vida y causico de la conciencia creativa; solo en memoria de los inmortales se hizo entrever este apresuramiento de la comunicación y el conocimiento, lo habla un Discurso de Angostura y una memorable Gramática de Bello, en suficientes razones de personificar la voluntad de un pueblo que en estancias autóctonas es compás de sed de sabios.

Ahora me llevo a solicitar en colaboración, mutua, para hacer más imperiosa y real nuestra Constitución y llegar a ser consecuentes reflexivos con el Decreto N° 559 del 19 de noviembre de 1974; Considerando: Que los servicios de documentación, biblioteca y archivo constituyen la infraestructura de la información científica, tecnológica y humanística, recursos indispensables para el desarrollo nacional integral. Que es inaplazable una evaluación de los recursos bibliotecarios, de archivo y documentación con que cuenta el país y la consciente formulación de lineamientos generales que permitan planificar, realizar y desarrollar al máximo los mencionados servicios. Hechos que demuestran la preocupante territorialidad de la cultura, para hacer más inmediatas y numéricas las bibliotecas a nivel nacional.

El SUNEP-INAVI, con su Secretaría de Previsión Social y Relaciones tiene en sus preocupaciones y proyectos, la creación e implementación de una «Biblioteca Sindical Central» y bibliotecas regionales a nivel de sus sucursales en las provincias, la cual haríamos en ver la necesidad en los empleados púbicos de aumentar sus investigaciones culturales a favor de ellos y sus familiares. Yo me anudo a su colaboración en los que respecta al sucesivo Desarrollo Nacional, siendo agradecido y consecuente amistoso en lo que pueda razonablemente ayudar mis servicios de Ciudadano. Atentamente...

Juro que he respetado hasta donde me lo permitió el corrector gramatical de la computadora, las mayúsculas, los signos de puntuación y los acentos originales de la misiva. El estilo del autor de esa carta de colección tiene mucho en común con el que exhibe el exalcalde metropolitano de Caracas Juan Barreto en sus artículos semanales de *El Nacional*. Solo que el sesgo marxista-leninista de estos últimos los hace aún más retorcidos e ininteligibles.

El mejor recuerdo que guardo de aquellos dos años transcurridos en el Ministerio de Educación, es la visita que un día me hizo José Antonio Abreu para explicar su proyecto de crear un sistema de orquestas infantiles y juveniles. Se trataba de poner al alcance de niños y jóvenes de todos los sectores, la posibilidad de acceder a la llamada música clásica mediante el aprendizaje de un instrumento musical. A pesar de que parecía algo demasiado ambicioso a mí me encantó la idea, tanto que comencé a hablar de ella y a ponderarla con amigos vinculados a la actividad musical. Las respuestas fueron en muchos casos propias de esa maledicencia destructiva que nos caracteriza a los venezolanos. Que eso era un invento de Abreu para robarse unos reales, era la respuesta casi general. Por suerte, el maestro Abreu logró despertar ese mismo interés en otras figuras del gobierno de CAP y en el mismo presidente. De esa manera nació lo que es hoy el glorioso Sistema de Orquestas Infantiles y Juveniles de Venezuela, premio Príncipe de Asturias de las Artes y admirado en el mundo entero. Más allá del crédito que merecen los políticos que apoyaron la iniciativa, el mérito corresponde de manera casi exclusiva al maestro José Antonio Abreu, a su perseverancia, a su tesón, a su genio y a su personalidad.

Años después, cuando Abreu ocupó el Ministerio de la Cultura, en el segundo gobierno de CAP, era el único miembro del gabinete que se despojaba de cualquier vestigio de vanidad para sentarse durante horas en alguna curul de la Cámara de Diputados, mientras se discutía el proyecto de ley de presupuesto de ese año. Cuidaba hasta el último centavo la asignación que aspiraba para el Sistema y hacía *lobby* en todas las fracciones políticas para lograr su objetivo.

Ya en el gobierno de Chávez, alguien, con una sensatez poco frecuente en su círculo, aconsejó al presidente que preservara y apoyara al Sistema de Orquestas porque había adquirido prestigio internacional. Para entonces Gustavo Dudamel, el joven director, era un ídolo en Europa y cada concierto de la agrupación agotaba entradas en las principales capitales del viejo continente. Fue así como Chávez invitó al maestro Abreu a uno de sus maratónicos espectáculos político-culebrónicos «Alo Presidente». Abreu asistió y enseguida se desataron los demonios del sectarismo y los de la envidia, tan propios de nuestra manera de ser. Era un vendido al chavismo, un arrastrado, un traidor. Los anatemas se multiplicaban. Escribí entonces un artículo que reproduzco enseguida:

«Tocar, luchar y desafinar» (6 de septiembre de 2007)
A mi admirado amigo José Antonio Abreu. Hace algunos meses sentí el impulso irresistible de releer uno de mis libros predilectos de juventud *El mundo de ayer. Memorias de un europeo*, de Stefan Zweig.
No fue solo la maestría narrativa del escritor judío vienés lo que me llevó a comprar de nuevo el libro y a leerlo con pasión; sino el inventario minucioso que va haciendo Zweig del derrumbe de esa Europa ilustrada que fue su mundo: desde que nació en 1881 hasta que lo vio desmoronarse con el arribo del nazismo en la Alemania de 1933 y con la rápida adhesión de sus compatriotas austríacos, a la ideología y odios radicales del paisano Adolf Hitler. En la medida en que se va avanzando en la lectura se comprende la decisión de Zweig secundada por su esposa, de suicidarse ambos, aun cuando estaban a salvo en la plácida ciudad brasilera de Petrópolis.
Uno de los capítulos está dedicado a la estrecha relación que tuvo con Richard Strauss, a quien él mismo define como «el último de la gran generación de músicos alemanes de pura sangre constituida por Händel, Bach, Beethoven y Brahms». Ambos trabajaban como compositor y libretista en la ópera La dama silenciosa y estaban por terminarla cuando el partido nacionalsocialista de Hitler accedió al poder. Poco tiempo, incluso después que «Furtwangler se rebeló públicamente» (al gobierno de Hitler), Strauss aceptó la Presidencia

de la Cámara de Música del Reich nazi. Dice Zweig que Richard Strauss era un hombre a quien la política le interesaba muy poco, pero sin embargo daba demostraciones públicas de obsecuencia y de admiración al régimen. Y, para completar lo incomprensible del cuadro, insistió hasta que fue el propio Hitler quien lo autorizó, en que *La dama silenciosa* se presentara, a pesar de la estricta prohibición de que autores judíos figuraran en esa o cualquier otra actividad.

Alguien quiso borrar el nombre de Zweig de la matriz del programa y Strauss lo escribió con su propia letra. Y así defendió a capa y espada a Zweig hasta que la obra fue prohibida en 1934. Zweig había logrado salir de Austria y refugiarse en Londres: Strauss le envió una carta expresando su repudio por lo que ocurría en la Alemania doblegada por los nazis. El destinatario recibió solo una copia fotostática, lo que significaba que la Gestapo había interceptado la carta y el más grande compositor alemán del siglo XX fue destituido de su cargo. ¿Por qué si despreciaba tanto a los jerarcas nazis y aborrecía sus actos, aceptó servirles y hasta adularles? Zweig mismo lo narra: sus nietos (hijos de su hijo) a quienes amaba con locura, tenían una madre judía y él creyó que así podía salvarlos.

Este episodio ha regresado a mi memoria a raíz de las reacciones adversas –en muchos casos de indignación– que ha causado la presencia del maestro José Antonio Abreu en el programa «Alo Presidente» del domingo 2 de septiembre; y sus declaraciones en ese momento, así como las publicadas el miércoles 5 en los diarios *El Nacional* y *El Universal* de Caracas. Nunca, en casi nueve años, he visto por más de tres minutos el *reality show* dominical del teniente coronel Chávez; gracias a eso no padezco de úlcera estomacal, de insomnio y no me he visto obligada a visitar –por ahora– a ningún psiquiatra. Pero no faltó quien me echara los cuentos del anuncio de Chávez de crear la Misión Música y de la supuesta autoadjudicación que se hizo de las glorias conquistadas por la Orquesta Nacional Juvenil Simón Bolívar.

Leí con detenimiento las ya mencionadas entrevistas al maestro Abreu, pero primero que nada vi las fotos temiendo que apareciera con una gorra roja y una franela que dijera «UAH Chávez no se va» o «Socialismo, Patria o Muerte». Por suerte, las fotos lo mostraban con su acostumbrado traje oscuro con chaqueta, camisa de cuello blanca y corbata. Pero mi asombro fue enorme cuando leí en el reportaje de la periodista Olivia Liendo, en El Nacional, que Chávez había reconocido la creación del sistema de orquestas juveniles como «algo que llevaba mucho tiempo, desde mucho antes de nosotros llegar al gobierno y que no todo lo pasado fue malo». Quizá sea esta la primera vez desde que comenzó la tarea demoledora del Terminator de Sabaneta, que este reconoce algún logro promovido por gobiernos anteriores. Y no podía ser de otra manera, porque la prensa inglesa ya había reaccionado indignada ante el reparto, al concluir la apoteósica actuación de la Orquesta Nacional Juvenil bajo la dirección de Gustavo Dudamel en los Proms de Londres, de un folleto adjudicándole los méritos al gobierno chavista. En los más prestigiosos diarios ingleses quedó claro cómo había nacido el movimiento de las orquestas infantiles y juveniles, y de qué manera todos los gobiernos venezolanos desde 1975 lo habían apoyado. Puedo decir con orgullo que fui no solo testigo del nacimiento de la criatura, de ese hijo único a quien José Antonio Abreu ha dedicado más de treinta años de su vida, sino de las personas que desde un primer momento creyeron que Abreu no estaba loco, que no se quería robar unos reales, que no se trataba de una fantasía, de una viveza ni de un disparate. Me consta cómo debió empecinarse para que su voluntad avanzara entre los comentarios destructivos del mundillo cultural y seudo cultural venezolanos, los más iconoclastas del mundo y sus alrededores. Fui testigo de su paciencia y de su carencia total de falso orgullo, cuando les hacía antesala a los diputados que discutían la ley de presupuesto de cada año. Y de su presencia día tras día en la Cámara para defender las partidas de sus orquestas. Siempre le resbalaron las burlas a proyectos como enseñar violín a los indios pemones; jamás se desgastó en polémicas ni en diatribas. Y se llevó bien con todos los gobiernos porque lo único importante era que su hijo único viviera, creciera, se desarrollara y llegara a adulto como ha llegado, rodeado de la admiración internacional primero y de la nacional por rebote.

No comparo al régimen chavista con el hitleriano, aunque puedan tener algunas coincidencias. Tampoco a José Antonio Abreu con Richard Strauss porque hasta ahora no le he oído ni leído loas al régimen. ¿Está agradecido por el apoyo económico y por la extensión del programa musical? Pues yo también lo estoy y deberíamos estarlo todos, ya que lo natural habría sido que el socialismo del siglo XXI, como ha sucedido en muchos otros casos, liquidara esa obra grandiosa. ¿Que hay temor de que los miles de muchachos que se integren a la Misión Música se transformen en guerrilleros, milicianos, delatores, represores, robots, etcétera? Estoy más que segura de que no ocurrirá ni aun queriéndolo el régimen: los alemanes de la posguerra a partir de 1945 y los nacidos en países que estuvieron décadas bajo la opresión comunista soviética, son la prueba de que nadie es capaz de lavar de por vida los cerebros de un pueblo. Y por último, me niego a que le regalemos a Chávez, arrinconándola con odios, una obra que es patrimonio de todos los venezolanos.

Por suerte, ni aquella asistencia del maestro Abreu a un «Aló Presidente» ni haber atendido posteriormente, junto con Gustavo Dudamel, la invitación que les hiciera Chávez a su despacho en Miraflores, han podido opacar o empantanar el orgullo que la gran mayoría de los venezolanos siente por Abreu, Dudamel y todo lo que significa el Sistema de Orquestas Infantiles y Juveniles. Es un resquicio para estimular el amor propio de una nación tan maltratada por los desafueros y desatinos de la revolución chavista.

El ascenso

El secretario general de AD en 1977 era Luis Piñerúa Ordaz, cuyas aspiraciones de ser candidato presidencial tomaban cuerpo en el partido. CAP había anunciado una reforma administrativa que creaba nuevos ministerios, uno de ellos sería el de Información y Turismo, y el titular sería Diego Arria, el exitoso jefe de la campaña mediática de CAP cuando fue candidato presidencial. La directora del Departamento Femenino de AD, Elia Borges de Tapia, me postuló para el cargo de viceministra. El mismo día que se juramentaron los nuevos ministros CAP sustituyó a Luis Manuel Peñalver como titular de Educación. El método usado fue llamarlos uno por uno para ratificarlos o darles las gracias por los servicios prestados y anunciarles el nombre del sucesor. En el despacho de Peñalver se congregaban los numerosos directores ansiosos por saber no solo el destino del superior sino el suyo propio. Cuando el ya exministro llegó bastó con verlo para saber lo ocurrido. Hubo lágrimas, protestas y demás manifestaciones de pesar, todos sabían que ese era también el final de sus cargos. Y esa fue una de las causas del fracaso institucional de la democracia venezolana: la falta de continuidad administrativa aun dentro de una misma gestión de gobierno. Al designar a un nuevo ministro este llegaba no solo con nuevos proyectos divorciados de la gestión anterior, sino también con el personal de su confianza que incluía hasta los funcionarios de menor jerarquía. De esa manera resultó imposible, a lo largo de las cuatro décadas democráticas, crear una burocracia eficiente que se sintiera protegida de los cambios en las altas esferas del poder. El clientelismo, el amiguismo y también el enemiguismo por las pugnas internas en los partidos, eran las causas para designar o destituir a los funcionarios públicos.

Al día siguiente de la salida de Peñalver llegó el nuevo ministro, el economista Carlos Rafael Silva, quien había sido presidente del Banco Central de Venezuela y nada tenía que ver con el área educativa, estaba absolutamente perdido en el espacio. No me preocupó en absoluto mi relación con el nuevo ministro porque sabía ya que era la viceministra *in pectore* de Información y Turismo. Pocos días después fui llamada por Diego Arria a su elegante oficina ministerial en el *penthouse* de un edificio en el recién construido Parque Central. Aquello era el polo opuesto de la vetusta y deteriorada sede del Ministerio de Educación. El ministro Arria me expresó lo contento que se sentía porque yo fuera no solo su segunda de a bordo, sino también quien eventualmente lo sucedería cuando él pasara a dirigir la campaña del virtual candidato presidencial de AD, Luis Piñerúa.

Aquel mundo bajo la dirección de Diego Arria nada tenía que ver con el adequismo prototípico que rodeaba el cargo anterior. No solo por el porte elegante, el atractivo físico y en general el *glamour* del ministro, sino también porque sus colaboradores eran mayoritariamente bilingües y casi tan glamorosos como él. Entre aquellos asesores había brillantes periodistas argentinos que luego fundarían con Arria El Diario de Caracas; publicistas de distintas nacionalidades y probados talentos. En fin, nada que se asemejara al ministerio de un gobierno adeco.

Todo parecía caminar sobre ruedas, yo simplemente trataba de aprender un oficio nuevo tanto por la materia como por el rango y en unas oficinas bastante alejadas geográficamente del despacho ministerial. De pronto se produjo el cortocircuito: Rómulo Betancourt, indignado por protuberantes hechos de corrupción en el gobierno de CAP, había vetado a varios funcionarios –entre ellos a Diego Arria–, quien ya no podría ser el jefe de campaña de Piñerúa, a pesar del deseo del casi nominado candidato de contar con su colaboración. Las consabidas pugnas internas dividieron al partido entre carlosandresistas, por un lado, y romulistas o piñeruistas, a quienes se les calificó como «ortodoxos», por el otro. La presidencia de la nación y muchos despachos gubernamentales se pusieron al servicio de la candidatura de Jaime Lusinchi, el oponente de Luis Piñerúa en las elecciones internas para escoger al candidato presidencial. El ministerio bajo la dirección de Diego Arria no fue la excepción. Había directores y subdirectores lusinchistas y otros piñeruistas entre los cuales me contaba yo. Proliferaban chismes, zancadillas, grabaciones telefónicas que los de un grupo le hacían a los del otro y una tensión evidente entre el ministro y la viceministra.

Decidí renunciar pero antes se lo participé a Piñerúa, quien me aconsejó hacerlo lo más pronto, seguramente enterado por CAP del disgusto que le producía mi presencia en ese cargo. Yo iría a colaborar con él –Piñerúa– en la campaña electoral. Quise comunicarle a CAP mi renuncia y darle las gracias por la confianza al designarme, pero Carmelo Lauría, ministro de la Secretaría de la Presidencia, me aconsejó que no lo hiciera. Yo había tenido algunas demostraciones de desafecto por parte de CAP y no sabía a qué atribuirlas hasta que un tiempo después supe, por pura casualidad, que una de las directoras del Ministerio de Información y Turismo grababa mis conversaciones telefónicas en las que yo no me cuidaba de criticar a CAP y a muchos de los integrantes de su gobierno. Fue ella misma quien se descubrió cuando se presentó desesperada en el despacho del candidato Piñerúa, porque el sucesor de Diego Arria, Celestino Armas, quería destituirla. Llevaba consigo las grabaciones que le había hecho al nuevo ministro en las que supuestamente este expresaba su rechazo al candidato de AD. Supongo que fue destituida porque yo misma me encargué de informar a Celestino Armas sobre las grabaciones.

De esa época es una foto que conservo colgada en una pared de mi biblioteca, en la que aparecemos el presidente Pérez, Simón Alberto Consalvi, para entonces canciller de la República y yo. Lo que pudiera parecer una plática normal entre el presidente y dos de sus funcionarios, era un agrio regaño que CAP me hacía por «lo mal que funcionaba el ministerio de Información y Turismo» que, en su opinión, no informaba adecuadamente la obra de gobierno. Arria evidentemente afectado por el veto betancurista, había viajado al exterior y estuvo fuera del país durante un mes, tiempo en el cual me tocó ser ministra encargada. Yo tenía muy poco o nada que ver con las políticas informativas; alejada del despacho ministerial desde todo punto de vista, mi labor había quedado reducida a algunos aspectos burocráticos de menor monta. Ante aquella imputación presidencial cargada de evidente antipatía, le respondí que yo no era la ministra, que cuando regresara Diego Arria de su viaje se lo reclamara a él.

En mayo de 1977 murió el líder sindical adeco Augusto Malavé Villalba. Al salir de la misa con la que concluyó el novenario, Rómulo Betancourt me invitó a cenar junto con su esposa Reneé Hartmann y otras dos mujeres dirigentes de AD. Fue la primera vez que oí de sus propios labios la existencia de un expediente que él estaba elaborando sobre los corruptos del gobierno de Carlos Andrés Pérez quien, irónicamente, había sido pocos años atrás uno de sus hombres de mayor confianza y había llegado a la presidencia gracias a su apoyo irrestricto.

Piñerúa, el presidente que no fue

Trabajar por primera vez a tiempo completo en una campaña electoral y en el comando del candidato presidencial, fue sin duda una experiencia invalorable. Ese comando, muy a tono con la austeridad que caracterizaba a Luis Piñerúa Ordaz y con su fama de adalid en el combate a la corrupción, era un conjunto de oficinas pequeñas e incómodas de la Torre Maracaibo en la avenida Libertador de Caracas. Solo la del abanderado de AD era algo más grande, alfombrada y con un mobiliario presentable pero sin exageraciones. Nunca había tratado a Piñerúa más allá de algunas breves conversaciones sobre temas específicos en su oficina de la Secretaría General de AD, esa sí horrorosa como siempre lo fue. De manera que no conocía su temperamento. No tuve que esperar mucho para comprender por qué los otros miembros del Comando sentían terror cada vez que debían plantearle algún asunto: tenía un modo explosivo de reaccionar por las causas más inocuas.

El exadeco Luis Beltrán Prieto Figueroa, en demostración de que no hay peor astilla que la del mismo palo, le había creado una fama de ignorante y casi analfabeta. Célebre por su humor que, como ya hemos anotado, podía ser muy ácido, dijo que los conocimientos de Piñerúa provenían del Libro Gordo de Petete, una suerte de enciclopedia minimalista, de factura argentina, que se presentaba por televisión en horario infantil. Petete era un muñeco ventrílocuo, de especie inidentificable. Una mezcla de pájaro, roedor y mamífero que servía de instructor de todas las ciencias y saberes a la niña que lo acompañaba. De aquella chapa no pudo librarse el candidato Piñerúa. No valió de mucho su empeño en presentarse como alguien con una amplia gama de conocimientos que desplegaba en foros públicos sobre diversas materias. En contraste, el candidato socialcristiano Luis Herrera Campins, abogado y líder de reconocidas dotes intelectuales, se empeñó en disfrazarse de rústico con un sombrero pelo´e guama y una especie de guayabera a la usanza de los llaneros criollos, aparte de utilizar un lenguaje cargado de refranes populares y chascarrillos.

Como Piñerúa no tenía título universitario, algún estratega electoral decidió presentarlo como un autodidacta que había cursado estudios en la «universidad de la vida», lo que incrementó las bromas, chistes y burlas sobre la supuesta ignorancia y escasa inteligencia del aspirante presidencial adeco. Quizá aguijoneado por esa campaña alevosa, el candidato era extremadamente cuidadoso en el uso del lenguaje y revisaba varias veces cualquier carta antes de firmarla, para asegurarse de que no se colara algún error ortográfico o barbarismo. Años después, cuando su humor sin ser precisamente jacarandoso ya no estaba sometido a la presiones de una campaña electoral, pudo demostrarnos a sus compañeros de partido que estaba mejor informado y documentado en distintos temas que muchos de quienes hacían gala de sus títulos universitarios. Jamás afirmaba saber algo que no pudiese comprobar como acertado. Muchos llegaron a hacer bromas no carentes de admiración sobre su criterio y conocimientos jurídicos aún sin ser abogado.

A pesar de ser etiquetada como piñeruista, no siempre respaldé sus empeños catonianos dentro del partido; en el fondo de muchos de ellos percibía una segunda intención: decapitar a dirigentes que se ubicaban en corrientes adversas. Realmente era una guerra entre caciques en las que los indios pagaban los platos rotos. Y fueron esas persecuciones muy poco sinceras de la corrupción y el uso de la denuncia no para combatirla sino para liquidar al adversario, el mejor abono para que ocurriera el harakiri de los partidos políticos y el entierro del sistema democrático. Sin embargo, el propio Piñerúa, me consta, cuidaba cada uno de sus pasos para evitar que alguien le devolviera las acusaciones de corrupción qu´ él solía ventilar. El día de su cumpleaños, en plena campaña electoral, entré a su oficina para felicitarlo. Estaba sentado ante su escritorio contemplando un pequeño estuche de terciopelo, típico de joyería, y me mostró el contenido: unas yuntas o gemelos de oro con unas piedrecitas que parecían zafiros azules y rubíes o granates. −¿Cuánto crees tú que cuesten estas yuntas? −me preguntó. En vez de decirle la verdad, que era mi absoluta ignorancia en materia de avalúo de joyas, se me ocurrió aventurar un precio: –digamos que unos tres mil bolívares –que para entonces eran alrededor de setecientos dólares. El estuche voló por los aires y cayó a varios metros del escritorio donde estaba sentado el improvisado pitcher, mientras de su garganta brotaba este grito: ¡Por qué carajo tiene alguien que hacerme un regalo de ese precio! Salí rápidamente del salón sin llegar nunca a enterarme del destino final del obsequio tan costoso en opinión del regalado.

Gonzalo Barrios fue, después de Betancourt, el más respetado líder de AD y presidente del partido hasta su muerte en 1993. Tenía especial estima por Piñerúa y atendía con interés sus opiniones, lo que no impedía que de vez en cuando le aplicara a manera de broma su extraordinaria chispa. Cierta vez en que escribía con un bolígrafo muy fino, Piñerúa alabó la belleza del objeto y Barrios le contestó que era un regalo. –Pero a mí nadie me regala esas cosas tan finas –comentó Piñerúa–. –El problema es que tú eres muy honesto –le dijo Barrios–. –¿Ah, y tú no eres honesto? –preguntó Piñerúa–. –Sí, ma non fanático como tú. También fue Barrios quien inventó un chiste según el cual Piñerúa era nombrado general en jefe y comandante máximo de las fuerzas militares que debían invadir a Colombia. Ya estaba a punto de comenzar la invasión cuando se le acercó un ordenanza para comunicarle que en la proveeduría faltaba una lata de sardinas, entonces el «general» Piñerúa ordenó detener la invasión hasta tanto se descubriera el autor del hurto.

El proverbial mal carácter de Piñerúa era exacerbado por algunos hechos que ocurrían en su campaña presidencial, por ejemplo que a los encargados de preparar sus giras, mítines y cualquier intervención pública, se les olvidara colocar un taburete debajo del pódium para que su estatura se viera artificialmente elevada, ya que él era poco despegado del piso. O la vez en que en una caminata en Maracay alguien lo pisó o tropezó y lo hizo perder uno de sus zapatos tipo mocasín, su indignación al tener que seguir con un pie calzado y otro no, fue indescriptible. Otros incidentes ocurrieron por esa sempiterna pretensión de los adecos de la base, de imitar el habla culta o educada de los dirigentes sin tener conocimiento real del significado de las palabras. En un acto que se realizaba en un cine de Ciudad Bolívar, el maestro de ceremonias al ver que se acercaba el candidato con su comitiva comenzó a gritar ante el micrófono: ¡Aquí viene Luis Piñerúa, el próximo presidente de Venezuela con sus secuaces! En otra concentración, en San Felipe, estado Yaracuy, el animador tomó el micrófono después del candidato para anunciar «Con la vociferación del compañero Piñerúa, ha concluido el acto».

Entre los viejos dirigentes de AD fue una anécdota inolvidable lo ocurrido en el mitin de fundación del Partido, en 1941, en el Nuevo Circo de Caracas. Le correspondió al entonces adolescente y quien luego sería destacado dirigente magisterial –Manuel Fermín– intervenir con un discurso en nombre de la juventud del movimiento político emergente. Y con todo el énfasis que merecía la ocasión dijo: «... hombres de la calaña de Rómulo Betancourt, Rómulo Gallegos, Andrés Eloy Blanco, Raúl Leoni... etcétera». Al concluir alguien le hizo ver su metida de pata, se acercó al maestro Rómulo Gallegos para disculparse y le dijo que no sabía el significado de la palabra calañá. «Eso espero, jovencito», fue la respuesta del escritor y luego presidente de la República. A esa anécdota habría que agregar la de un dirigente sindical de la provincia, encargado del saludo inicial en un homenaje al recién derrotado candidato presidencial, Gonzalo Barrios, en las elecciones de diciembre de 1968. Barrios había decidido recorrer el país para animar a la alicaída militancia adeca. El sindicalista inició el discurso diciendo: «Compañero Gonzalo Barrios, con este homenaje póstumo hemos querido expresarle... etcétera.»

Fui testigo presencial del discurso de una compañera dirigente femenina en la ciudad de Acarigua, largo y lleno de elogios hacia la entonces diputada por el estado Portuguesa, Elia Borges de Tapia. En su arenga la llamó luchadora ejemplar, heroína de la resistencia, maestra abnegada y concluyó diciendo «Y ahora, no me queda más remedio que dejar con ustedes a Elia Borges de Tapia». Otra compañera miembro del Departamento Femenino se quejaba ante la misma jefa: «Elia, es que tú no me haces caso omiso».

Pero nadie pudo enternecerme más que un diminuto goajiro que sería mi guía por los cerros del oeste caraqueño, en mis años de concejal. Un día mientras yo conducía mi automóvil y él iba de copiloto, me instruyó sobre el principal problema del barrio que íbamos a visitar: la falta de agua corriente. Los camiones linterna (cisterna) casi nunca vienen y los que vienen cobran carísimo. Otro día me mostró el hospital *teleférico* (Periférico) de Catia para que no olvidara, al visitarlo, referirme a todas sus carencias. Un sábado, cuando se acercaba el proceso interno para elegir a las nuevas autoridades del partido, quiso indagar con cuál corriente interna me alineaba: «¿¿Con quién está usted, compañera?» Le dije que aún no estaba definida, que estaba observando cómo se desenvolvían las cosas. Entonces me respondió con estas perlas: «Yo tampoco estoy con nadie, yo soy parcial; en el partido lo que tenemos es que pedir *currí* (curriculum) y al que tenga el mejor *currí*, a ese es al que hay que nombrar y así acabamos con tantas *mancillas* (rencillas) internas».

Otro episodio derivado de ese deseo de copiar el habla de las personas educadas lo viví cuando CAP, en su primer gobierno decidió –como parte de su vocación populista– regular el precio de las criollísimas arepas, el pan de maíz imprescindible en la mesa venezolana. Como era de esperarse, la mayoría de las areperas cerraron sus puertas. Una de las pocas sobrevivientes estaba situada en la avenida México, de Caracas. Una noche fui con algunos familiares y uno de ellos pidió una *reinapepiada* (arepa rellena con pollo, aguacate y mayonesa). Cuando el mesonero vino con la cuenta, protestamos por el precio de la mencionada arepa, superior al de la reciente medida gubernamental. La respuesta del mesonero fue: «es que a nivel de aguacate no hay regulación».

Un chofer de mi época de presidenta del Conac y ministra de Cultura, compartía esa actividad con la dirigente sindical de la institución. Se acercaba el mes de diciembre y me pidió que le consiguiera un grupo musical suicidado (subsidiado) para que actuara en la fiesta navideña del sindicato. En otra ocasión salía yo de un acto en el Teatro Nacional de Caracas y el mismo funcionario me dijo: «doctora, esa gente de ahí no son amigos suyos, cuando usted pasó dijeron: ¡mírala, ahí va ella con sus desguaces (secuaces)!

Por voluntad popular

En el atardecer del 3 de diciembre de 1978 aprendí a reconocer el olor de la derrota. A pesar de que asistí a varias reuniones con el asesor electoral de algunos candidatos de AD, el norteamericano Joe Napolitan, no estuve presente en aquellas –seguramente muy reservadas a un petit comité– en las que este advirtió que Piñerúa podía ganar o perder la elección por un estrecho margen. A pocos días de las elecciones había un virtual empate entre el candidato adeco y el copeyano Luis Herrera Campins. Piñerúa perdió por apenas 177.000 votos.

En la mañana de aquel domingo electoral, la sede del comando rebosaba de dirigentes del partido, familiares y amigos del candidato, y los consabidos sobadores de espalda y adulantes. Piñerúa había votado temprano y se disponía a esperar los resultados en su oficina del comando. Pero alrededor de las dos de la tarde desapareció y poco a poco el abarrotado lugar se fue vaciando hasta que a las seis quedábamos unas pocas personas del equipo de campaña. Habíamos perdido pero fuimos de los últimos en saberlo. Estuvimos todavía unas semanas más en aquellas oficinas guardando o botando papeles, según el caso, y recogiendo los equipos. Conseguí como reconocimiento a mi trabajo voluntario de casi un año, que el excandidato me regalara una máquina de escribir manual, la misma Olivetti que había utilizado para escribir artículos, cartas, discursos y presentaciones durante ese tiempo y que usé muchos años más hasta que, empezando el siglo XXI, decidí aprender a usar la computadora.

Había que prepararse casi enseguida para la elección de los concejos municipales a nivel nacional. Por primera vez esta se haría separada de las elecciones presidenciales y parlamentarias. Los pronósticos no eran nada halagadores para AD: en mayo de 1979, apenas tres meses después de su investidura como presidente, Luis Herrera estaba aún en la cresta de la ola y su popularidad le serviría de portaviones al partido Copei para obtener los mejores resultados en esas elecciones. Yo aspiraba a ser candidata al Concejo Municipal de Caracas y así se lo hice saber a los máximos dirigentes de AD, entre ellos Piñerúa, quien aún tenía mucho peso en las decisiones de la cúpula partidista.

Cuando el CEN escogió la lista de candidatos a ese concejo municipal fui ubicada en el puesto número once, lo que significaba que no sería electa; las encuestas le daban al partido un máximo de siete concejales en Caracas. Esa misma noche redacté mi carta de renuncia a la postulación con copia para la prensa, y la llevé al CEN del Partido que estaba reunido para decidir sobre las postulaciones. Antes de que concluyera la reunión, alrededor de las 11 de la noche, recibí una llamada de Piñerúa; me dijo que no declarara nada a los medios porque un dirigente que aspiraba a encabezar esa lista, no había aceptado ir de segundo y a mí me ubicarían en el cuarto lugar. De los 25 concejales de Caracas, AD obtuvo 7 frente a los 15 de Copei y 3 de varios partidos de izquierda que habían hecho una alianza.

El día de la juramentación me preguntaba, bastante nerviosa, cómo sería compartir día a día con personas de otros partidos, especialmente con los copeyanos cargados de arrogancia por su aplastante victoria. Nunca antes me había tocado esa clase de convivencia. Pero a los pocos días fui descubriendo que se podía sostener el antagonismo en el debate sin llegar a la enemistad y hasta cordializar con los adversarios cuando ya no estaban las cámaras de televisión ni los flashes de los fotógrafos de prensa. Y un tiempo después podíamos hasta llegar a ser amigos y compartir reuniones de trabajo y también sociales. Al año siguiente de mi elección como concejal, fui designada jefe de fracción o bancada de concejales por renuncia del dirigente sindical Antonio Ríos, quien había ejercido esas funciones desde el período anterior. Era entonces la vocera obligada de mi partido en cuanto debate se produjera en la Cámara. No sé por qué razón en aquellos días los medios de comunicación prestaron tanta atención a lo que ocurría en ese cabildo, de manera que mis declaraciones aparecían casi a diario en la prensa escrita y era entrevistada con frecuencia en radio y televisión.

Uno de los escándalos de corrupción más publicitados en aquellos días lo provocó un sorteo de la Lotería de Beneficencia pública del Distrito Federal o Lotería de Caracas, el primer premio correspondió al número 00000. Matemáticos y otros expertos coincidían en que tal hecho era imposible y que se trataba de un fraude. Los debates en la cámara municipal y la comparecencia de entendidos y de los presuntos implicados, provocaba que la prensa le diera una cobertura muy extensa al tema. El día que le tocó comparecer al presidente o gerente de la Lotería, de nombre Smith Torres, militante del MAS (Movimiento al Socialismo) que había hecho una alianza con Copei, este me dijo con el mayor cinismo: «Chica, deja el escándalo, mira que ayer fue el aniversario de AD, les saqué el número del cumpleaños y muchos adecos se llenaron».

Otro caso con especial resonancia fue el propósito de desalojar a los vecinos de todo un barrio entre las parroquias Sucre y La Pastora, y apropiarse de esos terrenos con títulos de propiedad falsos. En ese hecho estaba implicado el esposo de una concejal independiente electa en las listas de Copei. Pude demostrar, con el auxilio de concejales y funcionarios adecos y de partidos de Izquierda (entre ellos Clodosbaldo Russián, el tristemente célebre y hoy fallecido contralor general de la República durante los primeros doce años de desafueros chavistas), que esos terrenos eran municipales y así abortar aquel despojo. A raíz de ese escándalo y con la popularidad del gobierno de Luis Herrera Campins en caída libre, fui invitada por Marcel Granier, directivo de Radio Caracas Televisión, a su programa «Primer Plano», uno de los espacios de opinión más prestigiosos de la televisión venezolana de la época. Pocos días después se realizó la cena sindical del partido, un

acontecimiento al que acudían masivamente los dirigentes y militantes adecos por el peso enorme que tenía el Buró Sindical en las decisiones partidistas. Al llegar fui saludada casi como una heroína por
los dirigentes del comité de recepción y luego felicitada por muchos
asistentes, por la forma como me había conducido en «Primer Plano».
Aquello sucedió en septiembre de 1980 y yo me sentía a un paso de
la consagración. Pero antes de pasar a los siguientes capítulos de mi
transitar político, narraré una experiencia inolvidable.

Cuatro venezolanas en China

En marzo de 1980, la Embajada china en Caracas cursó una invitación
para visitar su país, que hacía la Federación de Mujeres Chinas a las
direcciones femeninas de AD y Copei. Las invitadas originales eran la
directora del departamento femenino de AD, Elia Borges de Tapia, y
la secretaria femenina de Copei, María Bello de Guzmán. Elia sugirió
que la invitación se extendiera a dos mujeres concejales, con toda la
intención de que fuera una de ellas. Y para equilibrar políticamente la
representación yo propuse el nombre de una concejal copeyana, Gladys
Gavazut. Así fue como el 30 de abril las cuatro emprendimos lo que sería el más extraordinario viaje de mi vida. Al llegar a la capital que para
ese entonces llamábamos Pekín y ahora es Beijing, nos esperaban en
el aeropuerto una representación de la institución anfitriona y las que
serían nuestras inolvidables guías y compañeras durante tres semanas,
Kung-Lian y Lir-On. Fuimos directamente al Hotel Pekín, entonces el
mejor de la ciudad, que era en realidad una edificación chata, carente
de cualquier gracia y sin el menor lujo. Pertenecía al más ordinario estilo arquitectónico estalinista y absolutamente alejado de la belleza que
rodeaba la arquitectura tradicional china.

Nuestras guías hablaban un español bastante aceptable, mejor el
de Kung Lian, que tenía en ese entonces 43 años de edad, y algo más
limitado el de Lir- On, una muchacha de 26. Ambas habían estudiado
la lengua española como su profesión. Antes de eso Kung Lian había
sido traductora de ruso, pero al producirse la ruptura con la URSS y
perder utilidad esa lengua, tuvo que volver a estudiar durante cinco
años una distinta. Ambas vestían aquellos grises y adocenados trajes
estilo Mao, al igual que los mil millones de chinos de la época, lo que
hacía difícil distinguir a cierta distancia el sexo de las personas. China
estaba recién saliendo de la dictadura de la llamada «Banda de los

Cuatro» o pinyin en chino, encabezada por la viuda de Mao Tse Tung, que cometió toda clase de crímenes y tropelías, especialmente contra los intelectuales, como una continuación o reedición de la revolución cultural de Mao.

Ya desde el traslado del aeropuerto al hotel notamos que nuestros anfitriones chinos marcaban una diferencia de estatus entre las diputadas y las concejales: las primeras fueron conducidas en un elegante automóvil negro y las segundas en uno pequeño y nada confortable. Con las habitaciones del hotel ocurrió lo mismo, aunque la de las diputadas lucía tan fea como la nuestra era, sin embargo, amplia y tenía un balcón hacia la avenida principal de Pekín. La de las concejales era un cuartucho con una ventana hacia un patio interior horrible. Pero el lujo y el confort eran lo menos importante para nosotras ante el extraordinario mundo al que acabábamos de ingresar. Al día siguiente se iniciaba nuestra visita oficial, casi exigimos ir las cuatro en un solo vehículo y como por arte de magia apareció una camioneta de diez puestos que sería en lo sucesivo nuestro medio de transporte en la capital. El lugar elegido para la primera visita fue la Comuna Estrella Roja, donde nos recibió como en todas las instituciones que visitaríamos en las tres semanas y cinco ciudades siguientes, un grupo de niños con canciones y bailes de bienvenida. Aquella era la mejor propaganda que podía hacer la China no solo comunista sino aislada entonces; era imposible no dejarse atrapar por la simpatía y dulzura de aquellos niños. Otro aspecto de la propaganda oficial eran los discursos que en cada institución nos ofrecían los responsables de las mismas. Y un tercero e infaltable, la crítica constante de nuestras guías a la Banda de los Cuatro, de tal manera que todos los problemas y carencias del país se le achacaban a esos villanos. En una oportunidad Kung Lian me acompañó a comprar una medicina en una farmacia de carretera, no sé por qué le pareció descortés la respuesta de la joven que nos atendió, lo cual mereció una reprimenda de nuestra guía. Luego, ya de nuevo en el vehículo, me dijo que la mala educación de los jóvenes, como la dependienta de la farmacia, era culpa de la Banda de los Cuatro que había dañado a la juventud. Nos asombraba que en un país de aquellas dimensiones y magnitud poblacional, tantos pudieran repetir como loros las consignas que el régimen de turno ordenaba.

La precariedad de las condiciones de vida no solo se observaba en la ropa ordinaria y uniforme de los millones de chinos, sino también en la falta de automóviles en las calles, abarrotadas en cambio de bicicletas. Nuestra guía Lir-On nos dijo que había ahorrado seis años para comprar una y que un automóvil no figuraría jamás entre sus posibilidades. Cada vez que las cuatro venezolanas bajábamos del automóvil en una calle, nos rodeaban de inmediato decenas de chinos que nos observaban de la cabeza a los pies y comentaban con asombro o risas nuestra vestimenta, zapatos, peinados. Era como si hubiesen llegado unas visitantes de Marte. Un domingo, ya casi al final de la estadía en Pekín, decidimos liberarnos de nuestras guías e ir por nuestra cuenta y caminando a un almacén relativamente cercano al hotel. Llegar allí y sentirnos asfixiadas por la multitud fue una misma cosa. No sé si eran cientos o miles los chinos que nos rodeaban y hablaban sin que pudiéramos entender o decir salvo una palabra que significa «no comprendo» y que en español suena muy fea: putón. En la tienda fue imposible comprar porque los yuanes que teníamos al cambiar dólares en las Tiendas de la Amistad eran solo para visitantes extranjeros y diferentes de los que manejaban los chinos. Al regresar al hotel nos encontramos por primera y única vez con la indignación de nuestras guías: si nos hubiera sucedido algo desagradable por andar solas, ellas habrían sido las responsables y quién sabe qué castigos habrían recibido.

De Pekín partimos a una casi ruinosa Shanghái que conservaba, sin embargo, algunos restos de su antiguo esplendor como ciudad que tuvo gran presencia occidental, sobre todo británica, desde 1841 hasta la ocupación japonesa durante la Segunda Guerra Mundial. Y de allí a Nanjing, Su Zhou, Hangzhou y Cantón, cada una con su encanto particular y su propio dialecto. Todos los hoteles eran mediocres y nada confortables. En cada ciudad la presidenta local de la Federación de Mujeres Chinas nos ofrecía un banquete con delicias de la gastronomía de esa provincia, muy diferente de las demás. Nunca me imaginé comiendo con tanto placer algo que las guías tradujeron como «medusa», unas tripitas que parecían de plástico y eran en realidad las temidas aguamalas de nuestras playas tropicales. Y como postre, «orejas de madera», un hongo que crecía en la humedad de los troncos de los árboles caídos. Las frutas no parecían existir en ninguna parte hasta que llegamos a Cantón. Ya era junio y se veían por doquier unas rozagantes patillas (sandías). La noche de la despedida, antes de partir hacia Hong Kong, yo me maquillaba en nuestra habitación y Lir-On me observaba con una expresión abobada de admiración, decidí que había llegado el momento de hacerle ver lo bonita que era. Le lavé la cabeza en el lavamanos de nuestro baño y enseguida le sequé el pelo con mi secador eléctrico. Luego le apliqué rubor en las mejillas, sombra en los ojos, rimmel en las pestañas y lápiz de labios. Ella no podía creerlo y estuvo durante toda la cena mirándose en las paredes de espejos del comedor. Esa noche les dimos los regalos que pudimos comprar en una tienda para chinos. A Kung Lian una blusa con pequeños bordados y a Lir-On una chaqueta tipo blazer que aceptó fascinada. Sin embargo, nos costó rogarle una y otra vez y amenazarla con nuestro disgusto, para que Kung Lian, mucho más rígida, aceptara nuestro regalo. Un mes después mi mamá y mis hermanas viajaron a China y le envié como regalo un secador de pelo a Lir-On. Ella fue al hotel con su esposo y se llevó el secador escondido entre la ropa porque tenía prohibido recibir regalos.

En 1982 vino a Caracas la presidenta de la Federación de Mujeres Chinas y fui invitada a una recepción que le ofreció la ministra de la Mujer, Mercedes Pulido. Cuál no sería mi sorpresa al encontrarme con Kung Lian con un vestido estampado de mangas cortas y su pelo con rizos producto de una permanente. En dos años China era otra, ya había hoteles de lujo, grandes construcciones, desarrollo comercial y apertura hacia Occidente. Y aquellos millones de chinos asexuados, obligados durante décadas por el comunismo genocida y retrógrado de Mao a vestir y actuar como un ejército de autómatas, ahora ingresaban a la sociedad de consumo y al siempre tentador mundo de la belleza. Hasta la rigidez de nuestra querida Kung Lian cedió frente a la satisfacción de mirarse en un espejo y verse bella.

Compañeros de partido

Decía Konrad Adenauer, el legendario canciller demócrata cristiano alemán, que los enemigos eran de tres tipos: enemigos a secas, enemigos mortales y compañeros de partido. Si eso ocurría en Alemania, esta Venezuela tropical y revoltosa no podía ser diferente. En 1979 se había realizado la Convención Nacional del Partido para la renovación de las autoridades a todos los niveles. Me tocó enfrentarme por vez primera a las guerras fratricidas y al grado de violencia que ellas generan. Fui designada representante de la corriente «piñeruista» para supervisar el proceso interno en Maracaibo y, como tal, emprendí un recorrido por varios centros de votación. En uno de ellos, ubicado en el patio de una casa en las afueras de la ciudad, el presidente del centro yacía rotundamente borracho en un chinchorro colgado de dos árboles, la urna de votación era una caja de cartón con un hueco lo suficientemente grande como para que los votos pudieran ser manipulados sin problema. Decidí decomisar aquella improvisada urna en vista del evidente fraude. Quienes se opusieron pasaron de las palabras a los hechos y trataron de volcar el vehículo en el que viajaba –conducido por una compañera de partido– con la amenaza, además, de prenderle fuego. Su extraordinaria habilidad como choferesa nos salvó de ser nosotras las que termináramos en sendas urnas y no precisamente electorales. Esa noche, mientras nos trasladábamos varios «piñeruistas» a una reunión social, alguien trató de golpearme la cara aprovechando que la ventanilla del automóvil estaba abierta. Un compañero que era diestro karateka y viajaba en el vehículo, abrió la puerta con una agilidad asombrosa y le propinó una contundente patada al atacante. Años después, el «carlosandresista» o «lusinchista» que comandaba aquellas agresiones, terminó militando en la misma corriente interna con la que yo me alineaba y de aquel incidente no hablamos nunca.

Cuando alguien quiera escribir la historia de la autodestrucción de los partidos políticos venezolanos, tendrá que registrar esos odios entre copartidarios que con frecuencia alcanzaban niveles superiores a los que pudieran existir hacia militantes de partidos adversos. Gonzalo Barrios llamaba a esos encontronazos que llegaban a la agresión física, «las trompadas estatutarias». Por razones que nunca logré conocer y que deberían ser materia de estudio para psicólogos, sociólogos y antropólogos, la ciudad donde la violencia interpartidaria excedía los límites de lo comprensible era Valencia, capital del estado Carabobo. Allí los adecos y los copeyanos tenían bandas armadas para utilizarlas contra sus propios compañeros ubicados en corrientes distintas. Y todas las convenciones, incluidas las de los pequeños partidos de la Izquierda, terminaban a balazos. Por suerte nunca se supo de muertos como se supone debían producir esos arrebatos bélicos, si acaso uno que otro herido leve.

Un partido machista

Superados aquellos incidentes y con la elección de las nuevas autoridades regionales y de los delegados a la Convención Nacional, se procedió a convocarla. La directora del Departamento Femenino del partido, Elia Borges de Tapia, se postuló para el Comité Ejecutivo Nacional (CEN) y dos de las integrantes de la dirección femenina, Isabel de Malavé y yo, recibimos el respaldo de las demás compañeras para postularnos al Comité Político Nacional (CPN). Aquella convención, como lo presagiaban los conflictos previos, fue bastante movida. Se produjo la elección del CEN y la única mujer aspirante a una secretaría política ejecutiva, no resultó electa. Pero la convención debió ser suspendida y convocada para su continuación dos semanas después para elegir al secretario de Organización y el Comité Político Nacional (CPN), es decir, a los secretarios políticos no ejecutivos. Me encargué de enviar una declaración escrita a los diferentes medios de comunicación en protesta por el machismo de los delegados a la Convención al negarle su voto a la única mujer aspirante a integrar el CEN. Cualquier problema, escándalo o pleito que ocurriera en AD era un manjar para la prensa; además, una buena parte de la cobertura mediática de los partidos políticos la hacían mujeres periodistas. Por consiguiente, mi declaración apareció con grandes titulares y en posición destacada en todos los periódicos. Continué insistiendo en el tema, en entrevistas de radio y televisión. AD pasó a ser, ante la opinión pública, el partido más machista del universo. Al reanudarse dos semanas después la Convención Nacional para completar la elección de las autoridades, los delegados recibieron instrucciones de votar por Isabel de Malavé y por mí para el CPN. Fuimos electas casi por unanimidad. Un pañito caliente para el desaguisado cometido con la elección del CEN.

Pertenecer al CPN permitía asistir a las reuniones de la dirección nacional del partido con derecho a voz pero sin voto. Me propuse no perder la oportunidad de estar presente y ser testigo de las grandes decisiones de la organización. Cada lunes por la mañana ocupaba una silla en la segunda fila de la sala de reuniones del CEN, en la vieja y desvencijada sede de La Florida. Más de una vez me pregunté cómo era posible que un partido que había sido gobierno en tres oportunidades, incluyendo el período de la llamada «Venezuela saudita» de CAP (1974-1979) no hubiese sido capaz de remodelar y dotar con ascensores que funcionaran, con un mobiliario decente y con equipos modernos, aquella sede a la que acudían regularmente personalidades de la vida nacional y visitantes extranjeros. O bien construir un nuevo edificio a tono con las exigencias de la modernidad.

Una de las figuras de talla internacional que visitó el CEN de AD en 1980 fue el líder israelí Shimon Peres, para entonces vicepresidente de la Internacional Socialista. Llegó acompañado del expresidente Carlos Andrés Pérez, quien hacía las veces de principal anfitrión. Recuerdo que fue Piñerúa quien le preguntó a Pérez cómo resolvía el Partido Laborista de Israel la participación de la mujer en los cargos directivos. Esa fue la primera vez que oí hablar de las cuotas femeninas como obligación estatutaria en una organización política. Shimon Peres dijo que los estatutos de su partido establecían que en los organismos de dirección debía haber como mínimo un 15% de mujeres y que eso mismo ocurría en varios partidos socialistas de Europa. A partir de ese momento comencé a trabajar en el tema de la cuota femenina obligatoria como meta que debíamos trazarnos las mujeres adecas. La propuesta fue aceptada en el Departamento Femenino del partido y decidimos empeñarnos en que fuese aprobada dentro de una reforma estatutaria en la próxima Convención Nacional que debía reunirse en 1981.

En el ínterin viajé a Praga –en el otoño de 1980– como parte de la delegación venezolana a una conferencia para evaluar los logros obtenidos en materia de reivindicaciones femeninas, en el primer quinquenio después de la Conferencia Mundial de la ONU realizada en México. La de Praga fue una reunión, como todas las celebradas en países comunistas, con objetivos claramente encasillados en los intereses de la URSS en tiempos de la «guerra fría». Nunca supe muy bien qué hacíamos las demócratas venezolanas de AD, de Copei e incluso del Movimiento al Socialismo (MAS) en una conferencia carente de cualquier signo de democracia. Las resoluciones ya venían cocinadas con las consignas de hoy –casi tres décadas después– vemos resucitar en la Venezuela del chavismo: contra el capitalismo, la explotación burguesa, etcétera.

Una de las estrellas de esa reunión y experta en la manipulación de las patrañas comunistas, era la ya entrada en años comunista argentina Fanny Edelman, quien vivía en Alemania Oriental o República Democrática Alemana. Pocas personas de entre aquellas repetidoras de consignas y dogmas marxistas, me indignaban tanto como ella. Para mí era la expresión más patente y patética del autoodio: era judía y sin embargo lideraba las infaltables resoluciones de esa conferencia y de otras similares, en contra de Israel y del sionismo con acusaciones copiadas del nazismo hitleriano. Solo que el término judío se cambiaba por sionista para así evadir cualquier señalamiento de antisemitismo. Aquello era una burla a la inteligencia como lo era también el nombre de la Alemania comunista: República «Democrática», pero los estalinistas siempre fueron expertos en jugar con las palabras y torcer su verdadero sentido. Nada más parecido en sus métodos y crímenes al fascismo hitleriano que el comunismo soviético, sin embargo, los comunistas calificaban como fascistas a todos quienes criticaran o adversaran el comunismo. Lo que ha ocurrido en la Venezuela aplastada por la bota militar de Hugo Chávez es solo una copia al carbón de esa práctica viciosa: descalificar al adversario político y al disidente, con acusaciones falsas correspondientes en realidad a sus propias desviaciones y desmanes.

Praga, una de las ciudades más hermosas del mundo, era en ese entonces apagada y triste. Aquel ambiente hacía inevitable pensar en Kafka. ¿Sería esa melancolía que envolvía su ciudad natal la que produjo en él la mezcla de angustia, pesimismo e ironía que reflejó en sus obras? Pero aquella tristeza y falta de cordialidad de sus habitantes parecía tener una relación directa con el sistema político imperante. Checoslovaquia era uno de los países de la órbita soviética que padecía, no solo la desgracia de un régimen comunista, sino además la de ser un pueblo virtualmente aplastado por una potencia extranjera. Como solía ocurrir en muchos de los países de ese mundo represivo, eran frecuentes las actividades ilegales en teoría, pero en la práctica toleradas por las autoridades. Estas se hacían la vista gorda, por ejemplo, con el mercado negro porque participaban en el negocio de obtención de divisas. Lo mismo ocurría con la prostitución ejercida por bellas jóvenes que se exhibían abiertamente en el lobby del hotel más lujoso de la ciudad, el Intercontinental.

Pronto supimos que el mercado negro les permitía a los turistas poseedores de dólares americanos obtener un cambio altamente favorable. La jefa de nuestra delegación era Panchita Soublette Saluzzo, una distinguida venezolana ya entrada en años y la primera mujer en obtener el título de abogada en el país. La ministra de la Mujer del gobierno de Luis Herrera Campins, Mercedes Pulido de Briceño, participaba en la conferencia y su asistente personal nos puso en autos sobre dónde comprar prendas con granates –la piedra típica del país– al mejor precio y lograr un cambio de moneda más favorable en el mercado negro: lo hacían los choferes de taxi de un hotel bastante céntrico y de mediana categoría. La delegación venezolana en pleno, éramos seis o siete, se trasladó a ese hotel y nos encargamos de la misión –que no dejaba de tener algunos riesgos– de contactar al chofer de taxi con el que haríamos la operación cambiaria. Cada una de las interesadas nos entregó a Elia Borges de Tapia y a mí, sus dólares cuyos montos yo anotaba en una libreta.

Panchita estaba muy asustada, no quería de ninguna manera vincularse a esa negociación porque le horrorizaba que al día siguiente la prensa publicara algo así como «jefa de la delegación venezolana presa por cambio ilegal de divisas». Una vez completadas las entregas, Elia y yo nos subimos al taxi cuyo conductor llevaba a su lado al copiloto encargado del cambio. De pronto sentí que alguien me empujaba hacia el centro del asiento trasero del taxi: era Panchita Soublette. Nunca supe en qué momento perdió el miedo y los escrúpulos.

Aquella operación fue realmente divertida: yo iba entregando los dólares, de doscientos en doscientos al copiloto cambista y este me devolvía, contando billete a billete, el resultado de multiplicar cada dólar por 25 coronas. El cambio oficial era de 10 coronas por dólar. Mientras tanto el chofer le daba vueltas a la manzana que rodeaba el hotel. Gracias a ese cambio tan favorable pudimos escapar de los incomibles menús tipo rancho de cuartel que nos servían a las asistentes a la Conferencia. Y así durante los pocos días que nos quedaban en Praga, fuimos asiduas comensales –a precios irrisorios para las beneficiarias del dólar a 4,30– de un fabuloso restaurante francés ubicado el último piso del Hotel Intercontinental. Cuando quisimos utilizar las coronas sobrantes al salir de Praga, las mismas no servían para comprar absolutamente nada en el aeropuerto ni en el avión de línea checa en que viajamos a París.

A nuestro regreso a Caracas nos enteramos de que acababa de morir Humberto Hernández, un viejo dirigente sindical miembro del CEN del partido. Supe por un miembro del Buró Sindical que sus integrantes habían decidido postularme para ocupar la vacante y así subsanar el error cometido en la última Convención al marginar a las mujeres de ese organismo de dirección. A los pocos días fui invitada una reunión con un pequeño grupo de dirigentes del CEN en la oficina del presidente del partido, Gonzalo Barrios. Este, visiblemente molesto, expresó que era mejor que ninguna mujer ocupara ese cargo. Alguien le había informado que Renée Hartmann, la viuda de Rómulo Betancourt, aspiraba a esa posición y había amenazado si no la obtenía, con hacer públicos los expedientes que el expresidente había elaborado sobre hechos de corrupción de dirigentes de AD y de funcionarios públicos del gobierno de CAP. Nunca supe si aquellas aspiraciones y amenazas fueron reales porque jamás me sentí tratada en forma desagradable por Renée Hartmann. Tampoco se supo si aquellos expedientes explosivos existían. Y nunca se publicaron las Memorias de Rómulo que harían estremecer al país. Tuve que esperar todavía un año y que ocurrieran acontecimientos no siempre gratos, para lograr mi primera elección como secretaria política ejecutiva en el CEN de AD.

A pesar de las mujeres

Se acercaba la fecha de la Convención Nacional en la que Jaime Lusinchi, virtual candidato de AD con la bendición siempre velada de Rómulo Betancourt, bajo el lema «Jaime es como tú», y con el apoyo del muy poderoso Buró Sindical, sería nominado para la Secretaría General del partido. Era el primer paso para lograr la candidatura presidencial. Era esa también la mejor oportunidad para promover la reforma estatutaria que permitiría la elección obligatoria de mujeres, mediante una cuota, en todos los órganos de dirección del partido. Les hice saber a las compañeras del Departamento Femenino mi aspiración de ocupar una de las secretarías políticas y la importancia de la reforma, ya que si lográbamos una representación femenina del 15% del total de miembros del CEN, resultarían electas cuatro mujeres. De esa forma podrían aspirar, además de la candidata natural que era la directora del Departamento, Elia Borges de Tapia, otras tres compañeras. El planteamiento cayó mal desde el principio, aquel Departamento tenía muy pocas iniciativas prácticas para promover la participación de la mujer. Sus integrantes, con poquísimas excepciones, tenían una actitud pasiva y con frecuencia servil ante la directora. Lejos de contar con el apoyo de las compañeras del Departamento, lo que se produjo fue su manifiesta hostilidad. Mi aspiración era considerada una traición a la única que tenía derecho, en opinión de la mayoría, a integrar el CEN del partido. Pienso que ninguna de ellas creía que era factible lograr la reforma estatutaria y que no valía la pena luchar por esa reivindicación.

Formé entonces un pequeño equipo de campaña con compañeros dirigentes de las parroquias de Caracas, en su mayoría hombres, con quienes estaba vinculada por mi condición de concejal. Algunos dirigentes parroquiales que me habían mostrado desafecto durante mi campaña para ese cargo, por considerar que les quitaba la oportunidad de ser ellos mismos concejales, se transformaron en mis mejores colaboradores en la campaña para el CEN. Pienso que me gané su respeto por mi trabajo como jefe de la fracción y porque visitaba con frecuencia las distintas parroquias para contactar a los electores y conocer sus problemas.

Me tracé con la ayuda de esos compañeros un cronograma de giras por las veinticinco seccionales del partido, es decir, por las capitales de todo el país incluidas las de los entonces territorios federales Amazonas y Delta Amacuro, y las del estado Sucre, el único al que se permitió dos seccionales por no poder resolverse las rivalidades entre Cumaná, la capital, y Carúpano, la segunda ciudad en importancia. La respuesta de los dirigentes regionales fue inesperadamente cordial y auspiciosa. Incluso aquellas seccionales cuyos secretarios generales y la mayoría del Comité Ejecutivo Seccional (CES) pertenecían al sector «renovador» como se llamaba al carlosandresismo, cumplieron democráticamente con atender mi petición de ser recibida y oída por los delegados a la convención nacional. La prensa y la radio de cada capital y las televisoras locales donde las había, me recibieron con especial curiosidad, ya que era la primera vez que una mujer hacía una campaña de esa naturaleza para optar a un cargo directivo en su organización política.

Aquella parecía una campaña presidencial en miniatura, con afiches, folletos explicativos de mi aspiración y de los cambios estatutarios que debían favorecer la incorporación de mujeres, calcomanías con mi foto, etcétera. Como era de esperarse las menos efusivas fueron las mujeres que integraban los departamentos femeninos seccionales: habían recibido instrucciones desde Caracas de aplicarme la ley del hielo. Pero hubo una que exageró la nota, era una especie de cacica septuagenaria, que rendía obediencia perruna al secretario general del partido en el estado Trujillo, una carlosandresista contumaz. Después de la fría recepción en la reunión con el CES del que solo cuatro o cinco integrantes eran «ortodoxos», es decir piñeruistas, y por consiguiente me apoyaban, hubo una invitación de la doña para una cena en casa de una familia adeca de Valera. Me presenté con mis dos acompañantes en la gira y allí nos encontramos con el exministro Arnoldo José Gabaldón, quien había viajado a esa ciudad para otra actividad partidista. Nos sentamos en la misma mesa y comimos siempre atendidos por la ya mencionada cacica, quien se encargó de servirnos los manjares del buffet. Esa noche mi compañera de cuarto se despertó con unos terribles dolores abdominales que desembocaron en una imparable diarrea; también yo tuve retortijones pero las consecuencias fueron menos graves. A las seis de la mañana llamé por teléfono al colaborador encargado de prensa, quien debía acompañarme a una entrevista de radio, pero estaba fuera de combate por deshidratación: había pasado la noche entera «de chorrito». Horas más tarde, en el avión que nos traía de regreso a Caracas, volvimos a coincidir con el exministro Gabaldón, quien nos refirió los malestares intestinales que había tenido después de la cena partidista. Evidentemente aquella Locusta o Marquesa de Brinvilliers o Teofanía D´Adamo del subdesarrollo, le había agregado un poderoso laxante a nuestra comida. El hecho fue corroborado cuando uno de mis partidarios trujillanos me dijo tiempo después, que la doña se jactaba de haber purgado a la «judía esa» y a sus acompañantes.

Llegó la fecha de la Convención Nacional, marzo de 1981, los delegados estaban alojados en el hotel Anauco Hilton de Caracas y mi comando recomendó que alquiláramos una suite para recibirlos, entregarles propaganda y hacer reuniones con ellos. La Convención tenía en su agenda la reforma estatutaria de manera que lo primero por lograr era que se aprobara el artículo que establecía la cuota femenina. Mi campaña había sido por una cuota del 15%, pero los máximos dirigentes del partido, los llamados «fundamentales» o «cogolléricos», instruyeron a los delegados para que se aprobara solo el 10%. Agarrando aunque sea fallo fue entonces mi lema, pero esa reducción significaba que en vez de cuatro mujeres serían electas tres.

La noche anterior al acto en que se elegiría a las nuevas autoridades, el expresidente Carlos Andrés Pérez ofreció una cena a los delegados y en ella les dio instrucciones de votar por su candidata Teo Camargo y de no hacerlo por mí, ya que yo era «sionista». Al día siguiente, unos cuantos asistentes a esa cena me preguntaron por qué CAP y los dirigentes de su entorno me acusaban de comunista o algo parecido. El sionismo como elemento polémico derivado del conflicto del Medio Oriente, no les decía nada a muchos de esos compañeros de la provincia.

Jaime Lusinchi, quien sería electo secretario general de manera concertada entre las distintas corrientes, instruyó a sus seguidores para que votaran por su candidata, Lilia Henríquez de Gómez, hija de Rómulo Henríquez, uno de los patriarcas del partido en el estado Falcón y esposa de Santos Gómez, jefe de la DISIP (policía política) durante el gobierno de Rómulo Betancourt. Carlos Andrés Pérez apoyaba a Teo Camargo y Luis Piñerúa dividió su apoyo entre Elia Borges de Tapia y yo.

El acto de votación fue el más transparente (o el menos tramposo) de todos los que luego me tocó presenciar en las convenciones de AD. El voto fue secreto y el escrutinio público, como debía ser y no al revés como ocurrió tantas veces antes y después. Se iba abriendo caja por caja y leyendo voto por voto ante los delegados que llenaban el salón. Las dos primeras cajas correspondían –por el número de la cédula de identidad– a los delegados de mayor edad y en ellas las otras tres candidatas me llevaban ventaja. Pero a partir de allí remonté la cuesta y quedé electa conjuntamente con Teo Camargo y Lilia de Gómez.

Lo histórico de ese proceso electoral interno, más allá de los nombres de las mujeres electas, fue que la representación femenina sería en lo sucesivo una norma estatutaria respetada hasta en los niveles más bajos de la estructura partidista. Y con el tiempo, el porcentaje iría en aumento hasta alcanzar el 20%. Como ya los comités ejecutivos seccionales, distritales y municipales habían hecho su elección, resolvieron la aplicación de la norma estatutaria incorporando, en cada una de esas instancias, a tres mujeres designadas por elección del respectivo comité. Tal como se esperaba, la Convención eligió a Jaime Lusinchi secretario general del partido. Todos sabíamos que sería por poco tiempo, ya que desde entonces era el virtual candidato presidencial de AD, a pesar de que tendría todavía que medirse en un proceso interno con David Morales Bello.

El caudal de votos con el que Jaime Lusinchi ganó las elecciones presidenciales en diciembre de 1983, sobrepasó las expectativas del propio partido AD, tanto así que muchas mujeres incluidas en las listas para el Senado y la Cámara de Diputados resultaron electas a pesar de estar ubicadas en puestos considerados no salidores. En el período parlamentario 1984-1989, las diputadas principales por AD fuimos ocho, pero con las suplentes alcanzábamos el número de dieciséis. Y fueron tres las senadoras. Nunca más volvió a darse una representación femenina tan nutrida en las siguientes elecciones parlamentarias de la era prechavista.

Esa inédita participación femenina distaba, sin embargo, de significar que el machismo había sido superado. Una prueba contundente de que aquel prejuicio era casi congénito ocurrió cierta vez que asistí con mi marido a una recepción diplomática. El funcionario de Protocolo de la Cancillería que siempre atendía esos ágapes, abrió la puerta del automóvil y me dio la mano para ayudarme a salir al tiempo que me decía «bienvenida, diputada». Más atrás venía mi esposo quien, al bajarse, dio un traspié, el mismo funcionario le gritó ¡Cuidado, senador! Mi marido nunca tuvo que ver con la política y jamás ocupó un cargo público pero ¿podía acaso el esposo de una diputada ser menos que su mujer?

Con las manos en la masa

El 10 de enero de 1986 estaba amasando un pan de queso para la fiesta familiar de mi cumpleaños que era al día siguiente y, al mismo tiempo, la despedida de mi hija, quien viajaba con su familia a Ferrara, Italia, donde su esposo haría el posgrado de Otorrinolaringología. En ese preciso momento recibí una llamada del Palacio de Miraflores, el presidente Lusinchi quería hablarme. Me dijo que acababa de firmar mi nombramiento como ministra de Estado para la Cultura y presidenta del Consejo Nacional de la Cultura (Conac) en sustitución del Dr. Ignacio Iribarren Borges. Traté de obtener tiempo para pensarlo pero no había caso, ya estaba nombrada. No sé cuántos ministros en el mundo han sido designados mientras amasaban pan, pero ese fue mi caso. Al día siguiente ocurrió la juramentación en el Palacio de Miraflores y enseguida el traslado a las oficinas del Conac en Chuao para asumir las nuevas funciones. El Dr. Ignacio Iribarren Borges, con quien solo pude hablar por teléfono, estaba visiblemente molesto por la manera como había sido desplazado del cargo y derivó en subalternos la entrega. El desempeño de las nuevas funciones marchó sin sobresaltos ni grandes acontecimientos hasta que se presentó el conflicto en la Orquesta Sinfónica Venezuela con un grupo importante de músicos enfrentado a la directiva y a quienes hacían mayoría. Nunca hasta ese entonces la música sinfónica o culta había sido motivo de tantos titulares de prensa, programas de televisión y hasta grafitis en las paredes de la ciudad. El tema dejó de ser artístico para convertirse en político. Mi inveterada costumbre de creerme justiciera hizo que tomara partido de manera apasionada por los músicos execrados o expulsados de la Sinfónica. Los otros tenían su público y sus contactos en los medios, además del nombre siempre impresionante de la orquesta más importante del país en ese tiempo. Cuando aquella tormenta estaba en su peor momento y sobre mí llovían anatemas de toda especie, a Carmelo Lauría, ministro de la Secretaría de la Presidencia, se le ocurrió la idea de crear una nueva orquesta con los disidentes de la OSV. Así se hizo y se llamó Orquesta Filarmónica Nacional. Es decir que en vez de una orquesta había dos y ambas contarían con el subsidio el Estado. Pero nada pudo librarme de la chapa de haber «acabado» con la orquesta sinfónica. Esta seguía ofreciendo conciertos y viajando al exterior y yo era acusada una y otra vez de haberla liquidado.

En medio de aquella crisis vino a Venezuela la Orquesta Filarmónica de Nueva York, con Zubin Metha como director. Los directivos de la

Sinfónica trataron de boicotear el concierto y lanzaron volantes en el teatro Teresa Carreño con denuncias contra la ministra orquesticida. Zubin Metha me dijo algo que nunca olvidaré: «jamás pelee con músicos, siempre tendrá las de perder, se lo digo por experiencia». Años después de aquella pelea vi la película *Encuentro con Venus* (*Meeting Venus*), del director húngaro István Szabó y logré entender a cabalidad el consejo de Zubin Metha. La recomiendo ampliamente como uno de los homenajes más hermosos y sufridos a la música de Wagner.

Un día cualquiera de los dos años que pasé como ministra y presidente del Conac recibí la visita del temido y temible periodista José Vicente Rangel, el magíster de la extorsión en su columna de prensa y su programa dominical de televisión. Me pedía el Museo de Bellas Artes para una exposición de las esculturas de su esposa Ana Ávalos. Recordé una columna que años atrás había publicado en *El Nacional* el crítico de arte Juan Carlos Palenzuela, con el título «Apocada de lujo», en el que destrozaba literalmente las pretensiones escultóricas de Anita Rangel y decía que gracias a los buenos (o malos) oficios de su marido, había llenado de «mojones» toda la ciudad de Caracas. Sabía a lo que me exponía, muchos banqueros y hombres de negocios tenían algunos de aquellos «mojones» en sus oficinas como demostración de haber cedido a los requerimientos del marido de la escultora. Logré evadir una respuesta inmediata con un argumento muy cierto: el museo tenía una directiva a la que correspondía evaluar la solicitud y recomendar lo que debía hacerse. –Pero tú eres la ministra –me dijo Rangel. –Sí, pero no soy experta en arte y no tomo decisiones que desautoricen a quienes sí saben. Llamé a Oswaldo Trejo, para entonces director del Museo de Bellas Artes, quien puso el grito en el cielo ante la posibilidad de exhibir las obras de la señora Ávalos de Rangel. Le pedí que me enviara por escrito una respuesta en que la negativa fuese por falta de fechas y no por la calidad de las esculturas y así lo hizo. Logré zafarme de la presión de Rangel y debo reconocer, en honor a la verdad, que no tomó ninguna represalia contra mí por ese rechazo. En diciembre de 1987 renuncié al ministerio de Estado y presidencia del Conac para reintegrarme al Congreso. 1988 era el año electoral y yo aspiraba a continuar mi carrera parlamentaria.

Adecos pero no revueltos

Superadas las principales objeciones y dudas que suscitaba mi falta de pedigrí adeco, entré de lleno en la selva de la competencia por los cargos y de las alineaciones o ismos. Casi sin proponérmelo pasé de ortodoxa, es decir, romulista, a piñeruista, de allí a ser considerada lusinchista y más tarde alfarista. La alineación automática se daba porque del otro lado estaban los supuestos renovadores o carlosandresistas con los que nunca congenié. Después de las peripecias para lograr mi primera elección al CEN del partido, el mayor reto era permanecer. Ninguna de las dos compañeras que al igual que yo lograron ser electas secretarias políticas en la Convención de 1981, repitió en esa posición.

Mantenerse en el cargo o ser desplazado no tenía mucho que ver con la inteligencia, la preparación profesional, la honestidad, la dedicación al trabajo o la vocación de servicio de los dirigentes, sino con sus habilidades de equilibrista político en medio de aquellas alineaciones y confrontaciones internas. Los caudillos nacionales lanzaban sus ukases desde Caracas a los caudillos regionales y estos las bajaban hasta los caudillitos de cada parroquia o municipio. Pero las alineaciones previas no eran suficientemente seguras como para desistir de trampas que permitieran arreglos diversos, entre ellos negociar por debajo de la mesa el ingreso de algunos militantes de la corriente contraria. Aún con la falta de transparencia en los procesos electorales internos, si respetaba –dentro de ciertos márgenes– la representación proporcional de las minorías que tan inteligentemente establecieron todas las leyes del sufragio promulgadas durante los cuarenta años anteriores al chavismo.

En la primera convención que se realizó durante el gobierno de Jaime Lusinchi, la lista de ungidos se elaboró en el Palacio de Miraflores y, según la comidilla del momento, quien quitaba y ponía era Blanca Ibáñez, la entonces secretaria privada del presidente y a todas voces su compañera sentimental. Por su oficina desfilaban muchos de los aspirantes para rendir los honores que favorecieran su inclusión en la «chuleta» o nómina de escogidos a dedo. Verdad o no, fui electa de nuevo en esa convención. Sin hacer mayores esfuerzos y tampoco visitar Miraflores, mi nombre aparecía en la chuleta quizá porque Jaime Lusinchi me había tratado siempre con especial deferencia. Al tener dos años en la presidencia me designó ministra de Estado para la Cultura y presidenta del Consejo Nacional de la Cultura.

En 1988 se produjo una nueva Convención sin sobresaltos ni sorpresas. La elección se llevó a cabo en forma literalmente subterránea porque fue en el llamado búnker del secretario de Organización del Partido, Luis Alfaro Ucero, ubicado en el sótano de una casa en el sector de La Florida, en Caracas. El quitas y pones en esta ocasión fue la mano derecha de Alfaro (y antes de Piñerúa), Lewis Pérez Daboín, subsecretario de Organización.

En la siguiente contienda interna en la que participé, en 1991, aprendí un gran lección. Fue durante el segundo gobierno de Carlos Andrés Pérez y yo era una de sus críticas más despiadadas y persistentes dentro y fuera del partido. Si las antipatías previas fueron relativamente gratuitas, había entonces motivos más que suficientes para que el reelecto presidente me detestara. Pero comenzaré por el principio: mi primer acto de confrontación fue con el todavía presidente electo. Muy pocos se hubiesen atrevido a desafiar a quien había sido elevado a la silla presidencial por el voto de más de la mitad de los venezolanos, sin embargo, yo lo hice quizá para demostrarle que no pertenecía al montón que prosternados ante él, aquellos que esperaban ansiosamente algún cargo o prebendas de su gobierno. Y probablemente, como un ingenuo acto de venganza. El CEN debía elegir entre sus senadores recién electos al próximo presidente del Congreso y el candidato de CAP era David Morales Bello. La decisión debía tomarse en la reunión partidista del día lunes y el presidente electo y su candidato no dudaban de que todo resultaría de acuerdo a sus expectativas. Pero había otro aspirante: Octavio Lepage.

El domingo anterior a esa reunión asistí a otra en la casa de Lepage en la que me ratificó el pedimento que me había hecho ya en una breve nota: que al plantearse en el CEN la elección del presidente del Congreso, yo propusiera su nombre y, de seguidas, que la votación fuese secreta. Al día siguiente, apenas CAP terminó de postular a Morales Bello, hice la proposición acordada con Lepage. Para su propio asombro y de muchos otros, CAP sufrió la primera derrota en esta nueva etapa de su vida política y precisamente en el CEN de su partido. Octavio Lepage ganó esa elección por un voto y fue el primer presidente del Congreso en el segundo gobierno de CAP.

Mis diferencias con CAP se acentuaron a raíz de la presentación de su gabinete ante el CEN del Partido, durante un desayuno en La Casona unos días después de su toma de posesión. Se suele creer y se repite una y otra vez, que la razón fundamental de la caída en desgracia de CAP y de su posterior defenestración fue la falta de apoyo de Acción Democrática como partido de gobierno. Lo cierto es que ya en aquella primera reunión con el recién estrenado gabinete, flotaba en el ambiente el profundo desprecio que sentían algunos de esos tecnócratas por quienes éramos apenas políticos, por añadidura adecos y, por consiguiente, ignaros y poco dignos de ser tomados en serio. Había además en muchos de ellos una mezcla de prepotencia, arrogancia y ausencia de sensibilidad social. Cuando oí a la nueva ministra de Hacienda, Eglée Iturbe de Blanco, referirse a las cifras que alcanzarían los créditos hipotecarios cuando se liberaran el cambio de la divisa americana y las tasas de interés, le pregunté alarmada cómo harían los deudores hipotecarios para no perder sus viviendas. Yo era una de ellos. «Eso será por unos meses –me respondió–, después las cosas se normalizarán». Los meses fueron en realidad años y de no haber sido por el empeño que pusimos la diputada copeyana Haydée Castillo de López y yo en la redacción y aprobación urgente de la Ley de Protección al Deudor Hipotecario, muchos venezolanos habríamos quedado sin hogar como le ocurrió a cientos de miles de norteamericanos y españoles con las crisis del sector hipotecario de sus países, en 2009.

En aquella reunión de La Casona en que los nuevos ministros pontificaban sobre las bondades de la terapia de *shock* que iban a aplicarle a la economía nacional, el único que resultó profeta del desastre y mucho antes de lo que él mismo podía suponer, fue el ministro de Fomento, Moisés Naim. En su exposición vaticinó revueltas populares en protesta contra ese plan económico. Dos semanas después ocurrió el llamado «Caracazo». Atribuir ese trágico episodio de nuestra historia a las medidas económicas del nuevo gobierno, ha sido un error no siempre inocente y sobre todo una injusticia. Las medidas aún no se habían puesto en práctica y el aumento de unos céntimos en el precio de la gasolina resultaba una motivación insuficiente para las dimensiones que alcanzó la protesta popular. Pero había un caldo de cultivo y era la prolongada escasez de productos de primera necesidad cuyos precios habían sido congelados por el gobierno de Lusinchi. A eso se sumaban los anuncios que hacían los medios de comunicación, de los aumentos desmedidos que alcanzarían esos productos una vez eliminadas las regulaciones.

La arrogancia de muchos de los tecnócratas o «IESA Boys» que integraban el gabinete de CAP y su evidente desprecio por la dirigencia adeca, causaban gran irritación en la dirigencia del partido. Cuando se realizó a fines de 1989 la primera elección de gobernadores de estado, que fue el cumplimiento de una promesa electoral de CAP, eran muy insistentes los comentarios del apoyo abierto del presidente a candidatos no adecos como el caso de Walter Márquez, aspirante a la gobernación del estado Táchira. Márquez era un izquierdista paisano del presidente Pérez a quien este había protegido desde niño, ya que sufría de una malformación congénita que le impedía caminar. Pero no era el único caso: Leopoldo Sucre Figarella, llamado el «zar» de Guayana, financiaba la candidatura de Andrés Velásquez –máximo dirigente de la Causa R– para la gobernación del estado Bolívar. Era una manera de neutralizar al sindicalismo de ese partido que era poderoso en el estado y podría ser un obstáculo para el desarrollo de las empresas del hierro y el aluminio que Sucre Figarella dirigía. Hubo otros casos menos significativos pero que desconcertaban a la militancia adeca, incapaz de entender que un gobierno de AD les brindara a los adversarios el apoyo y los recursos que les negaba a los compañeros de partido. Como era de esperarse, sobre todo por el ambiente enrarecido del país después del «Caracazo», aquella elección tuvo resultados desastrosos para el partido del gobierno. Constituiría, además, uno de los elementos que hizo posible la defenestración de CAP tres años después: la descentralización administrativa que en verdad era un gran avance provocó, en esos tiempos de crisis, la atomización del hasta entonces poder omnímodo del presidente de la República.

Mis artículos en contra del gobierno de CAP y las intervenciones que tenía en radio y TV como diputada y dirigente partidista, eran con frecuencia más duros que los de políticos de la oposición. La dureza arreció cuando se acercaba la Convención Nacional de 1991 en la que se procedería a renovar las autoridades del partido en todos sus niveles. En esa oportunidad la «chuleta» o en todo caso la decisión de quiénes debían o no integrar la dirección nacional, dependía en casi su totalidad de Luis Alfaro Ucero, para entonces secretario general. Eso no impidió que algunos dirigentes del sector juvenil alfarista se acordaran con los más connotados carlosandresistas, para salvar el pellejo de algunos y pasarles factura a otros. Gracias a esa componenda, el exponente más visible de la corriente perecista obtuvo supuestamente más votos para ser electo secretario político del CEN que el mismo Alfaro Ucero, verdadero hombre fuerte del partido y candidato a repetir en la Secretaría General. Otro aspecto de aquel acuerdo secreto fue la exigencia de los carlosandresista de sacarme del CEN mediante la improvisación a última hora, de una candidatura distinta de la mía para la tercera vicepresidencia. Manipularon los votos y el candidato que me disputaba el cargo logró, según lo anunciado, una mayor votación. Pero no tuvieron el cuidado de asignarle la cantidad de votos necesaria para que fuera proclamado esa misma noche. Insistí hasta que conseguí que uno de los miembros de la comisión electoral me escribiera de su puño y letra y con su firma, el número de votos obtenidos por mi contendor. Protesté desde el día siguiente contra el fraude descarado que se había cometido contra mí. Algunas semanas después se convocó a un Comité Político que resolvió la situación eligiéndome por unanimidad. El contendor, quien ya había sido separado una vez del partido por su conducta indebida, resolvió renunciar a AD y pasarse a la oposición. Fue uno de los hinchas de la candidatura de Rafael Caldera en 1993.

Los compañeros de partido aliados en mi contra no lograron su objetivo de sacarme del CEN, pero me enseñaron que el exceso de vehemencia, sobre todo si se aplica contra un copartidario, puede constituir un purgante difícil de tragar hasta para quienes militan en nuestro mismo bando. A esa convención adeca de 1991 pertenece una fotografía que apareció hace años en algunos medios impresos, en la que una revolucionaria de nuevo cuño con cargos ministeriales en los trece años de gobierno de Hugo Chávez, y para aquel entonces mi más preciada colaboradora, vestía una camiseta promocional de mi candidatura con el muy visible logo de Acción Democrática. Una camaleona entre muchos camaleones.

El Caracazo: verdades y mentiras

El 27 de febrero de 1989 el CEN de AD se encontraba reunido como todos los lunes en el llamado búnker de La Florida. El apelativo provenía del funcionamiento, en el sótano de esa misma sede, de la Secretaría de Organización a cargo de Luis Alfaro Ucero. Se había tejido toda una leyenda en torno a la existencia en ese sitio, de un aparataje de la más alta sofisticación gracias al cual Alfaro y su equipo de técnicos tenían un registro de militantes de AD y de votantes del país, mucho más completo y confiable que el del Consejo Supremo Electoral.

Alejandro –el «Policía» – Izaguirre, ministro de Relaciones Interiores, había inaugurado la costumbre de asistir a las reuniones del CEN partidista. Mientras discutíamos un tema anodino como era el pleito entre fracciones adecas en un Concejo Municipal de poca monta, una de las secretarias le pasó una nota al ministro, que la leyó y se retiró del salón sin decir palabra. En algún momento, ya cerca de la una de la tarde, salí para ir al baño y los periodistas reunidos en la antesala me preguntaron qué opinaba sobre lo que estaba sucediendo. ¿Y qué está sucediendo? Me pusieron en autos sobre los disturbios y saqueos en varias zonas de Caracas. Cuando un rato después terminó la reunión, tomé la ruta normal de regreso a mi casa por la avenida Libertador y ya se veían vidrieras destrozadas y las calles desiertas. Al llegar a mi casa encendí el televisor, los distintos canales mostraban las imágenes de los saqueos en supermercados y otros comercios. Aunque no hubiese sido su intención, esas imágenes promovieron el incremento de actos de vandalismo y depredación. Desde la ventana de mi habitación podía ver a vecinos de los barrios aledaños cargando con partes de reses que se habían llevado de las casas de abastos cercanas. Aquellas escenas me resultaron aterradoras y deprimentes, jamás imaginé que un caos y un salvajismo colectivo como aquel pudieran ocurrir en ese país amable y solidario que era Venezuela.

Cuando comenzó el debate en el Congreso sobre esos hechos sangrientos y destructivos, cada discurso me hacía llorar y así pasé varias semanas, llorando lo que desde entonces consideré como el principio del fin de nuestro sueño democrático. El Congreso, en sesión plenaria, acordó que la Comisión de Política Interior de la Cámara de Diputados que yo presidía, realizara la investigación de los hechos y determinara las responsabilidades por los muertos y heridos en aquellas cuarenta y ocho horas de horror. Siempre tuve la impresión hasta el día de hoy, aunque no pude probarlo, de que los hechos no fueron espontáneos. Quizá sus planificadores jamás imaginaron las dimensiones que alcanzaría la protesta contra un aumento irrisorio en el precio de la gasolina. Pero el inicio de esa protesta fue planificado por gente de la oposición y sus derivaciones provocadas por alguna simiente de las que luego serían las bandas armadas del chavismo.

Varios años después, ya con Hugo Chávez en el gobierno, me encontré en el ascensor de un centro comercial con un joven que me reconoció y me dijo que estaba empeñado en demostrar que los agitadores de entonces eran los chavistas de hoy. Él y su hermana habían observado desde dos edificios distintos en la avenida Urdaneta de Caracas, la vestimenta y el comportamiento de los motorizados que dirigían los saqueos. Les parecieron idénticos a quienes produjeron disturbios y saqueos el 13 de abril de 2002, a raíz de la salida y luego el retorno de Chávez el poder. El joven había estado investigando en los archivos del fenecido Congreso pero no había encontrado nada que le permitiera comprobar su hipótesis. Tampoco yo pude ayudarlo en ese empeño. Quizá la única manera de saber que fue así, es la glorificación que el chavismo se ha empeñado en promover de esos dos días de vandalismo depredador, anarquía, latrocinio y muerte.

Lograr que los diputados de la Causa R como Pablo Medina y Aristóbulo Istúriz, y algunos del MAS como Gustavo Márquez y Enrique Ochoa Antich, aceptaran que no había miles de muertos como proclamaban de manera escandalosa e irresponsable, sino los doscientos setenta y seis que habían constatado las autoridades correspondientes, fue realmente una proeza. Como presidenta de la Comisión recibía a diario decenas de telegramas que personas afiliadas a Amnistía Internacional enviaban desde distintos países de Europa, Estados Unidos, Canadá y Australia. Casi todos con un mismo texto y con denuncias circunscritas a una determinada persona o bien a los supuestos miles de muertos como consecuencia de la represión militar y policial. Recibimos a representantes de esa organización y fueron invitados a presenciar las reuniones de la Comisión y las interpelaciones a ministros y altos funcionarios militares y policiales.

La elevación de aquellos días de rapiña y caos al rango de efemérides por parte del gobierno chavista, ignora que la mayoría de la población agradeció al ejército haber controlado la situación aun a costa de las vidas de decenas de venezolanos, muchos de ellos víctimas inocentes. El presidente Carlos Andrés Pérez pronunció entonces una de las sentencias más equivocadas y poco felices de su trayectoria política: dijo que lo ocurrido había sido una reacción de pobres contra ricos. Esa frase demagógica fue desmentida por las imágenes de la televisión que mostraban a personas de la clase media llevándose electrodomésticos y víveres en sus vehículos, mientras que en los barrios más deprimidos los pobres se saquearon entre ellos.

Las cadenas de supermercados lograron recuperar rápidamente lo perdido porque tenían seguros que cubrieron los daños, pero muchos pequeños comerciantes quedaban en la ruina y sin posibilidades de reponerse. La Comisión decidió elaborar, de común acuerdo con bancos del Estado y ministros del área económica, un censo de los pequeños comerciantes agraviados y concederles créditos que les permitieran restablecer sus negocios.

Como elemento demostrativo de la superficialidad que con frecuencia nos caracteriza como colectivo, mujeres de distintos niveles sociales se detenían para hablarme en la calle o en el supermercado y amigas me llamaban por teléfono, para felicitarme por la suerte que tenía de aparecer a cada momento en la televisión sentada al lado de ese «muñeco». El «muñeco» era el entonces ministro de la Defensa, general Ítalo del Valle Alliegro, al que veinte años después del «Caracazo» el gobierno de Chávez imputó como responsable de las muertes ocurridas en esos aciagos días de febrero de 1989.

Otra evidencia de la ligereza con que solemos interpretar los hechos y circunstancias hasta de la mayor gravedad, ocurrió cuando la comisión designada por CAP y presidida por el senador Ramón J. Velásquez para hacer recomendaciones que bajaran el nivel del descontento social, presentó su informe. El acto se realizó en el salón Ayacucho del palacio presidencial y fueron invitados todos quienes formábamos las llamadas «fuerzas vivas»: ministros, líderes de los partidos, parlamentarios, dirigentes empresariales, dueños de medios de comunicación y figuras destacadas del mundo intelectual. El presidente de la Comisión fue leyendo un conjunto de sugerencias, muchas de ellas contradictorias. Ese informe era una colcha de retazos armada sin orden ni concierto con las opiniones de los diferentes sectores consultados por la Comisión. Los dirigentes sindicales, por ejemplo, aportaban ideas diametralmente opuestas a las de los banqueros y dirigentes del sector empresarial, pero ambas se incorporaron a las recomendaciones de la Comisión sin tratar de conciliarlas. El público escuchaba con cierto fastidio aquella retahíla de imposibles, hasta que el doctor Velásquez leyó la recomendación de congelar el precio de la gasolina. La sala entera se puso de pie y estalló en una ovación prolongada y atronadora. Todos los problemas del país quedarían resueltos, todas las angustias canceladas, todo el descontento superado simplemente con no subir el precio de la gasolina. Un tabú, un embrujo, un maleficio que ningún gobierno después de aquel de CAP II se ha atrevido a desafiar.

Después del «Caracazo» nada volvería a ser igual: el gobierno de Pérez II pasó de la arrogancia inicial derivada de la alta votación con la que fue electo, a mostrarse temeroso y errático. Cada medida era ponderada ante la posibilidad de que pudiera desatarse otra revuelta similar a la de febrero del 89. Y ese medo fue percibido por los filibusteros que desde diferentes flancos disparaban dardos contra la figura del presidente. Porque, no caben dudas, era Pérez y su liderazgo el primer objetivo de la campaña destructiva que luego se extendería hasta su verdadera meta: liquidar el sistema de partidos y a toda la clase política sin distinciones.

Acción Democrática es acusada cada día hasta el presente, de haber traicionado a Pérez y de abandonarlo a su suerte cuando se cerraba el cerco en torno suyo. Otros señalan una conspiración dentro del mismo partido para acabar con Pérez. De cada uno de esos señalamientos hay alguna parte de verdad, pero quizá lo que mejor explica lo ocurrido con CAP y su segundo gobierno, sea la frase de Winston Churchill: «La única cosa peor que ir a la guerra con aliados es intentar librarla sin aliados».

Lo cierto es que el gobierno de Jaime Lusinchi retardó medidas económicas que eran de urgente necesidad con el propósito de que AD, con su candidato Carlos Andrés Pérez, ganara las elecciones de diciembre de 1988. La ficción de una cierta bonanza y la muy hábil campaña mediática desarrollada por el periodista Carlos Croes al frente de la Oficina Central de Información, consiguieron que el presidente Lusinchi fuese uno de los mandatarios con más alto índice de popularidad al dejar el gobierno. El domingo anterior a la toma de posesión de CAP, que ocurriría tres días después, Lusinchi asistió como invitado de honor a un concierto de la Orquesta Filarmónica de Caracas creada durante su gobierno y en mi ejercicio como ministra de Cultura y presidenta del Consejo Nacional de la Cultura. El concierto se llevó a cabo en la Sala José Félix Ribas del Complejo Cultural Teresa Carreño, de Caracas, mientras que en la gran sala Ríos Reyna de ese mismo complejo había otra gala musical. Cuando Lusinchi salió del teatro, centenares de personas que abandonaban la sala Ríos Reyna comenzaron a ovacionarlo y cada vez se juntaba más gente que impedía que el automóvil presidencial se retirara del sitio. Tal demostración de simpatía para alguien que estaba prácticamente fuera del poder, resultaría quizá normal en otro país, pero no en Venezuela donde al día siguiente de quitarse el uniforme, el más poderoso y adulado de los militares se vuelve un don nadie y los presidentes que están de salida quedan reducidos a la más lastimosa soledad.

La sustitución de un presidente adeco por otro del mismo partido aparecía ante los ojos de la mayoría como una luna de miel acciondemocratistas. CAP tenía un liderazgo indiscutible que se corroboraba por su reelección con más del cincuenta por ciento de los votos y el muy popular Jaime Lusinchi era visto como el virtual presidente de Acción Democrática, una vez que Gonzalo Barrios dejara vacante el cargo por su avanzada edad. Pocos sabían de las tormentas que se gestaban debajo de esa aparente invencibilidad del «partido del pueblo» por la confrontación entre sus dos líderes, uno jefe máximo del país y otro del partido de gobierno. Desde Miraflores y urdida por algunos de los más cercanos colaboradores del presidente Pérez, se inició la campaña de descrédito que en poco menos de tres meses liquidaría la imagen de gran presidente de Jaime Lusinchi. El caso de los jeeps adquiridos con dineros del Estado para la campaña electoral de AD, que era también la de CAP, dio inicio a una cacería de brujas contra todo aquel que hubiese recibido uno de esos vehículos. Al hecho se sumaron las denuncias de arbitrariedades y abusos de la secretaria privada y compañera sentimental de presidente Lusinchi, Blanca Ibáñez, que muchos no se atrevieron a revelar durante su presencia en Miraflores por temor a represalias o porque obtenían beneficios de su aparente amistad. Aún puedo ver los rostros de los dueños de medios y personalidades de la vida nacional que llenaban el salón de fiestas donde la señora Ibáñez celebró los quince años de su hija. Pero la esperaban en la bajadita.

El más escandaloso de los hechos de corrupción por los que se investigó a figuras del gobierno de Lusinchi y a empresarios, fue el caso Recadi. Así se llamaba la dependencia que asignaba las divisas preferenciales; había sido creada durante el gobierno de Luis Herrera y gracias a ella se gestó el enriquecimiento grosero de muchos funcionarios y particulares. Durante los primeros meses del gobierno de CAP, los documentos relacionados con tales hechos salían de los archivos del palacio presidencial directamente a las manos del presidente y otros miembros de la Comisión de Contraloría de la Cámara de Diputados, que eran miembros de la oposición copeyana y de partidos de izquierda. Ese circo duró lo suficiente para permitir que unos cuantos parlamentarios y políticos llenaran sus bolsillos extorsionando a los empresarios investigados. Al final de toda aquella alharaca hubo un solo preso: un comerciante de origen chino bautizado como el «chinito de Recadi» y transformado en figura indispensable de la picaresca criolla frente a la impunidad de la corrupción.

El escándalo de los dólares de Recadi que ocupó durante meses los grandes titulares en todos los medios y terminó sin culpables, fue un golpe mortal para la credibilidad de los partidos políticos y para el sistema democrático. Aquella danza de millones de dólares mezclada con las medidas del programa de *shock* del gobierno, fueron plato indigerible para la clase media que perdía su estatus de manera galopante y para los pobres que sufrían en carne propia el encarecimiento de los productos de primera necesidad. Es un hecho más que evidente que sin el resentimiento que las denuncias de corrupción –la real, la supuesta y la generalizada– provocaban en la clase media venida a menos después del «Viernes Negro» (18 de febrero de 1983), y sin el trauma que causó en todos los sectores el llamado «Caracazo», Hugo Chávez y los otros conjurados jamás habrían intentado el fracasado golpe del 4 de febrero de 1992. Lo planificaron durante diez años y a pesar de la decepción generalizada en muchos sectores del país con respecto a los partidos y a la democracia misma, no hubo en ese momento una sola manifestación pública de apoyo a los golpistas.

-II-
El golpe de Chávez o el principio del fin

Comenzando la madrugada del 4 de febrero de 1992, apagué el televisor y me dispuse a dormir. En esos días me permitía trasnocharme, ya que estaba de reposo por una intervención quirúrgica en los pies. En esa etapa previa al sueño que se llama hipnagogia comencé a oír disparos ininterrumpidos y algo de explosiones, pensé que la policía allanaba un barrio cercano o algo por el estilo. Nada más alejado de mi cálculo de probabilidades que un alzamiento militar. Pero el teléfono comenzó a sonar insistentemente y aún medio dormida lo atendí. Era una diputada compañera de partido para avisarme del golpe militar en plena ejecución. Supe entonces que aquellos disparos de armas de guerra se dirigían contra la residencia presidencial La Casona, ubicada cerca de mi casa. Mi amiga estaba aterrada: el edificio donde vivía había sido mencionado repetidamente en debates muy agrios en la Cámara de Diputados y en los medios de comunicación, por ser construido con dineros del Banco de los Trabajadores y sus apartamentos adjudicados, supuestamente, mediante favoritismos familiares y políticos.

Podría ser entonces uno de los objetivos de los alzados. Le sugerí que saliera de allí inmediatamente y fuera a la casa de su familia. Mi hija, que vivía en un edificio cercano al mío, me insistía para que me refugiara en el apartamento de unos vecinos suyos, pero mis pies vendados y con los puntos de la reciente cirugía, me impedían movilizarme con la rapidez del caso. Me quedé en casa con el televisor encendido hasta que apareció el presidente Pérez para anunciar la derrota de los golpistas. Lo demás es historia conocida: el único exitoso en sus objetivos fue el teniente coronel Francisco Arias Cárdenas, encargado de tomar la gobernación del estado Zulia, quien debió rendirse a instancias de su colega Hugo Chávez Frías. A este último le correspondía la tarea de llegar a Miraflores, sede del Poder Ejecutivo, y desde allí proclamar el nuevo gobierno constituido por los golpistas. Pero fue muy rápido en refugiarse en el Museo Militar ubicado en el sector llamado La Planicie, en Caracas, desde el cual negoció su rendición. Horas más tarde los canales de televisión y las radios transmitieron su mensaje desde el Ministerio de la Defensa, en el que exhortaba a los insurrectos a rendirse para evitar «más derramamientos de sangre», ya que los objetivos no se habían logrado «por ahora».

En casi todas las versiones oficialistas de ese breve discurso, se omite la frase referida al derramamiento de sangre con el evidente propósito de que se olvide que la aventura golpista del 4-F-92 costó la vida a un número para siempre indeterminado de militares y civiles. Algunos medios de comunicación informaron entonces que los muertos pasaban de cien. Pero, por razones obvias, la propaganda chavista se encargó de echar tierra sobre los cuerpos y nombres de las víctimas del golpe. En constraste, veinte años después del llamado «Caracazo» la Fiscalía General de la República ha ordenado exhumaciones de personas fallecidas los días 27 y 28 de febrero de 1989, durante ese suceso con la única finalidad de imputar al expresidente Carlos Andrés Pérez y algunos funcionarios de su gobierno, por el delito de genocidio.

En la tarde del 4 de febrero de 1992 se produjo la sesión bicameral del Congreso de la República, convocada con el único fin de condenar el alzamiento militar frustrado de esa madrugada. Todos los discursos de esa sesión especial, incluyendo el de entonces diputado de la Causa R, Aristóbulo Istúriz, habían sido francamente condenatorios de la asonada militar. Hubo muchos indicios de que ese partido o al menos unos cuantos de sus dirigentes, habían estado implicados e la aventura de los tenientes coroneles del Samán de Güere –Chávez y compañía– pero Istúriz debe haber calibrado el peligro de dar la nota discordante porque el ambiente que flotaba en el recinto era de rotunda condena y así seguramente ocurría en la mayor parte del país. Entonces sucedió lo que podría calificarse como un segundo golpe y fue el discurso pronunciado por el expresidente de la República y senador vitalicio Rafael Caldera quien, al margen de la disciplina de su partido Social Cristiano Copei, adoptó una línea diferente a la de todos quienes lo antecedieron en el uso de la palabra.

Se suele decir que la frase «por ahora» pronunciada por Chávez en su mensaje de rendición, cambió la historia democrática de Venezuela. Que era la primera vez que alguien asumía su responsabilidad de una manera tan directa en un país en el que los dirigentes solían evadir sus culpas. Sin embargo, aun quienes pretenden exculpar al expresidente

Caldera de alguna influencia en el curso posterior que tomó el país hasta la llegada de Hugo Chávez al poder, no pueden obviar que su discurso de esa tarde del 4 de febrero en el Congreso, tuvo una influencia determinante en la que sería desde entonces la historia política del país. Tanto así que de manera poco usual u ortodoxa y sin una pizca de pudor, el diputado de la Causa R Aristóbulo Istúriz volvió sobre sus palabras para justificar lo que antes había rechazado y ser entonces complaciente con los insurrectos.

Carlos Andrés Pérez siempre fue la *betê noire* de Caldera, era además un político ante el que no se podía ser indiferente: se le quería o se lo detestaba. Pero nadie discutía sus cualidades de líder con proyección nacional más allá de su partido y de figura internacional. Reconocer que los golpistas procuraban asesinar al presidente Pérez, podía de alguna manera victimizarlo y así mejorar su imagen, bastante alicaída desde el «Caracazo». El discurso del expresidente Caldera fue, en mi opinión, una manera de exculpar a Chávez y compañía de su propósito magnicida, más que evidente para todos quienes vivieron de cerca la brutalidad e inclemencia de los ataques con armas de guerra contra la residencia presidencial La Casona y el palacio presidencial de Miraflores. Estas fueron las palabras de Caldera la mañana del 5 de febrero de 1992 en el hemiciclo del Senado de Venezuela:

He pedido la palabra, no con el objeto de referirme al Decreto de Suspensión de Garantías, aun cuando quiero hacer en torno a él tres breves consideraciones. La primera, la de que el propio decreto revela la gravedad de la situación que estamos viviendo, y aun cuando encuentro un defecto de redacción porque los considerandos se refieren a hechos ocurridos y no a la situación actual y a los peligros que con la Suspensión de Garantías se tratan de enfrentar, se supone que es precisamente porque la situación del país es delicada; porque el sistema democrático, la normalidad y el orden público están corriendo peligro después de haber terminado el deplorable y doloroso incidente de la sublevación militar, es necesaria la medida tan extraordinaria de suspender a la población general el uso y ejercicio de las garantías constitucionales.

La segunda observación que quiero hacer, es la de que no estoy convencido de que el golpe felizmente frustrado hubiera tenido como propósito asesinar al presidente de la república. Yo creo que una afirmación de esa naturaleza no podría hacerse sino con plena prueba del propósito de los sublevados. Bien porque hayan confesado y exista una confesión concordante de algunos de los comprometidos o algunos de los actores del tremendo y condenable incidente, o bien porque exista otra especie de plenas pruebas que difícilmente creo se puedan haber acumulado ya en el sumario que supuestamente debe haberse abierto por la justicia militar. Afirmar que el propósito de la sublevación fue asesinar al presidente de la república es muy grave. Por lo demás, se me hace difícil entender que para realizar un asesinato, bien sea de un Jefe de Estado rodeado de todas las protecciones que su alta condición le da, haya necesidad de ocupar aeropuertos, de tomar bases militares, de sublevar divisiones; desde luego que hoy está demostrado que por más protección que tenga cualquier ciudadano, con el armamento existente en la actualidad y con los sistemas de comunicación, un asesinato es relativa y desgraciadamente fácil de cometer. El caso del dictador Anastasio Somoza asesinado en el Paraguay, férreamente gobernado por el general Stroessner, con todas las protecciones que la condición de ese depuesto gobernante suponía, indica que ninguna persona, por más protegida que esté, puede salvarse de un asesinato cuando se cuenta con los medios y con la decisión de perpetrarlo.

Por eso, pues, yo me siento obligado en conciencia a expresar mi duda acerca de esta afirmación, y considero grave que el Ejecutivo en su Decreto de Suspensión de Garantías y el Congreso en el Acuerdo aprobatorio, hayan hecho tal afirmación, que además de ser conocida en el país está dispuesta a difundirse en todos los países del exterior.

La tercera observación respecto a la suspensión de garantías se refiere al deseo que quiero expresar, en nombre del país, de que esas facultades se ejerzan con ponderación, con gran sentido de responsabilidad. Admitimos que el gobierno necesita en momentos de dificultad, de poderes extraordinarios, que no pueden someterse a las restricciones y términos que la Constitución establece; pero sabemos también por experiencia secular en Venezuela que estas facultades pueden convertirse en fuentes de abusos, de excesos, de violaciones absolutamente injustificadas, no solo en lo relativo a la garantía de seguridad personal, al derecho de ser detenido sin fórmula de juicio, al allanamiento de los hogares, sino también a la muy delicada garantía de libertad de expresión del pensamiento, respecto a la cual abrigo la esperanza, y la quiero formular aquí y creo en eso representar el sentimiento público, de que se ejerza con toda ponderación, con todo el sentido de respeto que una garantía tan fundamental tiene para el funcionamiento de la democracia.

Yo pedí la palabra para hablar hoy aquí antes de que se conociera el Decreto de la Suspensión de Garantías, cuando esta Sesión Extraordinaria se convocó para conocer los graves hechos ocurridos en el día de hoy en Venezuela, y realmente considero que esa gravedad nos obliga a todos, no solo a una profunda reflexión sino a una inmediata y urgente rectificación. Cuando aquí en el país y fuera de él he sido muchas veces preguntado, como seguramente lo habrán sido los senadores y diputados aquí presentes, acerca de las causas de la estabilidad democrática en Venezuela, en momentos en que el sistema naufragaba en naciones de mejor tradición institucional que la nuestra, generalmente me referí a cuatro factores que para mí representaban una gran importancia.

Por una parte, a la inteligencia que existió en la dirigencia política de sepultar antagonismos y diferencias en aras al interés común de fortalecer el sistema democrático.

En segundo lugar, a la disposición lograda, a través de un proceso que no fue fácil, de las Fuerzas Armadas para incorporarse plenamente al sistema y para ejercer una función netamente profesional.

Tercero, a la apertura que el movimiento empresarial demostró, cuando se inauguró el sistema democrático, para el proceso social, comprensión que tuvo para el reconocimiento de los legítimos derechos de la clase trabajadora.

Pero, en último término, el factor más importante fue la decisión del pueblo venezolano de jugárselo todo por la defensa de la libertad, por el sostenimiento de un sistema de garantías de derechos humanos, el ejercicio de las libertades públicas que tanto costó lograr a través de nuestra accidentada historia política.

Debo decir con honda preocupación que la situación que vivimos hace más de treinta años no es la misma de hoy. Por una parte, la inteligencia de la dirigencia política ha olvidado en muchas ocasiones esa preocupación fundamental de servir antes que todo al fortalecimiento de las instituciones. Por otra parte, el empresariado no ha dado las mismas manifestaciones de amplitud, de apertura, que caracterizaron su conducta en los años formativos de la democracia venezolana. En tercer lugar, porque las Fuerzas Armadas, que han sido ejemplares en su conducta profesional en las garantías de las instituciones, están comenzando a dar muestras de que se deteriora en muchos de sus integrantes la convicción de que por encima de todo, tienen que mantener una posición no deliberante, una posición obediente a las instituciones y a las autoridades legítimamente elegidas. Y cuarto, y esto es lo que más me preocupa y me duele, que no encuentro en el sentimiento popular la misma reacción entusiasta, decidida y fervorosa por la defensa de la democracia que caracterizó la conducta del pueblo en todos los dolorosos incidentes que hubo que atravesar después del 23 de enero de 1958. Debemos reconocerlo, nos duele profundamente pero es la verdad: no hemos sentido en la clase popular, en el conjunto de venezolanos no políticos y hasta en los militantes de partidos políticos ese fervor, esa reacción entusiasta, inmediata, decidida, abnegada, dispuesta a todo frente a la amenaza contra el orden constitucional. Y esto nos obliga a profundizar en la situación y sus causas.

En estos momentos debemos darle una respuesta al pueblo y tengo la convicción de que no es la repetición de los mismos discursos que hace treinta años se pronunciaban cada vez que ocurría algún levantamiento y que vemos desfilar por las cámaras de la televisión, lo que responde a la inquietud, el sentimiento, a la preocupación popular. El país está esperando otro mensaje. Yo quisiera decirle en esta tribuna con toda responsabilidad al señor presidente de la República que de él principalmente, aunque de todos también, depende la responsabilidad de afrontar de inmediato las rectificaciones profundas que el país está reclamando. Es difícil pedirle al pueblo que se inmole por la libertad y por la democracia, cuando piensa que la libertad y la democracia no son capaces de darle de comer y de impedir el alza exorbitante en los costos de la subsistencia, cuando no ha sido capaz de poner un coto definitivo al morbo terrible de la corrupción, que a los ojos de todo el mundo está consumiendo todos los días la institucionalidad. Esta situación no se puede ocultar. El golpe militar es censurable y condenable en toda forma, pero sería ingenuo pensar que se trata solamente de una aventura de unos cuantos ambiciosos que por su cuenta se lanzaron precipitadamente y sin darse cuenta de aquello en que se estaban metiendo. Hay un entorno, hay un mar de fondo, hay una situación grave en el país y si esa situación no se enfrenta, el destino nos reserva muchas y muy graves preocupaciones.

Por eso he pedido la palabra para ejercerla en este elevado recinto. Transmitirle desde aquí al señor presidente de la república y los dirigentes de la vida pública nacional, mi reclamo, mi petición, mi exigencia, mi ruego, en nombre del pueblo venezolano, de que se enfrente de inmediato el proceso de rectificaciones que todos los días se está reclamando y que está tomando carne todos los días en el corazón y en el sentimiento del pueblo.

Este es el motivo de la presente intervención y creo que era imposible que por un simple acuerdo de la Comisión de Mesa de que no se hablara para discutir el Decreto de Suspensión de Garantías, el Congreso se reuniera y le dijera al país que no ha hecho otra cosa sino darle paso al decreto: un Acuerdo que se votó creo que tres o cuatro veces, y que se indicó votado por unanimidad. Yo aclaro que yo no lo voté, no porque no estuviera de acuerdo en el fondo con que se suspendieran las garantías, sino por las reservas que expresé y, sobre todo, porque no considero justo el que se afirme de una manera tan absoluta, que el propósito de los culpables de la sublevación haya sido el asesinar al presidente de la república. Por otra parte, quiero decir que esto que estamos enfrentando responde a una grave situación que está atravesando Venezuela. Yo quisiera que los señores jefes de Estado de los países ricos que llamaron al presidente Carlos Andrés Pérez para expresarle su solidaridad en defensa de la democracia entendieran que la democracia no puede existir si los pueblos no comen. Sí, como lo dijo el papa Juan Pablo II: «No se puede obligar a pagar las deudas a costa del hambre de los pueblos». De que esos señores entiendan que estas democracias en América Latina están frente al peso de la deuda externa, alocadamente contraída y en muchos casos no administrada propiamente, que nos está colocando en situaciones cuyo costo ha llegado a asustar a los propios dirigentes del Fondo Monetario Internacional y de los otros organismos financieros internacionales.

Yo quisiera, pues, desde aquí también, que pudiera llegar mi pedimento al presidente Bush, al presidente Mitterand, al presidente Felipe González, a los jefes de los países del mundo desarrollados y ricos, para que se den cuenta de que lo que pasó en Venezuela puede pasar en cualquiera de nuestros países porque tiene un fondo grave, un ambiente sin el cual los peores aventureros no se atreverían ni siquiera a intentar la ruptura del orden constitucional.

Esa situación tenemos nosotros que plantearla con toda decisión. Cuando ocurrieron los hechos del 27 y 28 de febrero de 1989, desde esa tribuna yo observé que lo que iba a ocurrir podría ser muy grave. No pretendí hacer afirmaciones proféticas, pero estaba visto que las consecuencias de aquel paquete de medidas que produjo el primer estallido de aquellos terribles acontecimientos, no se iban a quedar allí, sino que iban a seguir horadando profundamente en la conciencia y en el porvenir de nuestro pueblo. Dije entonces en algún artículo que Venezuela era algo como la vitrina de exhibición de la democracia latinoamericana. Esa vitrina la rompieron en febrero de 1989 los habitantes de los cerros de Caracas que bajaron enardecidos. Ahora, la han roto la culata de los fusiles y los instrumentos de agresión que manejaron los militares sublevados. Esto es necesario que se diga, que se afirme y que se haga un verdadero examen de conciencia. Estamos hablando mucho de reflexión, estamos haciendo muchos análisis, pero la verdad verdadera es que hemos progresado muy poco en enfrentar la situación y que no podemos nosotros afirmar en conciencia que la corrupción se ha detenido, sino que más bien íntimamente tenemos el sentir de que se está extendiendo progresivamente, que vemos con alarma que el costo de la vida se hace cada vez más difícil de satisfacer para grandes sectores de nuestra población, que los servicios públicos no funcionan y que se busca como una solución que muchos hemos señalado para criticarla, el de privatizarlos entregándolos sobre todo a manos extranjeras, porque nos consideramos incapaces de atenderlos. Que el orden público y la seguridad personal, a pesar de los esfuerzos que se anuncian, tampoco encuentran un remedio efectivo. Aquí, en este mismo recinto, se sientan honorables representantes del pueblo que han sido objeto no solamente de despojo sino de vejámenes, por atracadores en sus propios hogares sin que se haya logrado la sanción de los atropellos de que han sido objeto. Esto lo está viviendo el país. Y no es que yo diga que los militares se alzaron hoy o que intentaron la sublevación que ya felizmente ha sido aplastada (por lo menos en sus aspectos fundamentales) se hayan levantado por eso, pero eso les ha servido de base, de motivo, de fundamento, o por lo menos de pretexto para realizar sus acciones. Por eso termino mis palabras, rogándole al presidente de la República que enfrente de lleno, en verdad y decididamente esta situación que, como dije antes, sirve de motivo o por lo menos de pretexto, para todos aquellos que quieran destrozar, romper, desarticular el sistema democrático constitucional del que nos sentimos ufanos. Muchas gracias, ciudadanos senadores, ciudadanos diputados.

(Aplausos prolongados)

El otro Caldera

En contraste con esa posición crítica y hasta condicionante de las virtudes de la democracia, Rafael Caldera fue el orador de orden el 23 de enero de 1986, en la sesión solemne del Congreso de la República para celebrar el vigésimo quinto aniversario de la Constitución de 1961. En ese discurso, el expresidente dijo:

«El sistema (democrático) ha funcionado y funciona. Con todas sus imperfecciones y a pesar de todos los obstáculos. Lo prueban la seguridad y el respeto que brinda a los mismos que lo vituperan...» «El sistema ha funcionado y funciona, su base no es otra que la libertad...» «Se ha pretendido calificarlo de fracaso y se le han echado todos los defectos y cargado todos los males de nuestra situación. Se le tacha de incapaz para enfrentar las necesidades colectivas y se considera, como inherente al régimen, la ineficiencia en el gobierno. Se le emplaza con una letanía masoquista que parece añorar aquellos regímenes despóticos que por más de cien años fueron vergüenza nacional. Hasta se llega a sugerir que la corrupción es producto de la democracia. A veces pareciera insinuarse la posibilidad de otras fórmulas, en vista del fracaso de esta, olvidando que fuera de la democracia no hay sino dictadura, de cualquier signo que esta sea».

Luego Caldera hizo un exhaustivo recuento de los logros de la democracia venezolana en sus veinticinco años de vigencia: en la educación, construcción de viviendas para las clases más necesitadas, reforma agraria, industrialización, red vial, la cofundación de la OPEP y defensa de los precios petroleros, el Metro de Caracas, los puentes sobre el lago de Maracaibo y los ríos Apure, Caroní y Orinoco, en el desarrollo de Ciudad Guayana y en el aprovechamiento de la energía hidráulica del río Caroní...

Y dedicó un párrafo especial a la defensa del sistema de partidos inscrito en la Constitución e inherente a la existencia misma de la democracia.

Tiempo de zamuros

Así llamamos los venezolanos al buitre de plumaje negro y cabeza gris, ese animal repulsivo que se alimenta de carroña. La democracia estaba herida de muerte y alrededor de la moribunda comenzaron a revolotear los zamuros de la política para asegurarse cada uno un trozo del futuro cadáver. Conocedores o no de los planes golpistas de Chávez; implicados o no en el golpe, integraron el coro detractor del sistema democrático: los partidos era mafias, los políticos, seres abominables y en su mayoría ladrones y asaltantes, los parlamentarios, vagos que vivían a costa del erario público, el Congreso, un circo inútil y por tanto prescindible. Muchos medios de comunicación se aliaron con personajes de renombre unos y apenas oportunistas otros, para conformar un grupo que bombardeaba sin descanso el sistema que durante más de tres décadas había regido la vida política, económica y social de Venezuela. Muchos no se dieron cuenta o no quisieron darse por enterados de cómo las fuerzas de la conspiración pasaron del fracasado campo militar al mundo civil para continuar su labor de zapa.

Aquella tarde del 4 de febrero del 92, el senador adeco David Morales Bello estuvo entre los oradores que condenaron el golpe y con su habitual retórica de ribetes operáticos, concluyó el discurso con la frase ¡Mueran los golpistas! Al día siguiente, algún periódico la tergiversó y publicó ¡Muerte a los golpistas!, lo que desde entonces se constituyó en un sambenito que Morales Bello tuvo que cargar hasta el fin de sus días, sin derecho a réplica ni pataleo. ¿Quién con dos dedos de frente y una molécula de buena fe podía creer que un abogado con los conocimientos del senador adeco podía pedir, con todo el país como testigo, la muerte de unos prisioneros por más golpistas que fueran? ¿No sabía acaso Morales Bello que la Constitución de la República fijaba como pena máxima treinta años de presidio y que en Venezuela no existía la pena de muerte? Pero aquellos no eran tiempos de razones sino de pasiones. Inútil pedirles a quienes acusaban a Morales Bello que siquiera leyeran la transcripción de su discurso o que oyeran la grabación del mismo, jamás admitirían que estaban en un error.

Los autodenominados «Notables», cuyo vocero más destacado y prestigioso fue el laureado escritor Arturo Uslar Pietri, eran plañideras que ofrecían a diario un concierto en el que lloraban por los pobres, por un país que se desmoronaba y por la corrupción de los políticos, única causante –según ellos– de esas calamidades. Sería injusto pero sobre todo irreal atribuir solamente a intereses creados o a la manipulación mediática, el cada vez mayor rechazo a la política y a los políticos. El sentimiento se había incubado e iba in crescendo, especialmente en las clases medias que habían sufrido una pérdida continua de su estatus desde el llamado Viernes Negro, el 18 de febrero de 1983. Ese día, por primera vez en la Venezuela del siglo XX, la moneda nacional –el bolívar– fue abruptamente devaluada, justo en momentos en que los precios del petróleo habían alcanzado el nivel más alto en nuestra historia de país exportador. La culpa, sin duda, fue de manejos erráticos de la economía, atribuibles al muy desacreditado e impopular gobierno socialcristiano (ya en sus estertores) de Luis Herrera Campins. Desde entonces se instauró, con síntomas de eternidad, el control de cambios en relación con la divisa norteamericana; la inflación hizo su aparición en el escenario nacional para no irse jamás y el dólar americano fue elevándose por los aires para hacerse progresivamente inalcanzable a los asalariados. Los alegres viajeros del ta´barato, dame dos despertamos de nuestro sueño de ser los beneficiarios de un país de riquezas infinitas y descubrimos que ya no estábamos invitados a la danza de los millones producto de la bonanza petrolera. Y aquí, igual que en todas partes y en todo el tiempo, era la clase media y sobre todo la profesional, la que expresaba y formaba opinión.

En el carnaval de 1992, a pocos días del fracasado golpe de Chávez y los otros conjurados, proliferaron los disfraces infantiles de militares con las boinas rojas de paracaidistas, en abierta muestra de admiración a los alzados. Y fue el martes de ese carnaval cuando los pocos miembros del CEN de AD que permanecíamos en Caracas –muchos estaban fuera de la ciudad disfrutando del asueto carnavalesco– fuimos convocados para una reunión urgente en el búnker de Alfaro Ucero, en La Florida. El planteamiento central que hizo el entonces presidente del partido, Humberto Celli, fue la conveniencia de la renuncia de CAP, lo que seguramente bajaría el nivel de crispación que evidenciaba una buena parte de la población. Estuve entre quienes se negaron a aceptar esta salida. Mi argumentación de entonces fue que el verdadero objetivo del golpe de Chávez no era acabar con el gobierno de CAP sino liquidar el sistema democrático. No es de ninguna manera un autoelogio señalar cuanto de premonitorio había en ese planteamiento.

Surgieron algunas voces que pedían convocar una asamblea constituyente, como había ocurrido años atrás en Colombia. Pero Acción Democrática y Copei, los partidos que hacían mayoría absoluta en el Congreso, consideraron inconveniente y peligroso ese camino y se transaron por una reforma constitucional. El senador vitalicio Rafael Caldera fue designado presidente de la Comisión que debía presentar a consideración de las Cámaras el proyecto de reforma. Aquella Comisión fue el receptáculo de toda clase de disparates provenientes en su mayoría del torneo de demagogia que se desató. Recuerdo que una de las propuestas de algún diputado de la izquierda fue indexar las pensiones de la seguridad social. Los representantes de AD y Copei en la Comisión nos opusimos y el más apasionado en la argumentación contraria fue un diputado copeyano que alegaba la segura ruina del país si esa propuesta se aprobaba. Cuando la misma fue discutida en la Cámara, la fracción izquierdista que apoyaba la indexación movilizó y sentó en la tribuna del público, a unas decenas de viejitos pensionados para que la apoyaran. Estos ya sabían quién era el más empeñoso detractor y apenas el diputado en cuestión tomó la palabra para expresar su posición, comenzaron a abuchearlo. El diputado, sin el menor asomo de rubor, se dio vuelta hacia la tribuna donde estaba la claque senil y le dio a su discurso una vuelta de tortilla convirtiéndose en un frenético impulsor de la indexación.

La dictadura de los medios

El 28 de junio de 1990 cuando, salvo los golpistas, nadie imaginaba que nuestra democracia treintañera y motivo de orgullo en este turbulento continente, podía ser vulnerada por una asonada militar; fui designada para pronunciar el discurso de orden en el Congreso de la República con motivo del Día del Comunicador Social. Estas fueron mis palabras en ese entonces:

> Pocas veces he sentido sobre mis hombros responsabilidad mayor que la de estas palabras en una sesión solemne destinada a rendir homenaje a la profesión de comunicador social. Se trata de una misión muy delicada: exigir de una parlamentaria que es por añadidura militante partidista y dirigente política, que exprese sus

ideas sobre el ejercicio libre y cabal del periodismo, la libertad de expresión, el papel de los medios de comunicación en una sociedad democrática, su papel cuando esa sociedad vive momentos de crisis y cambios, la eterna búsqueda del equilibrio entre el poder político y la libre expresión del pensamiento. Hay dos maneras de emprender esta tarea: caer en el terreno fácil del halago o en el camino espinoso de la crítica. Elijo el segundo porque estoy convencida de que los seres pensantes, los que huyen de la mediocridad, desprecian las actitudes acomodaticias y escurridizas y prefieren la sinceridad.

Quisiera comenzar refiriéndome a la relación que se establece entre los periodistas y los políticos. Generalmente hablamos muy mal los unos de los otros, pero tampoco podemos vivir los unos sin los otros. Es como una relación de amor-odio que se estableciera entre dos hermanos siameses a los que ninguna cirugía puede separar. Los políticos somos personas con un ego hiperdesarrollado, queremos estar siempre en primera plana y no nos contentamos con solo ver nuestra imagen en la prensa escrita o en la televisión, sino que aspiramos a que se nos destaque y a que se nos vea jóvenes, esbeltos y atractivos aunque la realidad sea muy distinta. Halagamos a los periodistas y muchos caen en el terreno de la adulación porque ellos nos insuflan el oxígeno que necesitamos para mantener nuestra posición y para proyectarnos hacia otras mejores. Pero cuando somos maltratados, cuando creemos que distorsionan nuestras acciones, se alteran nuestras palabras o se dicen verdades pero estas nos lesionan, detestamos a esos periodistas y quisiéramos tener algún poder para callarlos y para hacer desaparecer el medio en que trabajan.

El ego de los comunicadores no es menos protuberante y puede alcanzar proporciones desmedidas en quienes tiene la posesión de los medios. Están conscientes de que en una sociedad realmente democrática ellos no son el cuarto poder, como se suele decir, sino que llegan a ser el verdadero poder. Un poder que puede elevar a cualquiera hasta las cumbres y luego dejarlo caer y hundirlo en el pantano del desprecio público.

Jean François Revel en su obra *El conocimiento inútil*, que citaré varias veces, lo explica así: «Los periodistas en vez de informar a sus semejantes, quieren demasiado a menudo gobernarlos. Y las posibilidades de que eso ocurra vienen dadas porque son los mismos periodistas o el organismo que los agremia, el juez único de sus capacidades y de su honestidad. El público no dispone casi nunca de los elementos para cotejar la información que se le ofrece, ya que esa información deriva, precisamente, del periódico que lee, de la radio que escucha o del canal de televisión que ve. Y solo se da cuenta de que ha sido engañado cuando se trata de un tema que conoce porque se refiere a su profesión o a su comunidad...».

La relación amor-odio que se establece entre el poder político y el otro poder que son los medios de comunicación, genera conflictos y presiones. Por un lado, la imparcialidad de los medios de comunicación, en términos absolutos, no existe en ningún lugar del mundo. Pero tampoco el poder político, es decir, el gobierno, los partidos y sus dirigentes somos fieles devotos de la verdad ni practicamos la objetividad. Esos conflictos y desencuentros se agudizan en tiempos de crisis y de cambios. Es ya un lugar común decir que vivimos una crisis no solo económica sino política, social y ética. Y como consecuencia, también está en crisis la autoestima de los venezolanos.

La historia enseña que es justamente en tiempos de desajustes, desesperanza e incertidumbre cuando se agudizan las tendencias represivas y antidemocráticas. En 1950, un equipo de investigadores sociales encabezados por el profesor Theodor W. Adorno, publicó la obra *La personalidad autoritaria*, un profundo estudio que pretende explicar cómo y por qué surgió el nazi-fascismo alemán. El libro comienza diciendo: «Los inquietantes conflictos sociales de vivimos, rebasan los estrechos esquemas de nuestros conocimientos y se acentúan los sentimientos de pérdida. Vemos un mundo dividido por facciones encontradas donde la búsqueda de enemigos parece ser una necesidad de los hombres y de los grupos para afirmar la medrosa imagen que tienen de sí mismos...» A lo largo de toda la obra se va descubriendo que en cada ser humano duermen tendencias autoritarias que cuando emergen y se socializan, dan lugar a represiones de las cuales la primera, la que ocupa lugar prioritario en todo autoritarismo, es la libertad de expresión....

Andrew Graham-Yooll, fundó en 1972 la revista *Index on Censorship* (*Índice de la Censura*), que se edita seis veces al año y recoge denuncias de censura a los medios en todo el mundo. En el prólogo de la primera edición dijo lo siguiente: «Si la prostituta ejerce la profesión más antigua del mundo, la del censor debe ser el segundo oficio de mayor antigüedad. La función del censor se creó a raíz de haberse prohibido la publicación del precio de las meretrices para no provocar un mercado especulativo, que a la vez podía resultar en protestas embarazosas para los gobernantes de turno, quienes podrían tener la difícil y ruborosa labor de reprochar a los especuladores. Entonces se creó un mercado negro sujeto a presiones y a controles clandestinos, que hizo que la profesión se transformara en un oficio para mujeres y un consuelo para los hombres, en un crimen para ambos y de vastas ramificaciones. Cada vez que los censores del Estado intentaban encubrir tan amplio efecto en un lugar, aparecía descubierto en otro... Donde el Estado no se arroga el derecho moral de proteger a la ciudadanía del conocimiento de algún tipo de información o de ver imágenes que son consideradas peligrosas, están los intereses representativos de la libre empresa que es entonces la que decide qué puede y qué no puede conocer el público...».

Alexis de Tocqueville, el aristócrata francés que luego de una visita de nueve meses a los Estados Unidos de Norteamérica, en 1831, escribió su célebre obra *La democracia en América*, se maravilló entre otros logros de la independencia de ese país, de la libertad de expresión imperante y del papel que cumplían los medios de comunicación. Cito: «Confieso que no siento por la libertad de prensa ese amor rotundo e instantáneo que se concede a las cosas soberanamente buenas por naturaleza. La amo por la consideración de los males que impide, mucho más que por los bienes que aporta... Si los hombres que gobiernan hablaran de suprimir la libertad de prensa, el pueblo entero podrá responder: ¡dejad que persigamos vuestros crímenes ante los jueces ordinarios y quizá consintamos entonces en no apelar al tribunal de la opinión...».

Jean François Revel comienza su ya citada obra *El conocimiento inútil* con esta frase: «La primera de todas las fuerzas que dirigen al mundo es la mentira». De manera que culpar a los medios o a los periodistas por falsear la verdad, obliga a preguntarse de qué verdad se habla». El papa Juan Pablo II, al celebrarse en 1988 el Año Mundial de las Comunicaciones de la Iglesia católica, instó a la prensa a observar un código de honor basado en la verdad, en la justicia y en la transmisión de información completa y no tendenciosa. Sería imperativo preguntarnos si lo que es verdad inobjetable para un periodista católico lo es también para uno judío, musulmán o evangélico. Quizá en lo que debamos empeñarnos, más que en un asunto tan subjetivo como es la verdad, sea en la responsabilidad. Vaclav Havel, el dramaturgo y escritor que ocupa la presidencia de Checoslovaquia después de haber sufrido cárcel y persecución por sus ideas anticomunistas, pronunció un memorable discurso en Alemania cuando los libreros alemanes le otorgaron el Premio de la Paz. Ese discurso que Havel tituló «Palabras sobre la Palabra» comienza diciendo: «El poder de la palabra no es unívoco ni transparente». Puede ser liberador como el discurso de Lech Walesa, puede reclamar atención como el de Sájarov, y puede tener la fuerza del libro *Los versos satánicos* de Salman Rushdie. Pero al lado de la palabra de Rushdie está la de Khomeini. Al lado de la palabra en la que se ensamblan verdad y libertad, se encuentra la palabra que hipnotiza, que equivoca, que fanatiza, una palabra arrebatada, mentirosa, peligrosa, mortal. Una palabra flecha... En resumen, la palabra es un fenómeno misterioso, polisémico, ambivalente y traidor. Ella es como el rayo de luz en el reino de las tinieblas, pero puede ser también una flecha mortal. Peor aún, ella puede ser a veces lo uno, a veces lo otro o las dos cosas al mismo tiempo...».

He tratado desde el comienzo de estas palabras analizar el papel de los medios de comunicación en una sociedad que vive tiempos de crisis y de cambios y, al mismo tiempo, demostrar lo engañosos que pueden resultar los conceptos libertad de expresión y de información veraz y objetiva cuando los manejamos en términos extremos. Nadie tiene el dominio absoluto de la verdad, existen diversas «verdades»: religiosas, políticas, científicas o económicas que pretenden imponerse en detrimento de otras. Creo que el papel de la prensa libre, independiente y objetiva en un país en que la opinión pública y la sociedad civil están en fase embrionaria, es abrirse a la confrontación de todas las verdades aunque las que algunos sostengan no sean las que a otros les gustan.

Desde los tiempos de Tocqueville hasta nuestros días, es grande la admiración que causa la vigencia de la primera enmienda de la Constitución de los Estados Unidos de América, anexada en 1791. Es justamente la que garantiza la libertad de expresión en todas sus formas y variantes. Robert Peck, catedrático de Harvard, explica así el sentido de la primera enmienda: «Es más o menos fácil apoyar el discurso con el que la mayoría de la gente simpatiza. Pero resulta muy difícil defender aquel que se aleja de las creencias del grueso de la sociedad. Empero ese discurso menospreciado es el que quizá sea más importante de aceptar. Esa es al menos la teoría con la que la primera enmienda garantiza la libertad de expresión».

¿Cómo puede lograrse ese grado de respeto por todas las ideas? Solo cuando una sociedad es crítica porque ha sido educada para la duda que obliga a indagar, y no para el dogma. Nuestra educación no estimula las dudas sino que trata de inculcar las «verdades» que otros han decidido vendernos como tales. Hoy, por ejemplo, la opinión predominante en el país es que todos sus males y penurias, con la corrupción a la cabeza, son obras exclusivamente de la clase política. A los políticos se nos acusa desde todos los sectores del país y hasta nosotros hemos caído en ese juego por ganar popularidad, despotricando de los políticos y de los partidos.

Nuestros hermanos siameses, ustedes, queridos periodistas, que sin nosotros no podrían vivir, son los primeros en apuntarnos con sus dedos acusadores.

Los políticos estamos colocados en una vitrina cuyos vidrios han sido diseñados para magnificar nuestras fallas, vicios, errores, corruptelas, demagogia y cinismo. Pero a ustedes, como bien lo dice Jean François Revel, nadie puede juzgarlos salvo su propia conciencia porque su gremio, que debería hacerlo, con demasiada frecuencia es permisivo. ¿Cómo negar que muchos de los vicios y corruptelas que hoy se consideran exclusividad de la clase política, han penetrado a todos los sectores de la sociedad incluidos algunos medios de comunicación? ¿Puede alguien desconocer que al lado de los periodistas honestos que trabajan sin descanso muchas horas para tener una primicia o para hacer un reportaje, hay unos cuantos y bien conocidos que ejercen la profesión de manera deshonesta y que se venden al mejor postor burlando así la buena fe del público? Es cierto que los partidos políticos han fracasado hasta ahora en hacer funcionar sus instancias depuradoras pero ¿qué ha pasado con esas mismas instancias en otros sectores de la sociedad incluido el gremio de los comunicadores sociales? Lo más grave de la corrupción que nos envuelve, no es el daño económico que causa sino su efecto de quebrar poco a poco las resistencias morales y convertirnos a todos en una sociedad de cómplices, por acción u omisión.

Exhorto a los amigos periodistas con quienes hoy celebramos su Día, a transitar por el camino de la crítica desprejuiciada, de la duda, de la búsqueda incesante de muchas verdades y no de la verdad vendida como única. Es esa la manera de lograr el nacimiento de una sociedad civil genuina, que asuma las responsabilidades que tiene cada ciudadano y no las delegue en los partidos políticos para luego quejarse de su incompetencia. Los partidos políticos son imprescindibles en toda sociedad democrática, pero la exagerada partidización no es sana. Ella es producto de un conjunto social que no ha superado la mentalidad caudillista y espera siempre que la redención parta del sector que ejerce el poder.

Los parlamentarios que hoy celebramos el Día del Comunicador Social, con frecuencia nos sentimos frustrados por la poca difusión mediática que reciben nuestros logros y aportes frente a la magnificación de lo escandaloso. Los medios no están obligados a silenciar nada de lo que pueda ser noticia, pero mucho contribuirían a elevar la autoestima de los venezolanos, hoy tan vapuleada, si de vez en cuando difundieran hechos positivos. Muy lejos de mí proponer algún tipo de censura, me sumo al postulado de Tocqueville: defendamos la libertad de prensa más por los males que evita que por los bienes que aporta. Pero como ciudadanos tenemos el derecho de exigir al Estado y a la empresa privada en cuyas manos está el manejo de los medios de comunicación, buscar puntos de encuentro y de concertación para que los medios no olviden la gran responsabilidad que significa informar y entretener con respeto por el público. Quisiera concluir tomando prestadas las palabras que don Francisco de Quevedo y Villegas regaló a la posteridad cuando en el siglo XVII escribió su «Epístola Satírica y Censoria contra las costumbres presentes de los castellanos» y dedicada al Conde Duque de Olivares:

«*No he de callar por más, que con el dedo, ya tocando la boca o ya la frente, silencio avises o amenaces miedo.*

¿No ha de haber espíritu valiente? ¿Siempre se ha de sentir lo que se dice? ¿Nunca se ha de decir lo que se siente?

Hoy sin miedo que libre escandalice, puede hablar el ingenio, asegurado, de que mayor poder le atemorice.

En otros siglos pudo ser pecado, severo estudio y la verdad desnuda. Y romper el silencio el bien hablado. Pues sepa quien lo niega y quien lo duda que es lengua la verdad de Dios severo y la lengua de Dios nunca fue muda».

Cuando bajé de la tribuna de oradores en la Cámara del Senado, algunos periodistas que cubrían la fuente del Congreso se me acercaron para preguntarme si mi discurso era para felicitarlos o regañarlos. Por supuesto que mis palabras perseguían ambos propósitos porque si bien sentía el mayor respeto por la libertad de expresión y por el papel de los medios de comunicación, resultaba indignante la campaña indiscriminada de descrédito que algunos medios desataban en contra de toda la clase política del país.

Como muestra del periodismo que se practicaba en esos días contaré dos anécdotas: un joven comunicador que se iniciaba en *El Diario de Caracas*, publicó una reseña de actividades en el Parlamento en la que decía: «la diputada Paulina Gamus con sus varias capas de cirugía plástica...». Esa tarde lo busqué en la Cámara y de una manera casi maternal le dije: «Es bueno que sepas que la cirugía plástica que nos hacemos muchas mujeres y algunos hombres, no es para ponerse capas sino para quitárselas». El joven aceptó de buena manera mi observación, pasamos a tener una relación cordial y me alegra verlo hoy como uno de los periodistas más destacados de un importante medio impreso nacional.

La protagonista de la otra anécdota fue una periodista joven, tímida y poco agraciada, quien introdujo en un reportaje sobre el trabajo en la Cámara de Diputados, su apreciación sobre «la envidia que causaba a la diputada Paulina Gamus, la belleza y juventud de la diputada Liliana Hernández», de mi propia bancada. Me acerqué a la comunicadora y le dije que una de las razones porque las mujeres estábamos siempre en minusvalía era la inquina de las propias mujeres. ¿Cómo podía yo tener envidia de una joven que era menor que mi hija? Por el contrario, me sentía muy contenta de que hubiese una generación de relevo que se destacara. También con esa periodista tuve luego una excelente relación, me buscaba casi a diario como fuente de AD para sus notas de prensa.

Un ángel de la guarda

Quizá por ese defecto congénito –terrible en un político– que es creerme o sentirme justiciera, me vi involucrada una y otra vez en casos que recibieron una amplia cobertura mediática y no siempre favorable. Más de una persona cuando quería elogiarme me decía: usted me gusta porque es muy polémica. El primero de esos episodios fue el sonado asunto de los piaroas del entonces Territorio Federal Amazonas. Estaba apenas estrenándome como subdirectora de la fracción parlamentaria de AD en 1984 cuando llegó a la Comisión delegada del Congreso la denuncia de los atropellos que un ciudadano de nombre Hermann Zingg cometía contra indefensos indígenas de esa etnia, en un campamento que tenía en el corazón de Amazonas. Según la denuncia, los hijos del denunciado violaban a las mujeres piaroas y arrastraban a los hombres atados a las colas de sus caballos en imitación a las películas del Lejano Oeste norteamericano. Cuando me tocó intervenir en nombre de AD, dije horrores de ese señor Zingg y al concluir las intervenciones, fui designada presidenta de la comisión especial que debía investigar los monstruosos hechos. Al concluir la sesión se me acercó el diputado copeyano Oswaldo Álvarez Paz y me dijo que sería de gran importancia que conociera a Hermann Zingg, que todo lo denunciado era una patraña urdida con fines desconocidos. Al día siguiente recibí una petición de audiencia del presunto torturador de indígenas al que recibí con la sorpresa de encontrarme con un joven casi rústico en su manera de ser y de expresarse, a pesar de pertenecer a una familia de solvencia económica y de renombre social. Sus hijos, los «violadores» de mujeres, tenían siete y nueve años de edad. Algo empezaba a no cuadrar en aquel conjunto de supuestas iniquidades. Me contó que tenía una finca en medio de la selva con la finalidad de transformarla en un campamento turístico pero que por razones que desconocía, varios grupos con influencia política en ese territorio estaban tratando de sacarlo de allí.

La Comisión acordó viajar al lugar de los hechos y a los diputados que la integrábamos se sumaron periodistas de varios canales de televisión y el cineasta Carlos Azpúrua. Yo viajé acompañada por un sobrino y por mi yerno, verdaderamente interesados en la aventura en ciernes. Antes de iniciarse la investigación y al ser designada presidente de la comisión investigadora, la periodista Isa Dobles me llamaba casi a diario para entrevistarme en su programa de radio, los elogios abundaban. Ella había estado en el Congreso el día que se plantearon las denuncias contra Hermann Zingg, al igual que el antropólogo Esteban Emilio Mosonyi y otros defensores del indigenismo. Viajamos a Puerto Ayacucho (capital del territorio y hoy estado Amazonas) en un avión Arava de la Guardia Nacional, órgano militar que se había incorporado a la investigación con un general al frente de esa misión. En la gobernación donde se iniciaba nuestro trabajo estaba presente toda la nomenclatura de la región: el gobernador adeco, el único diputado que era de ese mismo partido, el comandante de la Base Naval, capitán de navío Hernán Grüber Odremán, el secretario general de AD en esa seccional, Bernabé Gutiérrez, y algunos de los denunciantes. Nos trasladamos luego en avión a la propiedad de Hermann Zingg, un oasis en medio de un criadero de zancudos o jejenes más voraces que haya conocido en mi vida. Su mamá nos dio de comer a esa tropa donde había investigadores imparciales y enemigos declarados de su hijo. Mi visión de los hechos fue cambiando con el interrogatorio a los líderes indígenas que se decían agraviados y que caían en contradicciones muy evidentes. Por alguna razón, el general de la Guardia Nacional que nos había llevado en un avión de ese cuerpo decidió dejarnos abandonados en el lugar, mi yerno y mi sobrino lo oyeron cuando dijo: «a esa caraja no la vengo a buscar esta noche, que se j...». Corrieron al avión y lograron rescatar su equipaje y el mío. Pero el resto de lo diputados, periodistas y coleados se quedó con la ropa que tenían puesta y sin siquiera un cepillo de dientes. Las mujeres tuvimos la suerte de dormir en la habitación de la señora Zingg, con mosquiteros. Los que no lograron ocupar los pocos chinchorros dotados de mosquiteros que estaban en el salón, pasaron la noche en vela espantando la plaga. Al día siguiente, cuando se reanudó la investigación a campo abierto, sufrí unas picaduras de aquellos insectos indefinibles que me amargaron la existencia durante los tres meses siguientes. Cuando regresamos a Caracas y se publicaron mis primeras declaraciones, me cayó encima la avalancha de indigenófilos que me acusaba de vendida a la familia Zingg. Pero la Comisión en pleno firmó el informe que exoneraba a Hermann Zingg de las acusaciones que se le habían hecho y que hacía una serie de recomendaciones al gobierno nacional sobre medidas que debían tomarse en la región. Mi actuación fue tan impopular que el diputado adeco Alayón, el único que representaba a Amazonas en el Congreso, le pidió al partido que me sancionara y no faltaron compañeritos del CEN entusiasmados con la propuesta. La periodista Isa Dobles pasó a destrozarme casi a diario en su programa. Y no fue la única, otros periodistas de izquierda también cuestionaban mi posición. Pero allí estaba la mano salvadora de Gonzalo Barrios y el ángel vengador que jamás me abandonó a lo largo de mi carrera política: unas semanas más tarde un hermano del diputado Alayón fue apresado llevando un contrabando de gasolina para la guerrilla colombiana. Y algunos años después aquel simpático capitán de navío Grüber Odremán que tocaba cuatro y cantaba tan bonito, fue el comandante del frustrado golpe militar del 27 de noviembre de 1992 y un desastroso gobernador del Distrito Federal a comienzos del gobierno chavista. Isabel Carlota Bacalao, funcionaria de la Cancillería venezolana hoy fallecida, había investigado a fondo la influencia de grupos irregulares en la zona fronteriza con Colombia. Los hechos le dieron la razón.

En medio de la polémica, recibí una llamada del presidente Jaime Lusinchi para anunciarme que iba a nombrar gobernador de Amazonas a un general de mucho carácter que pondría orden en aquella región. Le había pedido que se reuniera conmigo. El general en cuestión era Alberto Müller Rojas, promovido a esa gobernación por su habilidad para adular a Blanca Ibáñez, y años después, diputado de la Causa Radical y miembro destacado del chavismo. Müller Rojas, a quien jamás había visto ni en fotos, me invitó a almorzar en el ya desaparecido restaurante francés El Gazebo, me habló de sus planes como gobernador, me dijo que no creía en eso de indígenas apartados del resto de la población, que había que integrarlos y que no me extrañara que cuando terminara su misión hubiese una cantidad de indiecitos ojos azules (sus futuros hijos, entendí). Quedé estupefacta y por supuesto pésimamente impresionada por el personaje. Su gobernación duró tres o cuatro meses, ignoro las causas por las que fue removido del cargo con tanta rapidez.

Hubo otros casos menos relevantes en los que la mano salvadora o vengadora llegó en mi defensa, los enemigos gratuitos sufrían algún traspié o contratiempo que los ponía en evidencia o los dejaba fuera de combate. Pero hubo uno en que sucedió todo lo contrario, ya que la involucrada, una oscura abogadita yaracuyana de irritante cinismo, terminó siendo la presidenta del Tribunal Supremo de Justicia en la era chavista, en la que para nombrar a los altos funcionarios no se les pide currículum sino prontuario. Lo hechos se desarrollaron en una zona del estado Yaracuy llamada Los Cañizos-Palo Quemao, destinada al cultivo de caña de azúcar. De pronto los cañicultores comenzaron a ser invadidos por grupos de supuestos campesinos que ocupaban tierras destinadas a la reforma agraria. Los autodenominados campesinos sin tierra eran en verdad activistas llevados desde Caracas por el entonces diputado de la Causa R Pablo Medina, quien estaba en connivencia con la jueza agraria Luisa Estela Morales. Los productores afectados denunciaban que los mapas del IAN en la zona eran modificados de manera arbitraria y que mediante el pago de cantidades importantes de dinero, se incluían o excluían las fincas. La jueza fue destituida, Aristóbulo Istúriz, el representante de la Causa Radical en la Comisión de Política Interior que investigó los hechos, se negó a firmar el informe a pesar de que en privado reconoció las irregularidades de su compañero de partido. Pablo Medina rectificó su conducta de aquellos tiempos, debo reconocerlo. La que no rectificó es hoy la mujer más encumbrada de Venezuela.

Los alegres viajeros

Los parlamentarios de los cuarenta años de democracia fuimos adquiriendo, con el paso del tiempo, una conducta vergonzante. De tanto oír y leer que éramos parásitos absolutamente prescindibles terminamos por creerlo. Al discutirse el proyecto de ley de presupuesto de cada año, se planteaba el ajuste de la dieta de los congresistas casi siempre apoyado por los diputados de AD y Copei y denunciado por los impolutos miembros de las bancadas de Izquierda, muchos de los cuales son ahora chavistas asaltantes del erario público. La prensa se daba banquete acusando a los diputados y senadores de un egoísmo extremo ya que, mientras la mayoría de los venezolanos tenía sueldos de hambre, ellos se llenaban los bolsillos con los dineros del pueblo. Lo cierto es que la remuneración de los parlamentarios venezolanos hasta el día de hoy, es una de las más ridículas –por exigua– si no del mundo al menos de América Latina. Hubo un tiempo en que los diputados haitianos tenían ingresos superiores a los de este país petrolero cuyo presidente va regalando millones de dólares por el mundo.

El otro tema que daba lugar a críticas encendidas eran los viajes de las misiones parlamentarias al exterior, que en lo que a mí respecta fueron uno de los aspectos más interesantes y enriquecedores de mi vida política. Tengo experiencias inolvidables que ya he mencionado, como la visita a China invitada por la Federación de Mujeres de ese país, en 1981, las Conferencias Mundiales de la Mujer (ONU) en México (1975), Praga (1980) y Nairobi, Kenya (1985); haber presenciado el derrocamiento de Isabel Perón en Argentina (1976) y el primer campanazo que sería la muy sanguinaria dictadura militar, en la actitud de los hombres con lentes oscuros y con metralletas que asomaban por las ventanas de los vehículos en que se desplazaban por las calles de Buenos Aires.

De la toma de posesión de Julio María Sanguinetti, en 1984, después de casi una década de dictadura militar en Uruguay, destaco dos hechos singulares: la aclamación multitudinaria a Daniel Ortega, el jefe sandinista quien, con uniforme de campaña, saludaba a la multitud desde el balcón de nuestro hotel en Montevideo, como si fuera el héroe de aquella jornada. Y haber encontrado en el aeropuerto, el día de mi partida, a un señor alto, de rostro que me pareció conocido, quien llevando como única compañía a un perro pastor alemán, caminaba de un lado a otro. Era el recién investido presidente Sanguinetti despidiendo a algunos de los invitados especiales, sin escolta alguno que cuidara de su seguridad personal.

Pero quisiera narrar como extraordinario, un encuentro real (es decir monárquico) en Inglaterra. Corría el año 1989 y Londres era la sede de la reunión del Parlamento Mundial. Compartíamos la experiencia de ese viaje, entre otros, los diputados Gustavo Tarre Briceño, del partido Copei, y Víctor Hugo de Paola, del Movimiento al Socialismo, quien viajaba con su esposa, Mayita Acosta. Yo viajé acompañada por mi hija Raquel. El jefe de la delegación era el presidente del Congreso, Octavio Lepage, quien llegaría al día siguiente del acto inaugural al igual que el jefe de la bancada adeca, diputado Carlos Canache Mata. Recibimos las tarjetas para ese acto que tendría como escenario la Abadía de Westminster y una tarjeta de invitación –específicamente individual– en la que Su Majestad la Reina Elizabeth II invitaba al Jefe de la Delegación a la recepción que ofrecería al concluir el acto protocolar. Como Octavio Lepage no estaba, el resto de los delegados concluyó que por ser yo la única del grupo que pertenecía al mismo partido de Lepage, era quien debía asistir a ese ágape.

La mañana de la inauguración nos permitió presenciar todo el boato de la monarquía británica; la Reina desfiló por la nave central ataviada con un traje largo blanco, una capa de terciopelo color púrpura con luenga cola y ribeteada con armiño, y su cabeza tocada con una diadema de brillantes. Se dirigió pausadamente al escenario, al compás de la obertura de *Sueño de una noche de verano* de Mendelssohn interpretada por una orquesta de trompetas, The Queen leyó un breve discurso de bienvenida con su voz aguda, suavecita y sin estridencias. La siguió con un discurso de contenido político y más extenso, la primera ministra Margaret Thatcher. Al concluir el acto los invitados a la recepción nos dirigimos a un salón ubicado a un costado de la Abadía. La puerta de acceso, baja y estrecha, era custodiada por dos cancerberos enormes que exigían las tarjetas de invitación. Los convidados, parlamentarios de casi todos los países del mundo, olvidaron toda compostura y se empujaban unos a otros para acceder al recinto. Empujada y estrujada logré al fin entregar mi tarjeta y entrar al salón y cuál no sería mi sorpresa al ver allí, ya en amena conversación con el duque de Edimburgo, al resto de la delegación venezolana. Nunca pude saber cómo lograron burlar la vigilancia de los dos gigantes que custodiaban la puerta y pedían tarjetas.

El consorte real, duque Felipe, resultó ser encantador y nada flemático, departió un buen rato con nosotros y dijo dos o tres palabras en español. Pero allí cerca estaba la Reina y había que saludarla, ensayamos un amago de reverencia imitando a otros asistentes. Elizabeth nos respondió con una sonrisa dulce y grata y unas palabras corteses. Más allá estaba Margaret Thatcher vestida con un traje sastre color azul marino. Era una mujer bonita y bien arreglada pero sin excesos. Me acerqué a saludarla, pero un oriental que debía ser uno de sus *attachés*, me indicó que debía ponerme en la cola que hacían tres o cuatro personas con el mismo propósito. Cuando me llegó el turno la Thatcher vio mi identificación y me dijo «Ah, Venezuela, acabo de ver a su presidente en París (se refería a la asistencia de CAP a los actos celebratorios del 200º aniversario de la Toma de La Bastilla). ¿Cómo está Venezuela? Puse cara de circunstancias y le dije que estábamos acosados por la deuda externa y distintos problemas económicos y sociales. Margaret Thatcher me lanzó una mirada gélida, y dijo con el más olímpico de los desprecios: «toda América Latina es igual» y volteó los ojos hacia otro lado haciéndome saber que mi tiempo con ella había terminado.

Cómo he lamentado desde aquel día memorable no haber sido nunca aficionada a la fotografía, ni estar en la era de los Blackberry y los iPhone que permiten capturar cada momento al momento. O que por allí no anduvieran los fotógrafos de la revista española *Hola*, para dejar testimonio gráfico de haber sido una entre muy pocos venezolanos, que departió con la Reina de Inglaterra, su esposo y la primera ministra Thatcher quien, nos gusten o no su estilo y métodos, sacó a su país del foso y lo enrumbó hacia una economía sana y próspera.

Esa tarde el embajador de Venezuela en Londres, Francisco Kerdel Vegas, ofreció una recepción en honor de la delegación venezolana. Entre los invitados había un empresario de Manchester que hablaba un español bastante fluido. Le conté la experiencia con la primera ministra Thatcher y me dijo: «Es que usted cometió un error, a la Thatcher no se le pueden plantear problemas, eso la fastidia enormemente. Hay que empezar por las soluciones. Usted debió iniciar la respuesta a su pregunta con el recuento de lo que están haciendo en Venezuela para superar la crisis».

Otra persona que estaba en la recepción de la Embajada era un inglés de origen polaco que había vivido algunos años en Venezuela y resultó que teníamos amigos comunes. Cuando supo que yo era diputada del partido de gobierno comenzó un acoso que continuó luego por teléfono, para que lo contratáramos como lobista ante el gobierno de su país. La contrapartida era de unos cuantos millones de libras esterlinas. Logré sacudírmelo diciéndole que yo era una simple diputada sin acceso a la toma de decisiones de esa naturaleza y monto, que contactara al presidente del Congreso cuando llegara a Londres al día siguiente. Obligante preguntarse, como lo hice en el Comité Político reunido después del Caracazo, qué habría sido mejor para la salud ética del país: si el lobby, que es una forma de corrupción sometida a reglas y límites o la corrupción a la venezolana, subterránea, delictiva y mucho más onerosa.

Los políticos: una veta humorística

A comienzos del segundo gobierno de CAP, estaba en pleno apogeo el escándalo RECADI. Como miembro de la comisión que investigaba una de sus derivaciones bautizada como la video matraca, hice uso de un derecho de palabra desde la tribuna de la Cámara de Diputados. Me apoyé en una serie de documentos que llevaba en una carpeta y que mostraba de cuando en vez a los colegas parlamentarios. El encargado de ripostarme por la bancada de Copei a la que pertenecían los investigados, fue el periodista y diputado Óscar Yanes. Comenzó con su tono jocoso a satirizar mis denuncias y en un momento dado sacó de la carpeta un papel y dijo que si él aseguraba que esa era la partida de nacimiento de la diputada Paulina Gamus nadie a la distancia podía probarlo o negarlo. Hubo muchas risas entre los diputados, ya que la intención evidente de Óscar Yanes fue llamarme vieja. Hice uso del derecho a réplica en vista de que había sido aludida por el parlamentario copeyano, y entre otras cosas, dije que era más fácil conseguir mi partida de nacimiento que la de su esposa, la actriz Agustina Martín (que estaba en la tribuna del público en ese momento) sin duda más vieja que yo. A partir de ese momento el semanario humorístico *El Camaleón* que dirigía el inolvidable Manuel Graterol Santander, «Graterolacho», me hizo blanco frecuente de chistes y caricaturas siempre referentes al tema de mi edad.

Una vez dijeron que mi partida de nacimiento la habían encontrado en unas excavaciones en Machu Picchu, otra que el documento estaba en la tumba de un faraón en alguna pirámide egipcia. Aquellas bromas me divertían mucho, no solo porque de verdad me hacían reír sino porque constituían una publicidad gratuita que cualquier político debía agradecer. De hecho, cuando pasaban dos semanas sin que *El Camaleón* se ocupara de mí, se lo reclamaba a Graterolacho, a quien veía todos los martes en Televen, donde ambos teníamos programas.

También la Radio Rochela, el legendario programa cómico de los lunes en Radio Caracas Televisión, me tenía como personaje frecuente de sus *sketchs*. La actriz Irma Palmieri me imitaba de una manera tan genial, que al oír su voz sin ver la imagen, creía que era yo misma quien hablaba. Una de sus mejores imitaciones fue la de mi discurso de orden en el Congreso del 5 de julio de 1992. En esa ocasión yo estaba muy nerviosa al saber que la sesión era transmitida en cadena nacional de radio y televisión, y que millones de personas me veían en directo. Tenía pánico en vez de miedo escénico y la manera de calmar los nervios fu beber constantemente sorbos de agua. Era desternillante ver la semana siguiente a Irma Palmieri, con peinado y lentes muy parecidos a los míos y una chaqueta blanca de rayas negras con una camelia roja en la solapa, como la que yo vestía, bebiendo agua sin parar y con gestos mucho más nerviosos que los míos.

Que un político fuese imitado en la Radio Rochela, le daba estatus y era un abono muy valioso para su popularidad. En esos tiempos era muy frecuente que gente desconocida me saludara en la calle o se me quedara viendo en un restaurante o en el cine y cuchicheara sin disimular que se estaba refiriendo a mí. Ahora cuando han pasado ya trece años de mi retiro del activismo político, algunas personas –sobre todo las de menor edad– se me quedan viendo y me preguntan si fui artista de televisión.

Palangre y difamación gratuita

Desde las páginas de *El Universal* y las cámaras de televisión, el gran santón de la república, José Vicente Rangel, denunciaba en sucesión vertiginosa, hechos de corrupción y presuntos culpables sin ocuparse de aportar una sola prueba. Pero él no era el único, la escena periodística estaba llena de connotados palangristas que hundían o sacaban a flote a políticos y empresarios según se comportaran las respectivas chequeras.

Uno de aquellos días iba yo en mi automóvil hacia el Congreso, y el chofer había sintonizado el popular programa radial del periodista Juan Manuel Laguardia, conocido como el «Sargento Full Chola». Como de costumbre, el conductor del programa recibía llamadas telefónicas de los radioescuchas, oía sus comentarios y les daba respuestas. Llamó un hombre que se identificó con su nombre y apellido y comenzó a despotricar contra los políticos adecos, todos corruptos, ladrones, pillos. Y salió a relucir el nombre de esa «corrupta» llamada Paulina Gamus. Full Chola lo paró en seco y le dijo: un momento, amigo, a la doctora Gamus la conozco muy bien, ella no solo es rica de cuna sino que al divorciarse de su esposo que era un señor Almosny millonario, dueño de una cadena de perfumerías, a ella le tocaron las «Sarita» y él se quedó con las «Sarela». Tanto el chofer como yo estallamos en carcajadas: las perfumerías Sarita y Sarela pertenecían a los hermanos Almosny, primos terceros de mi exesposo, quien nada tenía que ver con sus negocios. No era yo rica de cuna y mucho menos beneficiaria de una jugosa repartición de bienes conyugales, pero de más está decir que llamé al periodista Laguardia para agradecerle su defensa de mi reputación, aunque sus argumentos no tuvieran un átomo de verdad.

Ir a los programas de radio a los que el público llamaba por teléfono generalmente para atacar y ofender al invitado, era como lanzarse de un avión sin paracaídas. En esos días de ira desbocada me invitaron a su programa radial los periodistas José Domingo Blanco –Mingo– y Ana María Fernández. Empezó el aguacero de anatemas y acusaciones telefónicas que yo trataba de esquivar como una campeona de boxeo. Llamó un habitué del programa, saludado como tal por los periodistas, quien me espetó «judía corrupta, qué lástima que Hitler no acabó con todos los judíos». Me quedé muda esperando que Blanco o Fernández o ambos dijeran una sola palabra de repudio a esas expresiones racistas o alguna disculpa hacia mí. Se limitaron a sonreír sin decir jota. Al llegar a mi casa, con la rabia en estado de ebullición, les escribí una carta de protesta por lo ocurrido exigiéndoles que la leyeran en su programa del día siguiente. No lo hicieron ese día ni nunca. Esa misma semana ambos recibieron el Premio Municipal de Periodismo de Caracas, por su magnífico programa de opinión.

En los comienzos del segundo gobierno de Caldera –en 1994– el canal del Estado Venezolana de Televisión era presidido por Napoleón Bravo y el gerente general era el periodista Eleazar Díaz Rangel. Los ya mencionados periodistas José Domingo Blanco y Ana María Fernández habían trasladado su programa radial a ese canal de televisión, el programa era en vivo y con el mismo formato de llamadas telefónicas de los televidentes. La productora me llamó para invitarme al programa que harían al día siguiente con varios congresistas, le respondí que seguramente se trataba de un error porque tanto Blanco como Fernández sabían perfectamente las razones por las que yo jamás aceptaría volver como invitada a uno de sus programas.

Al iniciarse la transmisión varios diputados de distintos partidos se sentaron desprevenidamente en el paredón de fusilamiento de «Mingo» Blanco y la Fernández, y empezó a desfilar el pelotón telefónico encargado de la ejecución. Una mujer llamó y después de la descarga contra todos y cada uno de los invitados, dijo: «... y se salvó la Gamus porque no fue», prueba irrefutable de que aquello había sido una encerrona de los periodistas y que los opinadores telefónicos estaban concertados con ellos.

Entre los agredidos de ese día estuvieron Carmelo Lauría, quien presidía la Cámara de Diputados, y Luis Enrique Oberto, expresidente de esa cámara y miembro de la Comisión de Finanzas de la misma. Estaba en plena discusión el proyecto de Ley de Presupuesto y ambos acordaron, con el apoyo de parlamentarios de otras fracciones, dejar sin asignación presupuestaria a Venezolana de Televisión. Ante mis ojos desfilan aún el correcorre desesperado de Napoleón Bravo y las angustias menos exteriorizadas de Eleazar Díaz Rangel, para resolver el impasse. El mismo quedó superado con la eliminación del programa de José Domingo Blanco y Ana María Fernández, que no eran empleados del canal sino productores independientes. En los primeros años del gobierno de Chávez, José Domingo Blanco sería despedido de Globovisión, cuando alguien del gobierno lo grabó en una escatológica conversación telefónica con su mamá. En esta se expresaba de manera grosera y desconsiderada de su jefe y empleador, Alberto Federico Ravell, gerente general de ese canal.

El 2 de marzo de 1992 comenzó a transmitirse por Radio Caracas Televisión la telenovela *Por estas calles*, cuyo autor fue el columnista de prensa y guionista de televisión Ibsen Martínez. Esa telenovela inauguró un género hasta entonces desconocido, al menos en Venezuela, que podríamos calificar como culebrón de protesta o de denuncia. Todos los males del país atribuidos a la política y a los políticos, con la corrupción como estandarte, podían verse y oírse cada noche en ese canal. *Por estas calles* tuvo de inmediato un rating espectacular, y sus personajes buenos, malos y regulares se hicieron parte de la cotidianidad venezolana. Ibsen Martínez abandonó algún tiempo después la autoría de la telenovela sociopolítica, pero siguió recibiendo lo que era para entonces una jugosa remuneración, solo por permitir que la misma continuara en el aire aunque escrita por otros.

Muchas veces se ha acusado a Martínez de haber contribuido con su novela, a promover la antipolítica gracias a la cual Hugo Chávez resultó electo presidente en diciembre de 1998. Y hasta el día de hoy Martínez se siente obligado a disculparse o justificarse en cada entrevista que le hacen. Es absurdo pensar que un libro, una telenovela, una película o un discurso sean capaces por sí solos de dar al traste con un sistema de gobierno o con unos partidos políticos, pero sí pueden servir de estocada final para un sistema mal herido. Los partidos AD y Copei y sus gobiernos cometieron errores, abusos y desmanes que resultaron su harakiri. Pero la democracia hubiese podido sobrevivir si en vez de procurar el vacío total con la pretensión de llenarlos ellos, algunos dueños de medios, empresarios y figuras de mucho o algún renombre intelectual, se hubiesen dedicado a la tarea muy loable de fundar nuevos partidos. El vacío se produjo, pero lo llenó Hugo Chávez. Y entre las víctimas más afectadas por su atropello se cuentan justamente muchos de quienes contribuyeron a sepultar el sistema democrático y de partidos que imperó en el país entre 1958 y 1998.

Pancadas de ahogado

Es la expresión venezolana para referirse a los esfuerzos inútiles de alguien que lucha desesperadamente por no ahogarse. Eso fue el proyecto de reforma constitucional en 1992. Su discusión avanzaba a ritmo lento y sin despertar demasiado interés en la opinión pública. La campaña mediática de desprestigio desatada contra todos los políticos, sin excepciones, nos impulsó al diputado copeyano José Rodríguez Iturbe y a mí a incluir en esa reforma el derecho al honor y al buen nombre. Redactamos un proyecto de capítulo donde se insertaba como norma constitucional el derecho a réplica y la obligación de los medios de dar a los ciudadanos espacios para defenderse, cuando su honor y buen nombre fueran lesionados.

Esta vez la arremetida de los medios, especialmente de las televisoras, se enfiló contra el proyecto de reforma constitucional y más directamente contra Pepe Rodríguez Iturbe y contra mí. Fuimos vetados en Radio Caracas TV y maltratados en otros canales. Yo tenía un programa semanal de entrevistas con Rodolfo Schmidt. Este, a pesar de que tanto Rodríguez Iturbe como yo teníamos el apoyo del gremio de los comunicadores sociales –presidido por el entonces masista y ahora chavista Eleazar Díaz Rangel–, se colocó en el bando patronal y dijo que no se sentaba más a mi lado. El gerente general del canal, el ya fallecido Edwin Acosta Rubio, me defendió a capa y espada y continué por unos meses más haciendo el programa, pero, para mi fortuna, sin Schmidt.

En la telenovela *Por estas calles* apareció en esos mismos días el personaje de una diputada con un nombre y apellido que sonaban muy parecidos a los míos; aquella parlamentaria de ficción pedía permiso para ausentarse de la cámara y así otorgarle inmunidad al suplente que era un narcotraficante, para que este no pudiera ser detenido por la policía. La tal diputada solo apareció en un capítulo. No sé si como un aviso de lo que podía pasarme si continuaba insistiendo en el tema del derecho a réplica o bien porque se dieron cuenta de que se les había pasado la mano en su falta de respeto.

El proyecto de reforma constitucional, ya aprobado por la Cámara de Diputados, pasó al Senado donde murió aplastado por el peso inclemente de los canales de televisión y de los periódicos más importantes, en contra del articulado que protegía el derecho al honor e instauraba el derecho a réplica.

La polémica por ese tema estaba en plena ebullición cuando me correspondió ser oradora de orden en la sesión solemne del Congreso de la República, el 5 de julio de 1992, para conmemorar el 181º aniversario de la firma del Acta de Independencia. La asistencia al hemiciclo del senado fue bastante escuálida pero, como era costumbre, el acto fue transmitido en cadena por todos los medios audiovisuales. Algo había en el ambiente que hizo de ese discurso un tema de primera plana en distintos medios impresos y citado por columnistas de prensa y analistas políticos en días subsiguientes. La razón fue, quizá, el estado de ánimo con que lo escribí. Pensaba que quizá solo yo vivía la tormenta de esos días pero éramos muchos quienes nos sentíamos a la deriva. Este fue el discurso:

La Independencia al borde del abismo: Francesco Guicciardini, contemporáneo y amigo de Maquiavelo, autor de las *Historias florentinas*, hombre de gobierno de armas y de pluma, dijo: «Las cosas pasadas darán luz a las futuras porque el mundo fue siempre una misma suerte y todo lo que es y será ha sido en otro tiempo». Seguidor de Tucídides y Polibio, de Tito Livio y de Tácito, concebía como ellos la historia como «magistra vitae», maestra de la vida, cuyo fin es relegar a un segundo término lo individual y característico de cada época para solo destacar las virtudes y el heroísmo de sus protagonistas, en forma tal que sirvieran de lección y ejemplo a las generaciones futuras. La orientación de la mayoría de nuestros historiadores al narrar los hechos que dieron lugar a la independencia, ha sido esencialmente pragmática en el sentido de Guicciardini, es decir, ejemplarizante, aleccionadora, destinada a destacar lo sublime y a marginar lo pequeño, mezquino y acomodaticio que siempre se ha opuesto a los grandes cambios.

El 3 de julio de 1811 en el seno de la Sociedad Patriótica, la situación era turbulenta, las pasiones afloraban. Había ya un enfrentamiento abierto entre los ardorosos patriotas que la integraban y muchos de los cuarenta y cuatro diputados electos para formar el Congreso Constituyente. Francisco de Miranda, el viejo girondino admirado en países de Europa y elogiado hasta por sus enemigos declarados, agitaba con sus arengas a esos jóvenes decididos a romper los lazos coloniales. Pero en el Congreso había recelos, temores e indecisión. Apenas un año antes, el 19 de abril de 1810, muchos de los diputados –decididos monárquicos– se habían constituido en Junta Conservadora de los Derechos de Fernando VII y se habían declarado fieles y leales vasallos de Su Majestad. Francisco de Miranda les resultaba una figura incómoda y les causaba desconfianza.

El Congreso Constituyente se enfrascaba en discusiones sobre la necesidad o no de dividir la provincia de Caracas, discusión que como lo ha señalado Arístides Rojas, obedecía más a intrigas locales que a los intereses del país. En realidad, esa era una manera de contrarrestar los celos que causaba en las provincias el hecho de que 24 de los 28 diputados, fuesen representantes de Caracas. El rechazo al centralismo que ya en muchos se dejaba sentir, fue determinante para que la provincia de Coro no se sumara al movimiento ni eligiera diputados, mientras que la de Maracaibo se negó a hacerlo por sentirse más vinculada al Virreinato de Santa Fe que a Caracas. Bolívar pronuncia entonces su memorable discurso en el que increpa al Congreso preguntando si 300 años de calma no bastan. ¿A quién se refería? ¿Acaso al pueblo, a los pardos, indios y negros, a la gente común que constituía la gran mayoría de la población de la Capitanía General de Venezuela? No, se refería a la gente de su clase, a los blancos mantuanos que habían compartido el poder con los españoles y con ellos habían explotado las riquezas y a los productores de ellas.

La calma de esos 300 años fue relativa: el 19 de abril de 1749 ocurrió el alzamiento de Juan Francisco León en el valle de Panaquire contra los abusos y explotación al que eran sometidos los campesinos por la Compañía Guipuzcoana. La sublevación fracasó en medio del engaño y la falta de apoyo de los grandes cacaos del Cabildo caraqueño y en el viento se perdieron las palabras de Nicolás León, hijo del líder rebelde cuando dijo: «Ya ve usted que nos toca la obligación de defender a nuestra patria porque si no la defendemos seremos esclavos de todos ellos».

Si la reacción de los mantuanos caraqueños ante esta rebelión fue de tibieza, en el caso de la Revolución de los Comuneros que se inicia en San Antonio del Táchira el 1º de julio de 1781, que había extendido a provincias de Perú, de Colombia y había triunfado en Mérida, Trujillo, San Cristóbal y Barinas, fue de abierta componenda con las autoridades coloniales. La revolución comunera aglutinó por vez primera al pueblo, a mestizos y a indios, contra los impuestos, graciosos donativos y estancos. En el Cuzco circulan panfletos que dicen: ¡Mueran el Corregidor y los regidores que no defienden la ciudad de los rigores con que la afligen, con estancos, aduanas, nuevos impuestos, padrones y quintos. Y muera tanto ladrón como aquí se nos mete sirviendo de soplones y alcahuetes de visitador Areche! El 7 de septiembre de 1781 llega el movimiento a Caracas y su manifiesto aparece clavado en el portón de la iglesia de San Francisco, advirtiendo al gobernador Uzcanga que los caraqueños también apoyarían sus postulados si no se moderaban los impuestos. El intendente Ábalos, ante la presión del Cabildo caraqueño, deroga la mayoría de esos asfixiantes tributos y, en consecuencia, los alcaldes ordinarios de Caracas: Sebastián Rodríguez del Toro, marqués del Toro, y José Cocho Iriarte en unión de los regidores del Ayuntamiento, reúnen al Cabildo para jurar lealtad al rey y a las autoridades españolas, y para rechazar aquella fuerza de los rebeldes y detener la propaganda de ideas tan perniciosas.

El movimiento comunero fue aplastado y la misma suerte corrieron la insurrección en Coro del negro José Leonardo Chirino, en 1785, la revolución de Gual y España en 1797 y la expediciones de

Francisco de Miranda en 1806. Entonces, como siempre, las aspiraciones populares de libertad y de justicia social fracasaron al no contar con el respaldo de quienes tenían el control del poder o la organización suficiente para derrotar ese poder.

El 5 de julio, después de los abucheos y mofas que dos días antes habían hecho al Congreso los integrantes de la Sociedad Patriótica, después de los discursos de Miranda arengando contra las vacilaciones, se declara la Independencia, como diría Arístides Rojas, ¡al borde del abismo! Ese abismo lo describe Mariano Picón Salas en su obra Comprensión de Venezuela al decir que el nuestro es uno de los países donde la historia se vivió más como tormenta y como drama. Pasamos de ser un país que proveyó de libertadores y presidentes a la mitad de América del Sur, a una historia interior de turbulencias y desolación. Debido a ello, en un país que apenas empezaba su vida independiente, sus nacionales ya dividían la historia en tiempos de apogeo y tiempos de decadencia. Esos largos años de terror, sangre y desolación de la Guerra Federal fueron seguidos por los ochenta y siete que transcurrieron entre la primera presidencia de José Tadeo Monagas y la muerte de Juan Vicente Gómez, lapso que Picón Salas describió como interregno trágico en que los venezolanos hemos alternativamente peleado o llorado, o bien –porque era menos peligrosa razón de vivir– nos adormecimos en el sopor de una vida material fácil que exigía poca cultura y poco bienestar y el trópico regalaba sin esfuerzos sus óptimos frutos. En ciertos momentos y ante lo que sentíamos como invencible y empecinado desastre político, inquirimos si cuando Bolívar dijo su desconsoladora frase «aré en el mar», no había descubierto la más dolorosa corroboración de nuestra historia.

Mariano Picón Salas publicó su obra Comprensión de Venezuela en 1949 y se reeditó corregida y aumentada en 1955, tiempos de la dictadura que siguió al primer gobierno genuinamente democrático en toda nuestra historia, el de Rómulo Gallegos. Vivir bajo una dictadura en pleno siglo XX y a más de 140 años de la Independencia, era suficiente motivo para que muchos pensaran que se vivían tiempos de decadencia. Sin embargo, ocurrió el 23 de enero de 1958 y con él se abrieron las puertas de apogeo, si por él entendemos el logro de la democracia más estable en nuestra historia y en toda la América del Sur, y la entrada a la modernidad.

En el Foro Económico Mundial realizado en Davos, Suiza, el 4 de febrero de 1992, el mismo día en que se dio y frustró el golpe militar en Venezuela, Václav Havel, presidente de Checoslovaquia, pronunció un brillante discurso sobre el fin de la modernidad a la que describió como una época de ideologías, doctrinas e interpretaciones de la realidad con el objetivo general de encontrar una teoría universal del mundo y por lo tanto una llave universal que abriera las puertas a la prosperidad.

El Pacto de Punto Fijo estuvo enmarcado dentro de esa definición de modernidad, partió de la premisa del estado generador de bienestar y dueño de la llave que abre las puertas de la prosperidad, pero dentro de un clima de libertad, para oponerse a los regímenes comunistas en los que el Estado supuestamente generaba bienestar pero con opresión. Los partidos políticos democráticos, el empresariado, el movimiento sindical organizado y las fuerzas armadas, con el apoyo de la Iglesia, acordaron reglas de juego que permitieran la participación de todos esos sectores en la toma de decisiones para el desarrollo económico y social. La era del apogeo democrático fue posible gracias al entusiasta apoyo popular que nacía de la ilusión de una bonanza con libertad y gracias también a la amenaza que significaba el comunismo y su proyecto de tomar por asalto el poder. Ante los ojos de la gente se presentaba un Estado capaz de resolver todos los problemas e intervenir en todos los asuntos; obligado a llenar todos los vacíos, a dar trabajo a todos, a educar gratuitamente por igual a ricos y pobres, a procurar salud a los enfermos, a proveer vivienda para los desposeídos, a salvar a las empresas ruinosas asumiendo sus pasivos y a subsidiar la producción. El Estado como padre pródigo ante quien bastaba extender la mano para recibir sus dádivas.

Así como los 300 años de calma a los que se refería el Libertador en su discurso del 3 de julio de 1811 en la Sociedad Patriótica, fueron apenas turbados por algunas rebeliones originadas en su mayoría por injusticias de orden económico, los 31 años de calma que hicieron eclosión el 27 y 28 de febrero de 1989 estuvieron sustentados en el convencimiento general de la riqueza infinita del Estado y por la creencia de los electores que cada cinco años concurrían masivamente a votar, de que el nuevo presidente sería un nuevo Rey Midas, capaz de transformar sus promesas en oro. El 27 y 28 de febrero ocurrió el despertar a una realidad amarga portadora de estrecheces y penurias, fue el fin del apogeo y el inicio del pesimismo que algunos llegan a confundir con decadencia. Fue, además, el comienzo de la búsqueda de culpas y culpables hasta llegar a culpar a la democracia de los errores y vicios que dieron lugar a nuestra condición de nuevos pobres. Los 31 años de calma y apogeo de la democracia fueron plagándose de excesos y desviaciones, de partidocracia, clientelismo político, desorganización e ineficiencia en la administración y en los servicios públicos, deterioro de la administración de justicia y crecimiento de la marginalidad. Mientras los ingresos petroleros alcanzaban y todos pudiéramos disfrutar de trozos o mendrugos del gran pastel de la riqueza nacional no queríamos saber de advertencias aguafiestas. Estas, al lado de las críticas y las denuncias, desaparecían sepultadas bajo el alud de presupuestos millonarios.

Nuestro admirado maestro y amigo, el senador Ramón J. Velásquez, ha dicho que desde el 27 y 28 de febrero de 1989 el pueblo está en la calle. Es cierto: el pueblo está en la calle a la espera de soluciones a sus problemas de inseguridad, de salud, de suministro de agua, de empleo, de vivienda. Está en la calle cívicamente sin caer en los excesos de las minorías que saquearon y quemaron y ¡sin capuchas! Pero también están en la calle y en la prensa, la radio y la televisión los oportunistas con sus ambiciones desbocadas, que desde entonces explotan el sentimiento popular para abrir caminos a su desesperación de poder. Sus denuncias lanzadas a diestra y siniestra, sin comprobación alguna, que han salpicado de desprestigio a toda la dirigencia política, su mensaje continuo de negación y de pesimismo, su empeño en resaltar lo que nos avergüenza y ocultar lo que pudiera enorgullecernos, inflaron el descontento popular y crearon el clima propicio para la aventura golpista del 4 de febrero de este año. Desde ese día, al descontento se suman la confusión y el trastrocamiento de valores y de pensamientos, las mudanzas de ubicación y los reacomodos.

Alexis de Tocqueville en su obra *La democracia en América*, le imputaba a las clases dirigentes de la Francia de 1835 lo que hoy descubrimos en Venezuela (cito): «Pareciera que la revolución democrática se hubiere realizado en la sociedad material sin que en las leyes ni en las ideas ni en las costumbres tuviese lugar el cambio que habría sido necesario para hacer útil la revolución. Por tanto: tenemos democracia sin tener lo que atenúa sus vicios y hace resaltar sus ventajas naturales con lo que, si bien vemos los males que acarrea, todavía ignoramos los bienes que es capaz de aportar. ¿Dónde nos encontramos, pues? Los hombres religiosos combaten a la libertad y los amigos de la libertad a las religiones. Espíritus nobles y guerreros elogian la esclavitud y almas bajas y serviles preconizan la independencia. Ciudadanos honrados e instruidos son enemigos de todo progreso al tiempo que hombres sin patriotismo ni moral se convierten en apóstoles de la civilización y de la cultura (fin de la cita)».

Así estamos en la Venezuela de 1992: supuestos demócratas elogiando a los golpistas, un autodenominado notable exigiendo la renuncia del presidente porque se negó a oír sus consejos de convertirse en dictador para aplicar el paquete de medidas económicas. Y otros menos notables o notorios que piden esa misma renuncia pero con acusaciones de autoritarismo en el mismo presidente que se negó a convertirse en dictador.

Defensores de los derechos humanos que jamás se han preocupado por los 32.000 presos que sufren condiciones infamantes en las cárceles del país, pero tienen el corazón enternecido por la situación de los militares golpistas recluidos en Yare. Beneficiarios y burócratas de oficio de todos los gobiernos democráticos en estos últimos 34 años de democracia, transformados en sus más implacables críticos. Cadáveres revolucionarios de los años sesenta que resucitan y abandonan sus tumbas de olvido animados por la creencia de que ahora sí les llegó el momento. Hombres que hicieron toda su vida pública y hasta su próspero modus vivendi en la militancia partidista despotricando contra los partidos. Actores y autores de cientos de miles de decisiones cupulares abominando de los cogollos. Gobernantes que fracasaron y recibieron el repudio popular pontificando sobre las formas ideales de gobernar. Corruptos de siete suelas clamando por el fin de la corrupción.

Ese trastocamiento de valores y de principios hace que hoy, apenas a cinco meses de su sacrificio, nadie se acuerde de las decenas de jóvenes –casi niños– que perdieron sus vidas el 4 de febrero por cumplir lo que creían su deber en uno y otro bando. Mientras tanto, se procura mantener desde las tribunas del oportunismo y del cinismo político el heroísmo de opereta de quienes ordenaron derramar en vano la sangre de sus propios hermanos y compañeros de armas. Hoy 5 de julio de 1992, transcurridos cinco meses del intento de hacer retroceder a Venezuela a su vergonzoso pasado de caudillos que pretendían asaltar el poder por la fuerza de las armas, el pueblo sigue en la calle esperando que las clases dirigentes del país demostremos que somos capaces de producir, sin violencia y en forma racional y civilizada, los cambios que respondan a sus expectativas. Sin embargo, perdemos el tiempo en acusarnos unos a otros y en buscar culpables con la misma actitud que señala la fábula de Samaniego: «En una alforja al hombro llevo los vicios, los ajenos delante, detrás los míos. Esto hacen todos, así ven los ajenos mas no los propios».

Se propone un acuerdo nacional, pero a diferencia de aquel espíritu de solidaridad democrática que animaba a quienes hicieron posible el pacto de Punto Fijo en 1958, se pretende que ese acuerdo surja del desacuerdo entre sectores que pretenden imponer sus intereses a los demás. Nos enfrascamos en diagnosticar nuestra enfermedad, en descubrir los virus y bacterias que la han producido, pero no avanzamos para encontrar el remedio. En el banquillo de los acusados estamos sentados primero que todos, los políticos que hemos perdido hasta el sentido de autodefensa. Ya no por razones egoístas de supervivencia individual o grupal, sino de la democracia misma. No hemos sido capaces de asumir la defensa de la democracia de partidos como lo hiciera el senador vitalicio Rafael Caldera, en su memorable discurso del 23 de enero de 1986 (hace apenas seis años) y desde esta misma tribuna, para celebrar el vigésimo quinto aniversario de la Constitución con vigencia más prolongada en la historia del país. En ese discurso, el expresidente Caldera dijo (cito): «El sistema ha funcionado y funciona, con todas sus imperfecciones y a pesar de todos los obstáculos. Lo prueban la seguridad y el respeto que brinda a los mismos que lo vituperan. Su base no es otra que la libertad. El sistema ha funcionado y funciona en uso de la libertad que la Constitución propicia. Se ha pretendido calificarlo de fracaso y se le han achacado todos los defectos y cargado con todos los males de nuestra situación. Se le tacha de incapaz para enfrentar las necesidades colectivas y se considera como inherente al régimen, la ineficiencia del gobierno. Se le emplaza con una letanía masoquista que parece añorar aquellos regímenes despóticos que por más de cien años fueron vergüenza nacional. Hasta se llega a sugerir que la corrupción es producto de la democracia. A veces parecería insinuarse la posibilidad de otras fórmulas, en vista del fracaso de esta, olvidando que fuera de la democracia no hay sino dictadura de cualquier signo que esta sea» (fin de la cita). En ese mismo discurso, el expresidente Caldera hizo un detenido y exhaustivo recuento de los logros de la democracia: en la educación, con cinco millones de estudiantes para aquel momento, en la construcción de viviendas, que multiplicó dieciocho veces la cantidad existente en 1958, en la reforma agraria, que dotó de tierras a más de 200.000 familias, en la industrialización, ya que más del 80% de las plantas industriales existentes para 1979 fue instalado después de 1960. Citó además –como logros– la triplicación de la red vial, la cofundación de la OPEP y la defensa de los precios del petróleo, la creación del Metro de Caracas, la construcción de los puentes sobre el lago de Maracaibo y sobre los ríos Caroní y Apure, y el aprovechamiento de la energía eléctrica del Caroní. También asumió el expresidente la defensa de los partidos políticos y lo hizo con estas palabras: (cito) «Se señala también y con razón la excesiva partidización del país nacional, pero no se puede desconocer el mérito de los partidos reconocidos por la Constitución en el capítulo dedicado a los derechos políticos, en la conquista y mantenimiento de las libertades y en el impulso inicial para la constitución de los sindicatos y otros organismos intermedios». (Fin de la cita)

¿De dónde salen entonces las imprecaciones contra los partidos y los políticos? Fundamentalmente de quienes se dicen apolíticos y pregonan una sociedad democrática sin partidos, pero se apresuran a formar sus propias organizaciones políticas con la aspiración de desplazar a las que hoy predominan. Se nos culpa a los políticos de ser los únicos promotores de la corrupción y quienes nos acusan pertenecen a sectores que vienen vaciando las arcas nacionales desde que sus antepasados pisaron tierras venezolanas hace 500 años y que siempre han confundido el erario público con su hacienda particular.

Se escribe, se habla públicamente y anatemiza sobre el caso RECADI como el más vergonzoso y criminal asalto al patrimonio de la República, pero pobre del juez que pretenda hurgar y descubrir a dónde fueron a parar esos millones de dólares: sería conducido a la picota pública y vería destrozada su imagen por la red de complicidades que se tejió en el sector privado para cometer ese asalto. Es el mismo sector que tiene acceso fácil a los medios de información, un acceso que no tiene siquiera el gobierno nacional.

Por eso el caso RECADI está en vías de convertirse en la versión criolla de Fuenteovejuna. El Procurador de la Nación está realizando un inventario de los créditos y avales concedidos por el Estado y que prescribieron o están por prescribir sin haber sido pagados. Ascienden a más de 500 mil millones de bolívares. Sería sano por pedagógico publicar la lista de esos deudores para que el país sepa cuántos son los dirigentes políticos entre ellos y cuántos los honorables personajes que se jactan de no ser políticos y ocupan altas posiciones empresariales y bancarias con fortunas provenientes del fraude a la nación.

No pretendo ni por asomo exonerar a los partidos ni a los dirigentes políticos ni a los administradores del Estado, a lo largo de estos treinta y cuatro años, de sus graves responsabilidades en la descomposición ética que se ha producido en el país, pero si algún día pudieran contabilizar los dineros robados a la nación, descubriríamos que los políticos han sido la parte menos gananciosa en el reparto de utilidades que hace la sociedad de la corrupción. Todo lo que hasta ahora se ha hecho para combatirla ha resultado inútil porque hemos cuidado más las apariencias que atacado el mal en su raíz. Cada vez complicamos más los procedimientos y la permisería para cualquier acto de la administración con leyes y controles que terminan siendo el motivo de atajos indebidos como comisiones y regalos. ¿De qué valen además leyes como la de Salvaguarda del Patrimonio o la de Sustancias Psicotrópicas y Estupefacientes si los jueces encargados de aplicarlas pertenecen al sector marginal de la administración pública? Por muchos años los gobiernos y quienes levantamos nuestras manos en este Congreso para aprobar los presupuestos anuales de la nación, hemos relegado al sector Justicia a los niveles más bajos de la consideración. ¿Cómo puede un juez por más honesto que sea enfrentarse a delincuentes multimillonarios que se desplazan en aviones privados, tienen computadores, faxes, abogados y dinero a montones para comprar conciencias. Los jueces venezolanos en cambio, carecen hasta del mobiliario adecuado para resguardar los expedientes y el personal que los asiste está mal remunerado y peor preparado.

La sociedad venezolana acusa hoy como el mayor y más grave problema la inseguridad personal: la delincuencia desatada cobra víctimas a diario y las cifras de muertes a manos de delincuentes, solo en Caracas, superan con creces las que se atribuyen a una ciudad con cinco mil pandillas como es Los Ángeles en los Estados Unidos del norte. Lo único que podemos enfrentar a la delincuencia son policías mal remuneradas, peor entrenadas, carentes de los instrumentos adecuados y penetradas en muchos casos por la delincuencia.

Ser superficiales, conformarnos con hablar sobre los males sin profundizar para buscar sus causas, ha sido nuestra reiterada costumbre. Quizá por esa práctica reiterativa en nuestra vida política aquí en el Congreso vemos caras sonrientes desde el 4 de febrero y hay plumas en la prensa y voces en la radio y rostros en la televisión que parecieran derivar su regocijo del convencimiento de que esas cacerolas que sonaron hace algunos meses respondieron todas a una misma clase de descontento y fueron un aval para los negadores de la democracia. ¡Qué equivocados están! Valdría recordar la frase de Ernest Hemingway: «Cuando oigas doblar las campanas no preguntes por quién doblan, doblan por ti» Y parafraseándola podríamos decir: ¿contra quién suenan las cacerolas? Contra toda la clase dirigente sin distingos porque el desprestigio que envuelve a los dos grandes partidos no se traduce en incremento de simpatías hacia los pequeños. Las encuestas dicen que el descrédito nos afecta a todos sin excepciones.

Nos enfrascamos en discusiones bizantinas sobre si la crisis es económica o política cuando la crisis es eso y mucho más y es muy anterior al 4 de febrero de este año. La crisis es ética, moral, social, familiar, de valores, de identidad y de responsabilidades. Se acusa al gobierno de no haber propiciado los caminos para superarla, ¿es que acaso existe algún acuerdo o consenso sobre cuáles deben ser esos cambios? Pongamos como ejemplo algunas paradojas y contradicciones del debate político de estos últimos meses: al gobierno se lo conminó con un clamor unánime congelar los precios de la gasolina pero al mismo tiempo se le exigió un mayor gasto social. Se le pide desde un sector que no altere la política comercial y desde el otro que aplique un alza de aranceles de importación. Se le pide que reduzca el gasto burocrático pero se protesta si se despide a un solo empleado. Al tiempo que crecen las exigencias de aumentar la inversión en educación, salud y vivienda se torpedea la aprobación de la reforma tributaria que permitiría cubrir esas exigencias. Se han hecho los más largos y frondosos discursos sobre las políticas económicas del gobierno, sobre las maldades infinitas del

Fondo Monetario Internacional y sobre la humillación que significó la carta de intención firmada con ese organismo, pero no tenemos el valor suficiente para confesar abiertamente que un día fuimos ricos y que hoy somos pobres. Y que somos pobres no porque unos políticos corruptos se robaron las riquezas, sino porque los 1.800 dólares per cápita que recibíamos hace diez años por concepto de ingreso petrolero se han reducido a 400. Y somos pobres porque seguimos dependiendo casi exclusivamente del petróleo y no producimos lo suficiente para lograr nuestra independencia económica. El país ha presenciado desde el 4 de febrero el nacimiento de una nueva clase política: la de los prestidigitadores. Son aquellos que creen tener oculta en la copa de su sombrero al conejo de las soluciones y han puesto a funcionar sus calculadoras mentales para determinar cuáles de las soluciones de alto interés patriótico son las que más convienen a sus intereses personalistas o grupales. Así nos hemos paseado en estos cinco meses del referéndum revocatorio a la renuncia presidencial, desde el recorte del período constitucional hasta el recorte solo al presidente actual, desde la Asamblea Constituyente derivada hasta el Poder Constituyente primario. Y hemos presenciado con una mezcla de estupor y diversión cómo las mismas personas se atreven a cambiar sus posiciones según soplen los vientos de los sucesos tan dinámicos de estos días.

Hemos abordado con el acuerdo de todas las fracciones políticas representadas en este Congreso, la reforma de la Constitución pero desde distintos frentes se la ataca con actos de filibusterismo político porque la verdad es que quienes así actúan solo esperan sacar de esa reforma el provecho de las circunstancias políticas del momento y no los beneficios permanentes que ella pueda aportar. En medio de esta confusión en la dirigencia, la gente se pregunta ¿qué hacer, a quiénes seguir, quiénes son los líderes que conducirán al país con la verdad en la mano y con desprendimiento y vocación patriótica como un día lo hicieron los próceres de la gesta independentista? Una joven profesional respondía hace poco a esta pregunta con el símil del espejo roto y disgregado en pedazos, cada uno de quienes recoge uno de esos trozos del espejo se mira en él y dice ¡yo soy el líder! Lo cierto es que hay tantos supuestos líderes como trozos de espejo. (Nota de la autora: la joven profesional a que me refiero no era otra que mi entonces estrecha colaboradora en la Comisión de Política Interior de Diputados, María Cristina Iglesias, luego mutada en causaerrerista, después pepetista hasta llegar a furibunda chavista y ministra casi imprescindible del gobierno de Hugo Chávez Frías).

Es preciso juntar los pedazos y reconstruir el espejo. Y es preciso que ese liderazgo fraccionado sepa que las circunstancias de Venezuela y el mundo exigen un nuevo tipo de líder y de liderazgo: no más aquellos grandilocuentes de las soluciones mesiánicas y universales, no más omnipotentes. Se requieren líderes que sepan entender la importancia de las soluciones modestas pero reales a los problemas que hostigan y hacen sufrir a la gente cada día. Líderes que tengan el valor de decir la verdad a la gente, decirle que no existen dogmas en materia económica; que el dogma del Estado paternalista e intervencionistas fracasó aquí y en todas partes y que el dogma del libre mercado ha causado miseria y rabia. Que no podemos volver atrás a la era del Estado benefactor que nos proveía de todo pero que tampoco puede el Estado abandonar a la gente y dejarla a merced de unas leyes de mercado que hay que adecuar a la idiosincrasia de cada país. Líderes que sean capaces de convocar al trabajo, a la productividad y que se atrevan a decirle al pueblo que no hay otra bonanza que no sea lo que se logra con el esfuerzo sostenido de cada quien. Que ya ni el carnet del Partido ni las alzas cíclicas de los precios del petróleo pueden brindar bienestar a todos. Líderes que hagan menos demagogia con la bonanza general y se ocupen de las pequeñas cuotas de bienestar que exigen los individuos. Líderes que nos rescaten de ese pesimismo que no tiene cabida en la sociedad venezolana, de esa aporía que predicaba Zenón de Elea, según la cual existía un imposibilidad lógica de cambios y soluciones.

Hace algunos días tuve la curiosidad por conocer los nombres y el texto de unas canciones del género rock que son muy populares entre los adolescentes y que mis nietos de doce y nueve años de edad cantan con perfecta pronunciación en inglés sin entender su significado. Quedé sorprendida por los títulos: «Polvo y huesos», «Derecho a la puerta del infierno», «Vive y deja morir», «Guerra Civil». Ni qué decir de los nombres de los grupos rockeros de moda: Sentimiento Muerto, Arma Letal, Hiroshima, Caramelos de Cianuro. Es nada menos que la transculturización del pesimismo propia de las juventudes en países posindustrales donde todo o casi todo está hecho, a un país como el nuestro donde mucho está por hacerse. Mientras legiones de jóvenes del mundo desarrollado ven cerradas sus oportunidades porque los avances tecnológicos les han cerrado las opciones de trabajo y se esperan tiempos peores cuando la tecnología telefónica y cibernética permita trabajar y hasta comprar desde el propio hogar, aquí todavía estamos procurando que los teléfonos sirvan para comunicarse de una oficina a otra en un mismo edificio. Ese es un país lleno de oportunidades inexploradas, de grandes extensiones despobladas e inexplotadas; un país sin los odios raciales, étnicos o religiosos que hoy ensangrientan a Europa y a otros continentes. Un país que ama la paz porque sufrió varias décadas de guerra fratricida, un país que ama la democracia porque ha conocido muchas veces la tragedia de las dictaduras.

Un país que pide cambios y los merece, pero al que no se le puede responder con paños calientes inventados al calor de las circunstancias sino cambios profundos que sean producto de un pacto social como lo ha propuesto el distinguido economista Domingo F. Maza Zavala (Cito): «Un pacto social supervisable para reducir el gasto público, para atacar la inflación, para ampliar el aparato productivo, para preparar al personal excedentario de la administración pública en forma tal que pueda ser incorporado por el sector privado; una pacto para enfrentar con seriedad, sin retórica y sin hipocresías la corrupción, un pacto para la organización eficiente de los servicios públicos, un pacto para enfrentar la pobreza y el deterioro educativo, familiar y social (Fin de la cita)».

Pero también un pacto en el que cada sector comience por hacer su autocrítica y se comprometa seriamente a deslastrarse de los errores del pasado. Un pacto en el que los partidos políticos se obliguen a abandonar los escenarios donde no deben actuar. Un pacto en el cual los empresarios se comprometan a ser los más severos jueces de quienes especulan, estafan o depredan el erario público. Un pacto mediante el cual los sindicatos y gremios de obliguen a no continuar protegiendo con el manto de la estabilidad laboral o de la solidaridad automática, a ladrones, flojos o ineptos. Un pacto en el que el gobierno marque el ejemplo de austeridad, sinceridad y eficiencia. Un pacto en el que los congresistas nos comprometamos a legislar sin oportunismos politiqueros. Un pacto en el que los medios de comunicación asuman plenamente su responsabilidad de informar de manera veraz y oportuna, y abandonen la tentación en que incurren algunos, de desinformar, tergiversar, difamar y mentir.

Debo detener en este punto para destacar lo que ha ocurrido hace algunos días a raíz de la aprobación por parte de la Cámara de Diputados de los artículos del Proyecto de Reforma Constitucional referidos a la libertad de expresión. Dentro del mayor consenso y después de haber oído a todos los sectores relacionados con la información: propietarios de medios, periodistas y científicos de la comunicación, la comisión especial designada por la Cámara para analizar el proyecto a los fines de la segunda discusión, se presentó con el acuerdo de todos sus integrantes dos artículos cuyos textos consagraban la libertad de información y la libertad de expresión, pero también el derecho humano fundamental que asiste a cada individuo de defenderse –mediante la réplica, la respuesta o la rectificación–, de los abusos que cualquier medio pudiese cometer contra su buen nombre o su reputación. La Cámara habría aprobado sin mayores discusiones la redacción de los artículos mencionados, pero ocurrió el intento de un diputado que de manera oficial y oficiosa representa a los medios privados, de modificar radicalmente el espíritu del artículo que garantizaba a las personas ese derecho a defenderse de los abusos que impunemente se comenten en nombre de la libertad de expresión y que algunos medios han transformado en arbitrariedad, dictadura y libertinaje.

Numerosos debates se han realizado en la Cámara de Diputados sobre la libertad de expresión. Foros, mesas redondas, simposios pero todos dirigidos a inclinar la balanza hacia los medios sin tomar en consideración los derechos de los receptores de la información que son ciudadanos. Ciento noventa diputados, es decir, la abrumadora mayoría de la Cámara, en un acto en el que solo privó la conciencia de cada quien, el libre albedrío y la convicción personal sin interferencias de líneas partidistas, consideramos que había llegado el momento de elevar a la categoría constitucional, en el capítulo de los derechos individuales, la garantía de la defensa del buen nombre y de su reputación que tiene cada ser humano. No inventamos nada, no pretendimos crear figuras que no ya estén consagradas por las constituciones de casi todos los países del mundo occidental, sino además por tratados internacionales. Lo que hicimos fue aprobar un texto que transcribe la Convención Americana sobre derechos humanos, mejor conocida como pacto de San José de Costa Rica, celebrado en noviembre de 1969 y sancionado como Ley de la República de Venezuela en 1978.

La Cámara de Diputados consideró además que era propicio y estelar el momento de plasmar en el texto constitucional una norma que impidiera la concentración del poder de informar en pocas manos. Esta preocupación nuestra no es nueva, ya en su obra antes citada *La democracia en América*, Alexis de Tocqueville dijo: «En Francia la prensa reúne dos especies de centralización, casi todo su poder está concentrado en un mismo lugar y, por así decirlo, en las mismas manos, ya que sus órganos no son numerosos. Así constituido en el medio de una nación escéptica el poder de la prensa es casi ilimitado. Es un enemigo con el que un gobierno puede acordar treguas más o menos largas, pero frente al cual es difícil mantenerse mucho tiempo».

En un discurso pronunciado el 27 de junio de 1970, con motivo del Día del Periodista, Eleazar Díaz Rangel, quien entonces era presidente de la Asociación Venezolana de Periodistas, citó un artículo del doctor Arturo Uslar Pietri en el cual el escritor afirmaba lo siguiente: (cito) «El periodismo en Venezuela ha estado en una posición sumamente subalterna y los periódicos en este país han llegado a ser grandes empresas plutocráticas y capitalistas. Hay inmensas empresas dirigidas por hombres que nada tienen que ver con los problemas de opinión pública, de defender ideas o principios, que simplemente manejan grandes emporios de riqueza, que tienen en sus manos a periodistas a quienes pagan un salario. Hay hoy en día el peligro de que esas empresas se conviertan en grandes fábricas de opinión lo que sería muy peligroso para un país. Significaría que la opinión pública pudiese quedar en manos de tres o cuatro grandes ricos que pudieran decir vamos a fabricar a este hombre o vamos a destruir a este otro; vamos a hacer que la gente le coja odio a esta idea o crea en aquella. Eso es un peligro inmenso para la democracia de modo que hay que contemplarlo sin ideas románticas. Hay que asegurarles a los periodistas, a los hombres que hacen los periódicos todas las garantías de su trabajo, hay que crear una responsabilidad, un límite al poder de los fabricantes plutocráticos y empresariales de opinión que pueden convertirse en dictadores del país a través del poder económico» (fin de la cita). Nota de la autora: la incorporación de este texto del doctor Arturo Uslar Pietri en mi discurso del 5 de julio de 1992, se debió a las críticas demoledoras que el laureado escritor hizo a los artículos referidos al derecho al honor y contra el monopolio de los medios, en el proyecto de reforma constitucional. Como las hizo de manera inclemente contra todos los esfuerzos por salvar el sistema democrático y para abonar el camino a la defenestración de Carlos Andrés Pérez.

Estoy dispuesta a admitir que al aprobar el artículo del proyecto de reforma constitucional referido al monopolio de los medios, actuamos con cierta precipitación y no logramos plasmar de manera conveniente nuestra convicción (que ya es clamor general) de impedir el monopolio de las ideas. Pero la reacción desmedida, insultante, tergiversadora, manipuladora, difamadora, calumniosa y atropellante que han tenido algunos empresarios de la comunicación actuando de manera cartelizada, es la mejor prueba de que tuvimos razón cuando con espíritu democrático y de justicia aprobamos una norma que impidiera la concentración del poder de información en unos pocos. Se ha insultado a la Cámara de Diputados en su totalidad, se ha dicho que unos políticos corruptos queremos impedir que la prensa informe sobre hechos de corrupción, se ha personalizado la decisión de un colectivo en dos o tres diputados para hacerlos blanco de anatemas y difamarlos. Se ha omitido así la opinión de los 190 diputados que votamos afirmativamente el artículo para destacar la posición de los ocho que salvaron su voto. Se ha aprovechado la ocasión para reincidir en las generalizaciones y calificarnos a todos los diputados y dirigentes políticos como cómplices de la deshonestidad y deshonestos nosotros mismos. Pero lo más grave, se ha omitido el texto de los dos artículos aprobados por la Cámara de Diputados con el deliberado propósito de impedir que el público, la gente común que lee los periódicos, oye la radio y ve la televisión pueda formarse una opinión propia y objetiva del asunto. El miércoles 1º de julio de 1992 los diputados realizamos una jornada por la democracia, por la dignidad, por el respeto al individuo, al ser humano. Fue una jornada por la independencia, ya que no existe independencia política, económica, social o cultural si somos esclavos, si somos esclavos de un poder que pretenda someternos a todos y obligarnos a aceptar como única, su verdad y la de sus intereses. No serán las amenazas, la descalificación, las campañas de descrédito y la mentira las que devuelvan la relación con los medios a niveles de mutuo respeto, de diálogo y de concordia que hoy más que nunca deben existir entre todos los sectores de la vida nacional. Los acuerdos deben pactarse entre iguales con el equilibrio justo que debe existir en una democracia. Y sin que ningún sector pueda erigirse en amo y señor de los demás. Se despotrica del poder exagerado del Estado y estamos dispuestos a reducirlo en beneficio de la libre participación de todos los sectores. Pero cosa terrible haríamos si permitimos que el poder del Estado sea sustituido por el de aquellos que manejan nada menos que la información para el pueblo. Se ha dicho que los políticos copamos áreas de la vida nacional donde nunca debimos estar, es cierto y estamos empeñados en corregirlo mediante la reforma constitucional. Pero triste y lamentable sería constatar que esos espacios tienen nuevos dueños que esperan superar con creces y con mayor injusticia el poder que alguna vez tuvimos los políticos.

Estamos festejando los 181 años de nuestra Declaración de Independencia, pero aún tenemos mucho por hacer en la búsqueda de la independencia de mentes y almas. Estamos colocados ante el momento histórico que nos obliga a todos: gobernantes, políticos, empresarios, sindicalistas, sacerdotes, militares, jueces, parlamentarios a trabajar para la recuperación de la fe en las instituciones democráticas. Soy dirigente política, lo digo con orgullo y sin rubores porque creo interpretar a quienes hemos hecho de la política una razón de servicio, de vocación y de lealtad hacia la gente que creyó en nosotros. Hemos fallado y estamos en el deber de rectificar, nos encontramos en el camino de lograr cambios importantes en nuestra manera de conducirnos, cambios que nos permitan recuperar la confianza del pueblo que nos eligió. Ojalá podamos seguir todos los consejos que el Hidalgo Don Quijote le daba en una carta a Sancho Panza, gobernador de la Ínsula Barataria: «Para ganar la voluntad del pueblo que gobiernas, entre otras, has de hacer dos cosas. La una, ser bien criado con todos aunque esto ya otra vez te lo he dicho. Y la otra, procurar la abundancia de los mantenimientos que no hay otra cosa que más fatigue el corazón de los pobres que el hambre y la carestía. No hagas muchas pragmáticas y si las hicieres procura que sean buenas y sobre todo, que se guarden y se cumplan que las pragmáticas que no se guardan lo mismo es que si no lo fuesen, antes dan a entender que el príncipe que tuvo discreción y autoridad para hacerlas no tuvo el valor para hacer que se guardasen. Y las leyes que atemorizan y no se ejecutan vienen a ser como la Viga, rey de las ranas, que al principio las espantó y con el tiempo la menospreciaron y se subieron a ella. Sé padre de las virtudes y padrastro de los vicios. No seas siempre riguroso ni siempre blando y escoge el medio entre estos dos extremos que en eso está el punto de la discreción. Visita las cárceles, las carnicerías y las plazas, que la presencia del gobernador en lugares tales es de mucha importancia: consuela a los presos que esperan la brevedad de su despacho; es coco a los carniceros que por entonces igualan los pesos y es espantajo a las placeras por la misma razón. No te muestres, aunque por ventura lo seas (lo cual yo no creo) codicioso, mujeriego ni glotón porque en sabiendo el pueblo y los que te tratan tu inclinación determinada, por allí te darán batería hasta derribarte en lo profundo de la perdición. Mira y remira, pasa y repasa los consejos y documentos que te di por escrito antes de que de aquí partieses a tu gobierno y verás como hallas en ellos, si los guardas, una ayuda de costa que te sobrelleve los trabajos y las dificultades que cada paso a los gobernadores se les ofrece. Escribe a tus señores y muéstrate agradecido, que la ingratitud es la hija de la soberbia y uno de los mayores pecados que se sabe. Y la persona que es agradecida a los que bien le han hecho, da indicio de que también lo será a Dios que tantos bienes le hizo y de continuo le hace. Muchas gracias.

-III-
AD y la suerte de Carlos Andrés Pérez

La olla de presión parecía a punto de estallar y el partido que se decía de gobierno no podía permanecer ajeno a lo que era no solo la suerte del presidente Carlos Andrés Pérez, sino también la suya propia. Algunos meses después el tema fue objeto de una reunión del CEN con el presidente Pérez en La Casona. El encuentro fue tan dramático que lo tengo presente como si hubiera ocurrido ayer. En aquella mesa larga de las reuniones con el CEN del partido y de otras con numerosa asistencia, estaba sentado Carlos Andrés Pérez. Al centro, de espalda a la pared como se aconsejaba jocosamente a los políticos para evitar puñaladas por la espalda, e impecablemente vestido como siempre. A su lado, Pedro París Montesinos, presidente del partido, y al frente Luis Alfaro Ucero, para entonces secretario general y verdadero jefe de AD. Muy pronto se llegó al meollo del asunto: la eventual renuncia de Pérez que serviría para apaciguar aquella tormenta que amenazaba con arrastrarnos a todos.

La discusión era interminable y en muchos momentos agria. El rostro de CAP era como una máscara sin expresión. Los miembros del CEN abandonábamos aquella sala con alguna regularidad, para ir al baño o al corredor donde había un buffet y se podía comer, fumar y chismear. Dependía, claro, del peso político que tuviese el orador de turno. La reunión duró nueve horas en las que CAP no se movió de su silla ni un minuto. Los mesoneros le servían café, agua y jugos de frutas, pero nada para comer. Había evidentemente dos bandos, uno que estaba convencido de que al salir Pérez de Miraflores las aguas volverían a su cauce, y quienes entendíamos que Pérez era solo el pretexto: el verdadero objetivo era destruir a toda la clase política y el sistema de partidos que había imperado en Venezuela desde 1958. Contra lo que muchos creen por la evidente enemistad desarrollada entre ellos, Alfaro Ucero se opuso en ese momento a presionar la renuncia de Pérez y esa posición fue determinante para que la mayoría del CEN se inclinara hacia ese lado. ¿Prefería verlo enjuiciado, condenado y destituido, es decir humillado? Quién lo sabe.

Luego vendrían otros acontecimientos que provocarían la defenestración de Carlos Andrés Pérez impulsados por los llamados Notables y acicateados por José Vicente Rangel desde su espacio de televisión y su columna periodística. El expresidente y senador vitalicio Rafael Caldera fungía como director de orquesta. Se dice y se repite que Acción Democrática abandonó a Pérez a su suerte y no lo defendió para impedir su enjuiciamiento y posterior salida del poder; es probable que eso haya ocurrido porque lo contrario significaba el suicidio del partido. Al conjurarse la acusación del fiscal general de la República Escovar Salom, el bombardeo incesante de los llamados Notables y del más cínico y venenoso de todos los políticos venezolanos contemporáneos, José Vicente Rangel, la defensa de CAP parecía una misión imposible. En ese momento la dirección del partido pensó que podría sobrevivir al naufragio y no se batió en duelo por la suerte del presidente adeco. O quizá exadeco porque en su segundo gobierno CAP no pudo ocultar el desprecio que sentía por los dirigentes de la organización política a la que perteneció desde su adolescencia y que lo hizo dos veces presidente.

Nuestra reconciliación ocurrió a raíz de mi discurso del 5 de julio de 1992 y sobre todo por mis intervenciones con argumentos en contra de su renuncia, en la ya señalada reunión de La Casona. Unos días después CAP me invitó a desayunar en Miraflores, sin testigos. Como tema obligado surgió el partido y el presidente no ahorró palabras para criticar las carencias intelectuales de muchos de sus dirigentes, sin que se salvaran algunos que siempre habían sido etiquetados como carlosandresistas. Ese partido, en su opinión, no servía para llevar a buen término lo que había sido su proyecto de redención en el segundo gobierno, luego truncado por las circunstancias.

Otro gesto afectuoso de CAP que no olvido, ocurrió cuando me casé en segundas nupcias y él, en su residencia de Oripoto como cárcel, nos invitó a cenar a mi marido, Amram, y a mí. Éramos cuatro a la mesa, el expresidente, su esposa Blanca Rodríguez de Pérez y la pareja de otoñales recién casados.

El fin desde el principio

Carlos Andrés luchó con todas las armas legales y los recursos de la presidencia para mantenerse en el poder, algo por lo demás legítimo. El 20 de mayo de 1993, cuando debía votarse el antejuicio de mérito, los magistrados estaban divididos de manera que uno solo de sus votos podía inclinar la balanza a favor o en contra de CAP. Algunos dirigentes de Copei le habían asegurado a Pérez que Gonzalo Rodríguez Corro, presidente de la Corte, votaría a su favor. Al final, la Corte decidió procedente el antejuicio de mérito por los delitos de malversación, peculado doloroso y apropiación indebida con diez votos a favor, cuatro abstenciones y una ausencia por enfermedad. De Gonzalo Rodríguez Corro, quien al final se pronunció por el enjuiciamiento, se dijo había redactado dos ponencias contrapuestas y así había engañado a CAP y a muchos otros. El 21 de mayo CAP fue destituido por el Senado de la República. Este fue su discurso al dejar el cargo:

Me dirijo a mis compatriotas en uno de los momentos más críticos de la historia del país y de los más difíciles de mi carrera de hombre público. Debo confesar que pese a toda mi experiencia y al conocimiento de la dramática historia política de Venezuela, jamás pensé que las pasiones personales o políticas pudieran desbordarse, de manera semejante y que ya Venezuela podía mirar hacia atrás sin el temor de los incesantes desvaríos de la violencia tan comunes en nuestro proceso histórico.

Ha cambiado poco nuestra idiosincrasia. Nuestra manera cruel de combatir sin cuartel. Ha revivido con fuerza indudable un espíritu inquisitorial y destructor que no conoce límites a la aniquilación, sea moral o política. Reconozco con inmenso dolor esta realidad y no solo porque yo sea el objetivo de los mayores enconos, a quien se le declara la guerra y se le quiere conducir al patíbulo, sino porque este es un síntoma y un signo de extrema gravedad, de algo que no desaparecerá de la escena política porque simplemente se cobre una víctima propiciatoria. Esta situación seguirá afectando, de manera dramática, al país en los próximos años.

Yo represento una larga historia política. Una historia que arranca a partir de la muerte de Juan Vicente Gómez y de los primeros gobiernos que sucedieron a la dictadura que demoró por tantas décadas nuestra presencia en el siglo XX. Formé parte de los jóvenes que en 1945 se lanzaron temerariamente a transformar el país.

Derrocado Rómulo Gallegos, asumimos todos los riesgos para recuperar para Venezuela su libertad y su dignidad de pueblo libre. Formé parte de quienes desde 1958 combatieron con mayor denuedo por la democracia, contra la subversión que en esos duros años puso en jaque nuestras nacientes instituciones democráticas. En el camino dejamos muchos adversarios vencidos, pero jamás humillados, por el contario, se les tendió la mano franca cada vez que fue preciso.

Como no soy acumulador de resentimientos, me equivoqué al suponer que todos actuábamos así y que las diferencias y los duelos políticos nunca serían duelos a muerte. Supuse que la política venezolana se había civilizado y que el rencor y los odios personales no determinarían su curso. Me equivoqué. Hoy lo constatamos.

Pido a mis compatriotas que entiendan estas reflexiones no como expresión nostálgica o dolida de quien se siente vencido o derrotado. No. Ni vencido ni derrotado. Mis palabras son una convocatoria a la reflexión de mis compatriotas sobre los duros tiempos que nos esperan y un llamado a los líderes políticos, a los responsables de los medios de comunicación, que mediten y adecúen su conducta a la gravedad del momento que vivimos. Ojalá que nos sirva la lección de esta crisis. Que se inicie una rectificación nacional de las conductas que nos precipitan a impredecibles situaciones de consecuencias dramáticas para la economía del país y para la propia vigencia de la democracia que tantos sacrificios ha costado a nuestro pueblo.

Como presidente de la República, antes y ahora, he actuado con mesura y con abierto ánimo de conciliación. No he perseguido a nadie. A nadie he hostilizado. Sin embargo, contra nadie se ha desatado una campaña sistemática, larga y obsesiva, como se ha ensañado contra mí y contra mi gobierno. Le he soportado con la convicción de que en las democracias son preferibles los abusos de la oposición que los abusos del gobierno.

Los adversarios que quedaron en el camino y los enconos de las luchas políticas pasadas se fueron uniendo poco a poco y todos fueron resucitando agravios que parecían olvidados. Así se ha formado la coalición que tiene en zozobra al país, articulados en esta confabulación que nos abruma. Nunca una coalición fue tan disímil. Cuando se retratan en grupo aparecen señalados con definiciones precisas de diversas etapas de la lucha política de los últimos cincuenta años.

Rostros de derrotados o frustrados que regresan como fantasmas o como espectros, predicando promesas mágicas de resurrección. Es como la rebelión de los náufragos políticos de las últimas cinco décadas. Los rezagos de la subversión de los años 60. Con nuevos reclutas. Los derrotados en las intentonas subversivas del 4 de febrero y el 27 de noviembre de 1992 se incorporan a la abigarrada legión de causahabientes. Todos los matices, todas las ambiciones y todas las frustraciones juntas de repente. Me resisto a imaginarme a Venezuela en febrero de 1994, cuando los profetas de tan engañosas promesas tengan que enfrentar la realidad del país, en medio de una pugna imaginable, esta sí, por sus cuotas de poder.

Me siento orgulloso de lo que, acompañado por mis colaboradores a lo largo de mi gobierno, y por la digna y leal conducta de las Fuerzas Armadas, hemos logrado hacer para darle rumbo moderno y definitivo al Estado venezolano. Al propio tiempo que siento la angustia y la pena por la crisis que inevitablemente ha acompañado al proceso de reformas que emprendimos, porque este Gobierno que presidía ha dado contribución decisiva para escribir nuestra historia contemporánea. Historia sencilla, que arranca esta vez desde 1989, cuando debimos acometer esta serie de reformas profundas, tanto políticas como económicas.

Puse todo empeño en las reformas políticas. Y así comenzamos por convertir la Presidencia de la República de un poder absoluto a un poder moderado. Cuatro partidos políticos comparten o han compartido el poder a lo largo de este período presidencial. Dos elecciones de gobernadores y de alcaldes han tenido lugar en cuatro años. Reclamo un protagonismo especial en este proceso de reformas que se orientó hacia el logro de la democratización del poder y de una participación nacional inequívoca.

A la par de las reformas políticas se emprendieron las reformas económicas. Ya no era posible el estatismo, porque el Estado macrocefálico había llegado a su fin. La armonía social financiada de manera ilimitada por el petróleo llegó a su fin. Fue una decisión que requirió voluntad y coraje, no fue fácil, porque implicaba un cambio de rumbo en una historia de un país petrolero de cincuenta años de deformaciones.

Asumí la impopularidad de esta tarea. Tenía una alternativa quizás distinta: porfiar hasta el final y comprometer los recursos del Estado, extremando la falsa armonía social. Pero los resultados habrían sido catastróficos. Hemos puesto a Venezuela, con esas reformas económicas y comerciales, en sintonía con lo que ocurre en el mundo y también en nuestra propia región de América Latina. Nuestra economía para sorpresa de analistas, creció de manera notable en medio, incluso, de tiempos adversos como los de 1992, cuando se atentó de manera pertinaz contra las instituciones democráticas y contra la estabilidad del régimen, y, desde luego, contra el presidente de la República en primer término. El Pacto Andino se hizo posible gracias a estas decisiones que dieron rumbo moderno a nuestra economía. El país tendrá que conocer a plenitud, despojada la realidad de toda esta repudiable campaña de mentiras, calumnias y deformación de la verdad, el claro perfil del proceso que hemos vivido en estos años.

Fue en 1992 que brotó la soterrada conspiración civil, que aprovechó astutamente la conmoción producida por la felonía de los militares golpistas. La misma conspiración de hoy que recurre a otros métodos, porque se agotaron todos los demás, desde la metralla y el bombardeo implacable hasta la muerte moral. Si no abrigara tanta convicción en la transparencia de mi conducta que jamás manchará mi historia, y en la seguridad del veredicto final de justicia, no tengo inconveniente en confesar que hubiera preferido otra muerte.

Ninguna conspiración, ninguna confabulación por variada y poderosa que sea, ninguna conjura, me arrancarán del alma del pueblo venezolano. Para él he vivido, por él he luchado de manera denodada. Por él continuaré luchando. Más temprano que tarde comprenderán que he actuado con la conciencia más cabal y más plena de que opté por el camino más conveniente. El futuro dirá, y lo dirá muy pronto, si he actuado con razón, si hemos interpretado correctamente el momento y las circunstancias del país.

Jamás he presumido de hombre o de político infalible. Innumerables pueden haber sido mis errores de buena fe, pero, en el balance de una vida política larga y apasionada, estoy persuadido de que se reconocerá mi contribución con equidad y con justicia.

Repito lo que ayer dije, el país contempló estupefacto cómo se ejercieron sobre los magistrados del alto tribunal las más desembozadas presiones.

Estas son, compatriotas, manifestaciones de una actitud que ha perdido hasta las normas del recato para lanzarse abiertamente por el camino de las presiones ejercidas sin medir las consecuencias institucionales que tales actitudes comportan.

No me perdonan que haya sido dos veces presidente por aclamación popular. No me perdonan que sea parte consubstancial de la historia venezolana de este medio siglo. No me perdonan que haya enfrentado todos los avatares para salir victorioso de ellos. No se me perdonan ni mis errores ni mis aciertos. Pero aquí estoy: entero y dedicado a Venezuela. Consagrado con pasión hoy, como ayer, al servicio de los venezolanos. De todos. De los que me apoyan, de los que me adversan y de los que tienen duda. Aquí estoy.

En el día de hoy, los magistrados de la Corte Suprema de Justicia, reunidos en Sala Plena, encontraron méritos para enjuiciar al presidente de la República y a los exministros Alejandro Izaguirre y Reinaldo Figueredo.

El pasado 9 de marzo, en mensaje dirigido a la nación, expliqué minuciosamente la forma y las razones por las cuales se tramitó esa rectificación presupuestaria de 250 millones de bolívares, con cargo a los servicios de inteligencia y seguridad del Estado. Fue una explicación precisa y clara. Nada tengo que rectificar o agregar a lo que allí dije. Una vez más quiero dejar constancia de que no hubo delito alguno. Y jamás podrá presentarse, tampoco, prueba que ponga en tela de juicio la conducta del ministro de Relaciones Interiores que tuvo a su cargo el manejo de esa partida, como del ministro de la Secretaría que no tuvo ninguna injerencia en su manejo.

Me dirijo hoy a todos mis compatriotas y a todos los extranjeros que han hecho de Venezuela su patria. Quien como yo, que ha dedicado su vida entera a la conquista, defensa y consolidación de la democracia, no tiene que ratificar que acato esta decisión de la Corte Suprema de Justicia. No la juzgo. Será la historia –implacable en su veredicto– la que lo hará más adelante. Y la acato, porque asumo mi responsabilidad como presidente, como poder y como venezolano. Del mismo modo que tendrán que asumir la suya quienes han conducido al país a esta encrucijada dramática de su historia. Lo que más me duele es que esta decisión de la Corte Suprema de Justicia se produce en el mismo momento en que el país se enrumba positiva y francamente hacia su recuperación política y económica. En lo político, los venezolanos han escogido sus candidatos presidenciales para así cumplir con la renovación democrática de la conducción de la jefatura del Estado. Un aire de satisfacción se respira, hasta este momento, de plena normalización de la vida institucional. En lo económico, comienzan a confirmarse con nitidez los avances sustanciales en el proceso de recuperación productiva después de los inmensos sacrificios que hemos hecho todos para modernizar la economía nacional. Estábamos viviendo un período de franca tranquilidad que expresaba el apaciguamiento de las tensiones experimentadas por el país desde el año pasado. La decisión de la Corte Suprema de Justicia cambia radicalmente ese cuadro. Ratifico ante mis compatriotas que no he incurrido ni en este, ni en ningún otro caso, en manejos ilícitos, impropios o irregulares. No me he enriquecido jamás. Mi ambición siempre ha sido contribuir con mi esfuerzo a perfilar un rumbo moderno y promisorio para Venezuela. De mí se han dicho y se dicen muchas cosas. Se podrán decir todas las que quieran en el terreno político. Esta es la práctica de una democracia activa y vigorosa. Pero nunca, ¡nunca!, podrá decirse que me he aprovechado en términos personales de las posiciones que he ocupado por voluntad del pueblo. Tampoco nadie me podrá enrostrar que he propiciado, estimulado o provocado la comisión de hechos ilícitos.

El dinero de la partida secreta, por el cual la Corte Suprema de Justicia ha acordado el enjuiciamiento del presidente de la República, en este y en todos los casos, ha sido utilizado de acuerdo a las disposiciones que la ley prevé.

Ahora nos enfrentamos al juicio. No solicitaré de los señores senadores que anulen la decisión de la Corte Suprema de Justicia. Sino que les pido reflexionar sobre la insólita e innoble crisis que ahora se le abre al país con la decisión de una Corte que debemos respetar y acatar pero que crea el insólito precedente de actuar como un organismo político que desatiende sus nobles y altos cometidos de darle majestad a la justicia.

Allí iniciaré una nueva etapa de mi vida política que nunca ha dado tregua a sus afanes. Allí anunciaré que más allá de asumir mis enteras responsabilidades en el juicio que se me inicia, me lanzaré al rescate del sentimiento popular. No me defenderé porque no tengo nada de qué defenderme. No me agrediré porque no he envilecido nunca el debate político ni con el insulto ni con la calumnia.

Tal como lo establece la Constitución Nacional, procederé inmediatamente a entregarle el cargo al presidente del Congreso, con el fin de que el Parlamento proceda a designar a la brevedad posible a quien ha de encargarse de la Presidencia, mientras se decida el juicio contra el presidente de la República.

Convoco a las fuerzas políticas, económicas, institucionales y sociales, a los medios de comunicación y a todos los venezolanos, a unirse alrededor del encargado de la Presidencia de la República que designe el Congreso para superar este momento aciago.

Mi pasión, mi interés, el incansable quehacer que me ha caracterizado y el coraje que he demostrado en los momentos más difíciles siempre han estado al servicio de Venezuela. A lo largo de toda mi vida, desde que era apenas un adolescente, he consagrado mi existencia a los grandes intereses de nuestro pueblo. A ustedes he consagrado mi destino.

Quiera Dios que quienes han creado este conflicto absurdo no tengan motivos para arrepentirse.

El discurso de CAP fue un retrato fidedigno de la situación política de Venezuela en los años que siguieron al golpe militar de febrero de 1992, situación marcada por las ambiciones y sobre todo por los odios acumulados de personalidades políticas e intelectuales que, por distintas razones, se habían confabulado para sacarlo de la presidencia. Y habló con absoluta sinceridad cuando dijo que él no era un acumulador de resentimientos y se había equivocado al suponer que todos actuaban así. De hecho, Gonzalo Barrios solía burlarse de CAP al decir que este elegía sus colaboradores entre las personas que más lo insultaban y ofendían. Una vez le oí decir a Barrios: «Carlos Andrés va pasando por la calle y un tipo le mienta la madre, entonces él se baja del carro y le pregunta cómo se llama para nombrarlo ministro». Lo cierto es que CAP era poco rencoroso o al menos fiel a los viejos afectos. En su primer gobierno incorporó al gabinete y a cargos de primera línea, a varios exmilitantes de AD que habían abandonado el partido para fundar el Movimiento de Izquierda Revolucionaria (MIR). Algunos de ellos habían sido parte de la guerrilla castro comunista que pretendió destruir la democracia venezolana y contra la que él, como ministro de Relaciones Interiores, emprendió una lucha sin cuartel.

En la oportunidad en que el llamado «cogollo» del CEN de AD se reunió en La Casona a comienzos del segundo gobierno de CAP para decidir el nombramiento del fiscal general, Gonzalo Barrios presentó el nombre de Ramón Escovar Salom; Pérez y los demás dirigentes lo apoyaron. La única voz disidente fue la del senador David Morales

Bello, quien terminaría siendo una suerte de pitoniso al advertir que Escovar, desde su cargo, sería el más enconado enemigo de CAP y buscaría la forma de llevarlo a la cárcel. El presidente lo refutó diciéndole que no se podía vivir de odios. Lo cierto es que a Escovar Salom le había llegado el momento de vengar la humillación a que lo sometió CAP en su primer gobierno, al destituirlo del cargo de canciller. La decisión se produjo cuando el funcionario venía en un avión de regreso de una gira oficial a Europa, en 1977, y al llegar al aeropuerto de Maiquetía se encontró con que no había protocolo alguno para él y nadie del ministerio lo esperaba. Así se enteró de su despido. Esperó doce años para la revancha y fue su propia víctima quien se la ofreció en bandeja de plata.

Quizá por no ser CAP como él mismo se autodefinió, un acumulador de odios o por ser un contemporizador como lo aseguró en su discurso de despedida, cayó en la trampa de apoyar la designación de Ramón Escovar Salom como fiscal general de la República para que este le pasara una factura con sobreprecio. Pero es también probable que esa manera suya de actuar se correspondiera con aquella descripción que acuñó Gonzalo Barrios: «A CAP le hace falta un poco de ignorancia». Era realmente el tipo que sabía de todo y se las sabía todas. Pontificaba sobre cualquier tema y casi siempre con algún conocimiento de juicio por su inteligencia y su avidez de información. Pero más de una vez fue su arrogancia de toques narcisistas lo que lo hizo equivocarse de manera fatal para su propio destino. Nunca creyó que en el ejército se gestaban conspiraciones contra su gobierno porque seguramente algo así no podía sucederle a él y desechó como exageraciones o chismes, las advertencias que le venían haciendo oficiales de alto rango sobre movimientos subversivos previos al golpe de febrero del 92.

Dentro de esta manera tan suya de analizar los hechos políticos, recuerdo sus comentarios al concluir un almuerzo en el restaurante francés Aventino –el predilecto de la alta dirigencia adeca– que tuvo como invitado de honor a Raúl Alfonsín, entonces aspirante a la presidencia de Argentina. Según CAP que –como siempre– fue la estrella fulgurante del ágape, aquel «buen hombre» tenía las mejores intenciones pero ninguna posibilidad de lograr su aspiración. Como es bien sabido Alfonsín ganó las elecciones y fue el primer presidente democrático de su país después de ocho años de sangrienta dictadura militar.

Unos años después, ya en el segundo gobierno de CAP, la primera dama Blanca de Pérez ofreció un almuerzo en la residencias presidencial La Casona para agasajar a la señora Violeta Chamorro, aspirante a suceder en la presidencia de Nicaragua a Daniel Ortega. Era un acto absolutamente femenino y por consiguiente más social que político. Pero, cuando estábamos en los postres se presentó el presidente Pérez, y después de hacer un recorrido y saludar a las invitadas, se sentó un rato a departir con las mujeres parlamentarias, todas sentadas en la misma mesa. Allí soltó esta perla: «esa pobre señora (Violeta Chamorro) no tiene el menor chance, es solamente un ama de casa pero tenemos que ayudarla». No es necesario explayarse en contar cómo fue que la «simple ama de casa» logró derrotar al guerrillero sandinista devenido en dictador abominable y corrupto. El pueblo nicaragüense, harto del vandalismo depredador de los exhéroes, desafió el terror desatado por el régimen y logró liberarse de la dictadura sandinista de izquierda que siguió a la somocista, militar y de derecha.

El germen del odio

Llegó el día en que el presidente del Congreso, Octavio Lepage, quien había ejercido la presidencia provisional de la República por pocos días, entregó la banda presidencial al senador Ramón J. Velásquez para que concluyera el período correspondiente a Carlos André Pérez. La Causa R había movilizado una turba encargada de insultar, vejar y hasta agredir a los parlamentarios de los partidos del llamado estatus. Cuando salí por la puerta lateral del Congreso para ir al estacionamiento, alguien desde aquel grupo me lanzó una lata de cerveza vacía. Me enfurecí de tal manera que me dirigí hacia el grupo con insultos que no eran frecuentes en mi vocabulario. El lanzamiento de objetos arreció y de pronto apareció un salvador entre aquellos maleantes. Era el diputado y cineasta Carlos Azpúrua, quien les hizo señas para que dejaran de agredirme y me condujo, sirviéndome de escudo, hasta el interior del recinto parlamentario. Aquellas turbas ya no desaparecían de los alrededores del llamado palacio legislativo. Trasladarse de allí al edificio administrativo del Congreso donde se reunían las comisiones y donde los parlamentarios estacionábamos nuestros vehículos, significaba enfrentarse con las groserías, mofas e insultos de ese lumpen violento que se iba adueñando del espacio público sin que hubiese autoridad alguna que impidiera sus abusos.

Confundir democracia con falta de autoridad, dejar hacer y dejar pasar cuando las conductas indebidas venían del llamado «pueblo», fue uno de los errores garrafales de la llamada Cuarta República. En los ascensores del edificio administrativo del Congreso –en la esquina de Pajaritos– los parlamentarios nos apretujábamos entre porteros, mensajeros, vendedores de bisutería y de fritangas, cobradores, sablistas y mendigos sin que faltaran personas que nos decían pesadeces relacionadas con nuestra actividad o militancia política. Pero al llegar el «socialismo» de Hugo Chávez, los diputados de su bancada en la Asamblea Nacional, reservaron un ascensor para su uso exclusivo sin las molestias que causa codearse con la chusma. Es más que sabida la suerte que le espera a cualquier individuo o grupo opositor que pretenda manifestar en los alrededores de la sede del poder legislativo donde se encuentran los representantes del pueblo. La agresividad contra toda persona que tenga aspecto de saber leer y escribir es tan violenta, que muchos abogados que van camino del edificio de los tribunales deben despojarse de su corbata y saco para protegerse de los insultos y hasta pedradas de los «revolucionarios».

Fue en esas condiciones de pérdida de apoyo popular que Acción Democrática y Copei, los dos partidos que habían copado cuarenta años de vida democrática, debieron enfrentar las elecciones presidenciales de diciembre de 1993. Fue también esa contienda electoral la que me permitió conocer en carne propia el autoengaño que sufren con frecuencia los políticos.

Jamás, ni en mis delirios más fantasiosos, se me había ocurrido que yo podía aspirar a la presidencia del país. Al hándicap de ser mujer se anteponía otro quizás mayor: ser judía. A pesar de que Venezuela siempre fue un país abierto a toda clase de inmigración, tolerante, nada prejuicioso y que nunca tuvo una Iglesia retrógrada como ocurría en otros países del continente, el hecho de no ser católico era un plomo en el ala para cualquier político. Pero ser judío era tratar de volar sin alas. Supe lo que eso significaba cuando Jaime Lusinchi me contó el conflicto que se le presentó con la jerarquía eclesiástica al designar ministra de Educación a Ruth Lerner de Almea. Un tiempo después, ya en el segundo gobierno de Caldera y con su apoyo, se postuló a mi excompañera de estudios Lolita Aniyar de Castro para la gobernación del estado Zulia. Proliferaron entonces grafitis que aludían a su condición de judía y el obispo de Maracaibo para la época no ahorró dicterios contra la candidata por pertenecer a la religión en la que nació y murió Jesús de Nazaret. A pesar de eso, Lolita ganó la elección y fue la primera y hasta ahora única mujer gobernadora de su estado natal.

Estaba a punto de iniciarse el proceso interno para la elección del candidato presidencial que representaría a AD en las elecciones de diciembre de 1993. Una mañana recibí en mi oficina de la Comisión de Política Interior de Diputados, la visita de Pablo González, diputado y secretario nacional de Educación del Partido. Creí que bromeaba cuando me dijo que se había reunido con su buró político y que habían decidido postularme como aspirante a la candidatura presidencial, lo que significaba competir antes en las primarias que convocaría el partido. Pero no era broma; hizo una serie de cálculos, sacó cuentas, trazó un programa, un cronograma y una estrategia y en ese mismo momento acepté y comencé a soñar que algún día despacharía desde Miraflores y viviría con mis hijos y nietos en La Casona.

Empezó la campaña y los amigos que otras veces me habían ayudado con algún donativo en mis campañas para el CEN, resultaron los menos generosos. Algunos fueron lo suficientemente sinceros para decirme que aquello era un disparate por no decir ridiculez. Como era de esperarse la sección femenina del partido no me apoyó a pesar de que mi aspiración tenía cierta lógica feminista: era la primera vez que una mujer adeca se postulaba para la candidatura presidencial y más allá de si tenía o no chance, le estaba abriendo las puertas a la aspiración futura de otras mujeres.

Viajé por todo el país y me presenté en todas las seccionales del partido con el apoyo de los educadores de cada lugar. En la medida en que percibí que mis posibilidades eran poco menos que cero, procuré evitar en lo posible, el ridículo. Entonces fui agregándole ciertas dosis de humor a mi candidatura: que lo importante como en los deportes, no era ganar sino competir, que lo que hacía era preparar el terreno para la candidatura de mi nieta, etcétera. Me sirvió de inspiración la guasa con que tomó su candidatura presidencial el inolvidable Héctor Mujica, cuando el Partido Comunista de Venezuela lo postuló en 1978. Yo era parte de la comitiva que acompañaba a Luis Piñerúa a una recepción que ofreció el diario *El Nacional* en honor de todos los candidatos y sus esposas, pocas semanas antes de las elecciones. Los periodistas y otros invitados rodeaban a los presidenciables que eran los dos Luises: Piñerúa y Herrera Campins. Héctor Mujica y yo hicimos un aparte, le pregunté por Julia, su esposa, y me dijo: «Julia no quiso venir, ella dice que con una sola persona que haga el ridículo en la familia es suficiente». Luego me contó que estaba de gira en la ciudad de Mérida y se movilizaba en un Volkswagen tipo escarabajo, cuyo conductor era al mismo tiempo el encargado de vocear la presencia del candidato y las consignas correspondientes. Nadie se daba por enterado hasta que una viejecita salió de su casa y comenzó a agitar los brazos. Muy emocionado Héctor se bajó del automóvil para abrazarla y la viejecita le preguntó: –Mijo, ¿cuándo viene Piñerúa?

Los otros precandidatos –mis competidores– eran Claudio Fermín y Carmelo Lauría. Las preferencias por Fermín fueron evidentes. Llegó el día del proceso electoral interno y Fermín arrasó sin que faltaran en muchos sitios trácalas y trampas que eran por demás innecesarias. Se sabía de antemano que contaba con la mayoría, no parecía entonces tener sentido que en algunas seccionales hubiese más votos que electores. El objetivo de aquellas irregularidades fue, por un lado ocultar la alta abstención y por el otro abultar el nivel de apoyo para hacer aparecer a Fermín como el único dirigente con un liderazgo arrollador en AD. Los otros aspirantes aceptamos democráticamente nuestro revés y nos dispusimos a trabajar en la campaña electoral con miras a las elecciones en las que el candidato a derrotar, en apariencia, era Oswaldo Álvarez Paz del partido Social Cristiano Copei.

Rafael Caldera se postuló sin el apoyo del partido que él mismo fundó y al que había pertenecido toda su vida. Fue el abanderado de la disidencia de Copei que se organizó en un partido bautizado como Convergencia y de grupos y grupúsculos de la Izquierda a los que se llamó el «chiripero». Caldera asumió esa denominación para darle una connotación positiva al término despectivo de sus oponentes que habían acuñado para descalificar a esos grupos. El otro contendor sin muchas posibilidades –en un principio– fue Andrés Velásquez, postulado por su partido Causa Radical.

Aquella elección fue, sin que los partidos llamados del estatus quisieran verlo, una campanada de alerta, un aviso del sentimiento de hartazgo, rabia y frustración que anidaba en buena parte de la clase media y en las clases populares. La candidatura de Oswaldo Álvarez Paz que comenzó encabezando las encuestas, se estaba desinflando. Claudio Fermín, a quien se suponía el mejor candidato que pudo haber postulado AD: joven, educado, pico e´ plata, el color de su piel, estaba en el cuarto lugar. La campaña adeca comenzó a tornarse errática y paupérrima. Quienes visitábamos el comando del candidato para buscar afiches, calcomanías, sellos y cualquier otro objeto de promoción, salíamos con las manos vacías. Yo había decidido, además de figurar como segunda en la lista de diputados por Caracas, postularme como candidata nominal por el circuito donde vivía, que incluía sectores de clase media y también superbloques y barrios populares.

Pocas veces me tocó enfrentarme a un desgano y desorganización tan frustrantes. La verdadera razón era la falta de entusiasmo de los compañeros de partido, la derrota parecía instalada en el ánimo general. Las visitas puerta por puerta se hacían sin mayor motivación. Una de las actividades programadas fue una visita al barrio Pinto Salinas, en la zona de Maripérez, un sábado por la mañana. El guía por aquel laberinto de callejones, cloacas abiertas y malolientes y basura acumulada de varios días, era un hombrecito flaco, de unos 35 años y con varias cicatrices en el rostro. Se movía como pez en el agua y todos en el barrio le prestaban atención. Pasado el mediodía el ambiente empezó a enrarecerse y el guía nos dijo que era hora de irse porque habían empezado a correr la cerveza, el ron y la droga. Cuando salimos del lugar, el secretario parroquial de AD me informó que el compañerito adeco que nos había servido de cicerone, era un delincuente con cinco homicidios en su haber. A eso se debía el respeto que inspiraba a sus vecinos.

Otro sábado nos dedicamos a uno de los superbloques de «Simón Rodríguez»; había que subir a pie porque los ascensores no funcionaban. Las paredes y puertas de aquel edificio parecían coladores por la cantidad de orificios producidos por balas. En la mayoría de los apartamentos nadie respondía, la explicación de los compañeros de mi comitiva era que el sábado las amas de casa aprovechaban para hacer sus compras y otras diligencias. Por fin nos abrieron una puerta y allí estaba un tipo con bermudas y camiseta que empuñaba una pistola y nos gritó: «se me van de aquí o los quemo». Nos faltaron piernas para correr, la expresión del sujeto no dejaba lugar para la duda.

Otra anécdota de aquella desangelada campaña ocurrió en una visita al mercado libre de la parroquia San José, por cierto, mi parroquia natal. Nos acercábamos a los vendedores, compradores y transeúntes y yo le entregaba a cada uno un tríptico que tenía mi foto, una breve biografía, el trabajo parlamentario realizado y mis promesas para el futuro. Mi discurso era más o menos este: «Buenos días, soy Paulina Gamus, candidata a diputado por...». Un hombre de mediana edad a quien traté de entregarle el papel, apenas me dejó decir soy Paulina Gamus, y me gritó: «–¿Y a mí qué carajo me importa quién es usted?».

Fue en esos mismos días que mi hija se entrevistó con una decoradora para el arreglo floral de la celebración del Bar Mitzvá o ingreso a la adultez judía de su hijo mayor. La especialista les mostraba modelos y colores mientras mi hija comentaba con una amiga que la acompañaba y esta le decía: «Paulina esto o Paulina aquello». El esposo de la decoradora, presente en la reunión, preguntó ¿de qué Paulina hablan, de Paulina Gamus? Ante la respuesta afirmativa lanzó: ¿y tú piensas invitar a esa tipa a tu fiesta? Mi hija le respondió «No me queda más remedio porque es mi mamá». El hombre palideció, luego enrojeció y la decoradora perdió una clienta.

No logré la elección nominal y el resultado adverso no me sorprendió en absoluto, lo había palpado en aquellas visitas, y en las melancólicas reuniones que organizaban los dirigentes de las parroquias que constituían mi circuito. La campaña del candidato presidencial iba por el mismo camino hasta que a Luis Alfaro Ucero, secretario general de AD, se le ocurrió convocar a dos creativas publicitarias exmilitantes de Izquierda, una de ellas Claudia (Dacha) Nazoa, para que diseñaran una campaña que levantara la muy golpeada autoestima adeca. Aquella campaña fue genial: hombres y mujeres del pueblo llano y de distintas regiones del país proclamaban en lenguaje sencillo y con acento lugareño, su orgullo de ser adecos. Era la vitamina que necesitaba el sentimiento acciondemocratista para renacer. El resultado fue que Claudio Fermín pasó a ser el segundo más votado después del triunfador Rafael Caldera. Pero jamás reconocería que fue gracias a esa campaña mediática como pudo alcanzar tal posición. Un error garrafal entre los muchos que cometió para enterrar sus posibilidades de ser presidente alguna vez. Lo relevante fue la importante representación parlamentaria que logró Acción Democrática para el período 1994-1999, de nuevo éramos, a pesar de los pesares, la fracción más numerosa.

El 23 de enero de 1999, cuando se reunirían las Cámaras del Congreso para la entrega de credenciales de los nuevos parlamentarios, su juramentación y convocar la sesión para la investidura del presidente electo Rafael Caldera, los diputados adecos fuimos citados muy temprano a las oficinas de la fracción parlamentaria. Se tenían noticias de que el partido Causa Radical, cuyos diputados habían pasado de tres en el período anterior a más de cuarenta en el que comenzaba, y de ningún representante en el Senado a tres senadores; amenazaba con ocupar las curules que desde siempre habían correspondido a Acción Democrática como fracción mayoritaria. Alegaban que su partido había sido víctima de un fraude, que el verdadero presidente electo era su candidato Andrés Velásquez y que les habían robado además varios diputados por lo que era la suya la primera fracción.

Nos trasladamos a la Cámara dos horas antes de la fijada para la sesión y presenciamos la irrupción de aquel grupo variopinto y mal encarado de hombres sin corbatas y en muchos casos sin chaquetas que, más que ir a su juramentación como representantes del pueblo parecían dirigirse a una pelea callejera. El historiador, poeta y entonces diputado electo Manuel Alfredo Rodríguez, quien resentía el gobierno de la Causa Radical en Bolívar, su estado natal, los bautizó «la horda invasora». Con frecuencia los ridiculizaba por ignorantes que decían voy a hacer una explicación mato grosso en vez de grosso modo. Sin embargo, al pasar algunas semanas, cuando debieron constituirse las comisiones de trabajo, la mayoría de esos diputados de apariencia hostil y hasta pendenciera se incorporó a las mismas. Y a pesar de que su misión era oponerse a todo y crear situaciones conflictivas, algunos de ellos entablaron relaciones respetuosas y hasta cordiales con los diputados de otros partidos.

Lo que no iba a cambiar sería la movilización constante de turbas contra cualquier actividad parlamentaria que adversaran. Las calles que rodeaban el palacio legislativo ya no volverían a permitir el libre tránsito de los parlamentarios que pertenecíamos a los partidos del sistema, como se nos llamaba a copeyanos y adecos.

No hay peor ciego...

¿Se ocupó algún estudioso o experto de analizar el comportamiento del electorado en ese proceso de diciembre de 1993? Si lo hizo fue un trabajo clandestino. Los partidos que durante treinta y cinco años había capitalizado las preferencias del electorado y se habían alternado en el gobierno, tendrían que haber sido los más interesados en saber por qué había triunfado un candidato extrapartido, más allá de que fuera una figura ampliamente conocida por todo el país. Pero, lo más importante, deberían haber indagado las causas de la abstención creciente, por un lado, y de la votación asombrosa que había recibido un partido sin estructura y sin presencia nacional como era la Causa Radical. Una votación que lejos de concentrarse en las clases menos favorecidas, se había manifestado de manera inexplicable en las urbanizaciones donde vivían la clase media y alta.

El voto por los pequeños partidos del «chiripero» que apoyaron a Caldera y el que recibió Causa R, fueron la expresión de una protesta contra un estado de cosas que la gente no estaba dispuesta a seguir tolerando. Investigar las causas de aquella conmoción hubiese obligado a los partidos Acción Democrática y Copei a entrar en un proceso autocrítico que ambos se negaron a enfrentar. Las consecuencias fatales de esa ceguera no tardarían en presentarse. La más inmediata fue el clamor para que Caldera clausurara el Congreso como había hecho el presidente Alberto Fujimori en Perú. Caldera II no cayó en la provocación, pero esa posibilidad que contaba con un apoyo popular aparentemente mayoritario, le dio ínfulas para iniciar un gobierno populista con tintes autoritarios y no pocas arbitrariedades.

La crisis del sistema financiero por la quiebra de varios bancos, especialmente el Latino, que constituía casi un imperio, le permitió descargar sobre los banqueros y otros empresarios las culpas de las dificultades económicas con que tropezaba su gobierno. Un enloquecido Lorenzo Tovar al frente del organismo defensor de los consumidores, cerraba desde supermercados hasta modestas bodegas de portugueses y chinos. Aquellos cierres de hacían con la mayor difusión mediática y con sobredosis de populismo barato. El mismo personaje amenazaba con intervenir los colegios privados para que bajaran las cuotas que se cobraban a los alumnos, a las clínicas por los altos costos de la medicina privada y emprenderla contra todo lo que significara prestación de servicios.

Los virulentos discursos contra el paquete económico de Carlos Andrés Pérez, parte II y todo lo que oliera a políticas neoliberales o de libre mercado, eran el pan de cada día. Fue en medio de ese clima de crispación que el jefe de la fracción parlamentaria de AD, Henry Ramos Allup, me encomendó el discurso de participación (por la Cámara de Diputados) al presidente de la República, de la convocatoria a sesiones extraordinarias del Congreso Nacional. El 24 de julio, feriado nacional, escribí el discurso y el 25 de julio me convocaron a una reunión extraordinaria del CEN del partido a la que no asistí por tener gripe y algo de fiebre. Fue así como al día siguiente pronuncié un discurso que casi provoca un síncope al presidente Caldera y por poco me descabeza como miembro de la dirección nacional de AD. En esa reunión del CEN de la que estuve ausente, Alfaro había dado cuenta de su encuentro con Caldera en la mañana de ese mismo día 25 de julio. Habló de los acuerdos a que habían llegado para apuntalar a un gobierno que se iniciaba con un alto índice de popularidad pero que carecía de una base sólida de apoyo partidista y sobre todo parlamentario. Gracias a lo conversado y convenido en esa reunión, AD pasaba a constituir una suerte de coalición no declarada con el gobierno.

Ignorante de esas circunstancias me lancé con el discurso del que cito algunos párrafos:

«Debemos reconocer que desde los primeros días de su ejercicio, ministros del Gabinete ejecutivo y voceros de la fracción de Convergencia hicieron coro con quienes piden la disolución del Congreso, es decir, un golpe de Estado con visos de constitucionalidad como el ocurrido recientemente en otro país suramericano (Perú). Esas amenazas e improperios se han lanzado en contra de un Congreso recién instalado. La mejor respuesta que ha podido dar el poder legislativo ha sido un trabajo intenso y oportuno como la Ley Especial de Protección a los Depositantes y de Regulación de Emergencia en las Instituciones Financieras, que ha salvado de la ruina total a miles de depositantes de los bancos intervenidos por el Estado. También se aprobaron con celeridad la reforma a la Ley de Protección al Deudor Hipotecario y la nueva Ley de Refinanciamiento Agrícola para auxiliar a personas a punto de perder sus viviendas o sus fincas productoras...»

«...En circunstancias normales de relaciones respetuosas entre dos poderes esenciales de la democracia, bastaría con hacer este inventario del trabajo parlamentario sin acudir a las comparaciones. Pero se ha querido en los últimos días presentarnos a los congresistas como cómplices de los banqueros que defraudaron a sus depositantes y crearon la catástrofe financiera que hoy sufre Venezuela. Nadie en su sano juicio podría esperar que en apenas cinco o seis meses este gobierno resolviera una crisis acumulada por años, pero quienes votaron por usted (Caldera) y quienes no lo hicimos, teníamos derecho a esperar que las cosas no empeoraran. Hay una realidad innegable y es que el equipo de gobierno que lo acompaña desde el 2 de febrero de este año, da la impresión de no tener claros ni los problemas del país ni la manera de enfrentarlos...».

Hice enseguida una enumeración de las metidas de pata del gobierno que ahondaron la crisis financiera, me refería al mucho ruido y pocas nueces en aplicar sanciones a los banqueros imputables por las quiebras de sus instituciones y a las injustas redadas que se practicaron bajo el amparo de la suspensión de garantías y que produjeron nueve mil detenciones, en su gran mayoría de personas inocentes, a muchas de las cuales el gobierno se vio obligado a pedirles disculpas. Enseguida dije:

«Es obligante reconocer que a pesar de esos errores el gobierno ha recuperado la popularidad que venía en picada antes del 27 de junio y es doloroso constatar que ese repunte se debe a las acciones emprendidas por el Instituto de Protección y Educación del Consumidor, IDEC, contra dueños de supermercados, abastos, bodegas y supuestos mayoristas de víveres. Hasta un colegio y una universidad privada han sufrido los embates de una política que practica el abuso y la arbitrariedad y que fomenta la envidia y el resentimiento, sentimientos que corresponden a la faceta más primitiva y deleznable del ser humano... Estamos frente a la peligrosa pendiente por la que han rodado muchos pueblos que aplaudían los atropellos, retaliaciones y despojos de que eran víctimas minorías étnicas, sociales o religiosas hasta que todos sin excepción fueron aplastados por el autoritarismo y la ilegalidad». «... El mismo presidente del IDEC (Lorenzo Tovar) ha declarado por televisión que ahora la emprenderá contra los colegios privados de colonias extranjeras que llevan décadas en Venezuela y que desean preservar sus raíces culturales. El ejemplo que ha ofrecido es el del Colegio Agustín Codazzi, de la colonia italiana. ¿Significa eso que los colegios italianos, españoles, franceses, ingleses, norteamericanos, judíos, árabes, japoneses o portugueses que existen en el país deben cesar en sus actividades?».

Ya para concluir me refería a la decisión del Congreso de restituir las garantías suspendidas por decreto presidencial, en vista de que se había vencido el tiempo que el Ejecutivo estimó en ese decreto, y a la amenaza de Caldera de convocar un referéndum consultivo para que el pueblo dijera si quería o no que las garantías continuaran suspendidas.

... Tengo que confiar como venezolana tan angustiada por el porvenir de mis hijos y nietos como lo está usted, señor presidente, y como lo están todos quienes aman a Venezuela más allá de las mezquindades politiqueras o de las desviaciones fascistoides, que existe suficiente sentido común e inteligencia en la dirigencia política para encontrar dentro del mutuo respeto y consideración, salidas honorables para un enfrentamiento insensato que agudiza nuestros graves problemas... Es un deber del gobierno dar las respuestas que requerimos y poner punto final a la incertidumbre y a la confusión. Hágalo usted, señor presidente, y podrá estar seguro de quienes amamos a Venezuela nunca le regatearemos nuestro apoyo. Porque no queremos que en sus manos se pierda la República. Pero salvarla es tarea de todos, del gobierno, del Congreso, de los órganos de justicia y de cada no de los sectores de la vida nacional. Rescatemos el valor de la verdad, hay que asegurarle al pueblo que se va a perseguir y castigar a los corruptos y a rescatar los bienes de manos de quienes se los apropiaron indebidamente, pero hay que decirle también que eso no basta para lograr un país próspero y que debemos trabajar, producir y sobre todo creer en Venezuela. Ninguna sociedad puede construir su prosperidad sobre odios, resentimientos y venganzas; ofrézcale usted al país, presidente, un programa de recuperación económica y social sin etiquetas y prejuicios y tendrá el reconocimiento y la gratitud de todos.

La medida del clima de rabia generalizada que existía en aquellos primeros tiempos de Caldera II los da el hecho de que ese discurso, pronunciado en 1994, tendría plena vigencia en la Venezuela actual en la que el gobierno de Hugo Chávez comete desmanes mucho más graves que aquellos del desaforado Lorenzo Tovar, presidente del IDEC, pero en el mismo fundamento: exacerbar el odio contra los «ricos» y el mensaje engañoso de que las culpas de que algunos no tengan nada es que otros tienen mucho.

Al salir de Miraflores y volver al Congreso, Carmelo Lauría que era presidente de la Cámara de Diputados, me dijo que Caldera le había pedido que lo sostuviera porque estuvo a punto de desvanecerse por la ira que le produjo mi discurso. Pensé que era una de las exageraciones de Lauría, pero cuando pude ver la grabación del acto constaté que Caldera, pálido y demudado realmente se había apoyado en el vicepresidente del Congreso para no caerse. En la siguiente reunión del CEN algunos compañeros, especialmente uno que había sido o se sentía el artífice del acercamiento Alfaro-Caldera, pedían mi cabeza. Alguien que había desafiado así al CEN y había desoído la línea partidista atacando de manera tan feroz al nuevo aliado, no merecía consideraciones. Pero Alfaro, sin decir una palabra, se convirtió en mi escudo y el asunto no pasó a mayores.

Para aquella época José Ignacio Cabrujas escribía una página semanal en *El Nacional* y era uno de los atractivos fundamentales del periódico. En el artículo que siguió a mi discurso, el dramaturgo y humorista me atacó de manera inclemente. No se limitó al hecho concreto de su descuerdo con la manera como yo había tratado al presidente Caldera, sino que sacó a relucir crímenes culturicidas que yo habría cometido al frente del Consejo Nacional de la Cultura y que jamás mencionó durante mis dos años de ejercicio en ese cargo. Menos aún las veces que me visitó con alguna solicitud. Sus solicitudes nunca fueron personales, aclaro, sino en busca de apoyo para el grupo de teatro con el que se vinculaba.

Cabrujas era así, sé que corro el riesgo del despellejamiento por atreverme a cuestionar algún defecto en medio de las muchas virtudes de uno de los dioses intocables en el muy reducido Olimpo nacional. Nunca jamás escribió una sola línea en contra de un gobernante en ejercicio que mantuviera con buenos puntos de popularidad o de cualquiera que estuviera en una posición de poder. Solo cuando esa persona caía en desgracia él destacaba como solista del coro que la descuartizaba todos a uno. Si alguien quisiera rebatir esta afirmación que busque los escritos de José Ignacio y encuentre uno solo en el que los dardos fueron arrojados contra alguien que estaba en una posición de mando y con alta popularidad. Era un experto en cayapear a los caídos del poder o de la estima popular. Para decirlo en palabras más directas, se solazaba en hacer leña del árbol caído o tambaleante.

Ocurrió que unos días después de aquel artículo recibí una carta firmada por el mismo Cabrujas en la que me hacía los más rocambolescos elogios. En cuestión de horas yo había pasado de ser una versión femenina de Atila de la cultura a la reencarnación de la diosa Atenea. Los muchos halagos tenían por objeto solicitar mi apoyo como parlamentaria para la Ley del Instituto de Previsión Social del Artista que estaba en fase de creación. Cabrujas presidía la Comisión promotora de esa institución y es evidente que no escribió la carta porque el estilo de la misma distaba mucho del suyo. Seguramente se limitó a firmarla sin leerla. Pero me permitió sacarme la espina de su ataque que hería mucho más que otros, precisamente por tratarse de un hombre a quien yo admiraba por su talento. ¿Quién dijo que los artistas plásticos, escritores, poetas o músicos tienen que ser un dechado de virtudes?

Como es menester recordarlo, los primeros dos años del gobierno populista y revanchista de Caldera fueron catastróficos, hasta que para salvar al país del naufragio incorporó a su gabinete, como ministro de Planificación (Cordiplan) al exmarxista, exguerrillero, fundador del Movimiento al Socialismo y ex candidato presidencial Teodoro Petkoff. Sería Teodoro con todos esos antecedentes quien imprimiría un cambio de rumbo económico al gobierno, lo que vendría a ser su tabla de salvación, algo que parecía imposible en un hombre que nunca había abjurado de la izquierda.

El que manda vive enfrente

A partir de aquel encuentro entre Rafael Caldera y Luis Alfaro Ucero el 25 de julio de 1994, otra sería la historia del gobierno y la del primer partido de oposición, Acción Democrática. El presidente de 77 años de edad y el máximo dirigente adeco, de 73, pasaron a formar una especie de cogobierno que de ninguna manera significó una coalición o una alianza pública. Aquello fue un acuerdo que Alfaro aprovechó para gobernar a cuatro manos hasta el punto de tener un poder, si no mayor, al menos igual al del presidente de la República. Por las oficinas del secretario general de AD desfilaban a diario ministros del gabinete calderista, los presidentes de Petróleos de Venezuela y de otros institutos autónomos y empresas del Estado, amén de banqueros, contratistas y buscadores de negocios. Una llamada telefónica de Alfaro a cualquier organismo o despacho oficial era atendida de inmediato y sus peticiones complacidas sin pérdida de tiempo.

La contrapartida fue el apoyo de la fracción parlamentaria de Acción Democrática a las más importantes iniciativas del gobierno que requirieran de sus votos. A pesar de ese pacto oficioso, Alfaro nunca se opuso o cuestionó las críticas que dirigentes de AD hacíamos al gobierno de Caldera en el Parlamento o en artículos de prensa y programas de televisión. Pienso que una de sus cartas más inteligentes era no permitir que Caldera lo creyera un adepto y menos un subordinado suyo sino un dirigente con poder y autonomía que en cualquier momento podía retirarle su apoyo.

Aquel acuerdo sumado al viraje que experimentó la política económica del gobierno, le permitió a este sobrevivir y llegar a buen término sin los contratiempos golpistas o las revueltas sociales que debió enfrentar Carlos Andrés Pérez. Además, le hizo posible a AD reponerse del revés que había sufrido en las elecciones de gobernadores y alcaldes de 1992 y obtener doce de las veintidós gobernaciones de estado en 1995. Copei fue, en cambio, el partido más golpeado por la mutilación que había significado la deserción de su líder fundador y de aquella militancia que lo siguió. Y en cuanto a Convergencia, más que un partido era un movimiento ocasional creado para darle piso a la candidatura de Caldera y quedó reducido a ese papel al obtener solamente una gobernación: la de Yaracuy, el estado natal del presidente. Quedaba en evidencia la fuerza de AD, la debilidad del gobierno y la necesidad que este tenía del apoyo del partido blanco.

Así estaban las cosas cuando llegó enero de 1997 y debían renovarse las directivas del Congreso y de las comisiones permanentes en el Parlamento. Desde 1994 yo presidía la Comisión de Contraloría a la que había tocado la investigación de la crisis financiera por la quiebra de varios bancos. A mediados de 1996 un coronel de la Guardia Nacional de nombre Jesús Manuel Carpio Manrique, acudió a la Comisión para denunciar a un supuesto contrabandista de frutas y otros alimentos que contaba con el apoyo de muy encumbrados oficiales de ese cuerpo militar. El caso resultó realmente escandaloso por cuanto el personaje investigado había recibido varios millones de dólares preferenciales del Estado venezolano, para hacer esas importaciones. Serafín García, que así se llamaba y sigue llamando el personaje, era un canario corpulento y de actitud desafiante que se presentaba ante la Comisión de Contraloría, cada vez que era citado, con un grupo numeroso de abogados y asesores. A los diputados nos miraba con evidente desprecio, como el que se sabe guapo, apoyado y por consiguiente impune.

Algunas semanas después del inicio de la investigación, Alfaro me citó a su oficina. Cuando llegué a la cita el secretario general de AD estaba acompañado por un joven y voluminoso diputado cuyas habilidades y talentos para componendas y marramucias eran ya legendarios, los había demostrado desde el cargo de subsecretario de la Cámara de Diputados en el período anterior. El motivo de la reunión era el requerimiento de ese parlamentario para que el caso que involucraba a Serafín García pasara a la Comisión de Defensa –de la que él era miembro–, puesto que el denunciante era un oficial de la Guardia Nacional quien a su vez había denunciado a miembros de ese cuerpo. Argumenté con mucha vehemencia que no se trataba de un caso militar sino de corrupción en el que el principal implicado era un civil y, por consiguiente, la competencia era de la Comisión de Contraloría.

La polémica quedó aparentemente zanjada a mi favor, pero el lunes siguiente cuando el CEN debía ratificar a sus representantes en las directivas de las Cámaras y en las comisiones permanentes o elegir a unos nuevos, me enteré de que había ya una mayoría de votos para sustituirme en la presidencia de la Comisión de Contraloría de Diputados. Tragué fuerte, me tomé casi un frasco de Rescue (Rescate) de las Flores de Bach para calmar mis nervios y, sobre todo, para no darles el gusto de llorar por la rabia que me causaba esa jugada y recibí con aparente serenidad mi salida de la presidencia. Hasta felicité y deseé éxito al sucesor, Rafael Marín. Eso sí, realmente extrañada de que Alfaro no hubiese movido un dedo para impedir mi defenestración.

En junio de 2006, Serafín García contrajo matrimonio en la ciudad de Miami, con la ex Miss Universo, ex alcaldesa de Chacao (Caracas) y ex candidata presidencial venezolana, Irene Sáez. A raíz de ese enlace, en varios medios de comunicación de Venezuela se publicaron informaciones sobre las andanzas del flamante esposo. Por ejemplo, *Reporte Diario de la Economía*:

...desempolvó recuerdos relacionados con el ciudadano de origen canario, Serafín García, quien recientemente contrajo nupcias en Miami con la ex Miss Universo y ex candidato presidencial Irene Sáez Conde. Tradicionalmente, a García se le relaciona en Venezuela con el negocio de importación de peras, manzanas y uvas, especialmente durante las navidades que es cuando el consumo de este rubro se ve magníficamente incrementado en el territorio nacional. Frecuentemente García, quien es un habitual fumador de habanos cubanos, hace alarde de tener en su nómina a media docena de generales activos de la Guardia Nacional. Años atrás, Serafín García se vio envuelto en un escándalo cuando fue denunciado e investigado por el extinto Congreso, por la obtención fraudulenta de dólares preferenciales, para la supuesta importación de frutas exóticas, peces de colores y ajos chinos contaminados. Años después, de nuevo, el Congreso de la República lo investigó por la importación a territorio venezolano, de charcutería española proveniente de una provincia en la que dichas delicatesses habían sido retiradas por órdenes de las autoridades sanitarias locales, al presentarse una grave epidemia de fiebre aftosa. Por muchos años García estuvo asociado con quien fuera un poderoso general de la Guardia Nacional y quien recientemente murió de una penosa enfermedad. Es uno de los principales accionistas en la Florida norteamericana, del Ocean Bank, que estuvo investigado por la DEA por presunta legitimación de capitales de procedencia dudosa. También es propietario en ese mismo estado de la Unión Norteamericana, de la empresa OCEAN MAZDA que tiene la exclusividad de la comercialización de los vehículos MAZDA en dicha zona. En Venezuela se le vincula con tres conocidos supermercados, cuyos dueños son de origen lusitano y canario y con un conocido banco. Durante años estuvo confrontado al entonces parlamentario Walter Márquez a quien finalmente terminó financiado cuando este se lanzó como candidato a la Gobernación del estado Táchira. Ciertamente desde hace muchos años Serafín García controla buena parte de los frigoríficos propiedad de las FAN, ubicados en la bajada de Tazón, en las afueras de la ciudad de Caracas. Desde allí suele despachar en sus breves visitas a Caracas, como también lo hace desde sus oficinas en el Parque Cristal, en plena Av. Francisco de Miranda.

El coronel Jesús Manuel Carpio fue asesinado en Valencia, estado Carabobo, el 17 de julio de 2008. Nunca se supo o se quiso saber quiénes fueron los autores materiales e intelectuales de su muerte. Los medios informaron sobre una posible venganza porque el militar ya retirado y exintegrante del grupo de oficiales que durante 2003 mantuvo una prolongada protesta en la plaza Altamira de Caracas, continuaba en su labor de denunciar hechos de corrupción cometidos por sus compañeros de armas en combinación con civiles.

No hay mal que por bien...

Al día siguiente de la reunión del CEN en que fui sustituida en la presidencia de la Comisión de Contraloría, Alfaro me convocó a su oficina y me dijo que lo ocurrido carecía de toda importancia ya que él quería encomendarme una misión de su máximo interés. Me habló de organizar un gran evento que convocara a los distintos sectores de la vida nacional para presentar un proyecto de país. Que pensara en el nombre, en los temas, en los participantes y demás detalles. Enseguida ordenó que me asignaran una pequeña oficina en el edificio del CEN y autorizó que utilizara su nombre para pedir el personal, equipos y colaboraciones que fueran necesarias. Utilizar «su nombre» era como tener una varita mágica, un verdadero abracadabra. Fue así como logré, primero que nada, crear un comité organizador en el que todos colaboraran seriamente porque se trataba de un pedimento del «caudillo

Alfaro». Luego vino la cooperación de organismos como el INT
que era como una NASA en miniatura, en realidad la más respe
respetable institución de investigaciones petroleras y petroquímicas.
Ellos montaron toda la plataforma tecnológica del acontecimiento que
se realizó durante tres días del mes de julio de 1997, en el Parque Central
de Caracas.

Se me ocurrió darle el nombre «Del país que tenemos al país que queremos» a las que serían las primeras (y únicas) Jornadas Programáticas
convocadas por Acción Democrática, con espíritu de gran amplitud y
de unidad nacional. Se fueron incorporando al programa los temas de
mayor trascendencia y para cada uno se buscó ponentes de diferentes
organizaciones políticas, de organismos académicos de prestigio como
IESA, CONICIT, CENDES, de las principales universidades de la capital y muy importantes exponentes del sector privado. Fue impresionante la cantidad de científicos y profesores universitarios militantes
de la Izquierda –en su mayoría del Movimiento al Socialismo– y del
partido socialcristiano Copei, que aceptaron con la mejor disposición
participar en este suceso sin precedentes en la historia política del
país. Durante esa semana y algunas más, los medios de comunicación
dieron especial cobertura a las Jornadas y según las encuestas que
se hicieron por aquellos días, Acción Democrática había alcanzado,
en tanto que partido político, 51% de aceptación en la opinión pública.
No puedo negar que mi ego estaba exacerbado por el dulce sabor de
la revancha. ¿No habían querido sacarme del paso y humillarme los
compañeritos del CEN? Pues bien, ahora yo brillaba como artífice de
aquel exitazo. ¿Qué más podía pedirse?

Unas semanas antes de que se iniciaran las Jornadas y cuando estábamos en la organización de las mismas, regresó de su permanencia
de tres años en los Estados Unidos de Norteamérica, el ex candidato
presidencial de AD Claudio Fermín. Se había ido al poco tiempo de
perder las elecciones de 1993, acosado por un problema familiar y sin
despedirse de sus más cercanos colaboradores, quienes se sintieron a
la deriva. Esperaban verlo –debido a la alta votación obtenida– erigido en dirigente fundamental del partido y por ser bastante joven, en
el casi obligado candidato adeco en las siguientes elecciones. Fermín
se enteró de la tarea que me había sido encomendada y me visitó en la
pequeña oficina que me había sido asignada en la vetusta y maltrecha
sede del CEN de AD. Se deshizo en elogios a la idea de las Jornadas,
dijo que ese era el partido que él siempre había querido promover, uno

que aportara temas y acciones para la discusión ideológica y para los problemas cruciales del país, etcétera, etcétera.

Fermín intervino en los debates de las Jornadas, tomó la palabra en la sesión de clausura y se lanzó con un discurso lleno de alabanzas a las mismas y al partido que había hecho posible ese singular acontecimiento. Pero unas semanas después renunció a Acción Democrática mediante carta pública. En ella decía que ese partido era poco menos que obsoleto, desfasado y por supuesto incapaz para enfrentar los desafíos de la Venezuela del siglo XXI. El editorial del 1º de octubre de 1997 de Venezuela analítica, titulado «Yo, Claudio», decía:

> Claudio Fermín tomó esta semana una decisión verdaderamente temeraria al renunciar de manera irrevocable a la dirección nacional de Acción Democrática como miembro nato que llaman, es decir, vitalicio o permanente. Lo hizo, además, con palabras inadecuadas, como quien privilegia una frustración o se deja llevar por el encono. No vamos a crucificar a Fermín por esta decisión. Es suya y solo él puede labrarse su destino. Pero en el análisis que nos corresponde diremos que fue un grave, serio, irreparable error político. La primera razón es elemental: Acción Democrática carece de líderes carismáticos y Claudio Fermín es un líder carismático y solo le debe su éxito al carisma, sin que esto implique negarle las otras condiciones de inteligencia, cultura, etc.
>
> Para tomar su decisión apresurada, quizás Fermín midió las dificultades que se le están presentando para ser abanderado de AD en 1998. Esas dificultades son ciertas, como es cierto también que el destino de un líder de un partido como AD no depende exclusivamente de la candidatura y, si como él dice, en el partido no hay otros líderes capaces de ser ese abanderado del 98, Fermín tenía todas las de ganar: el tiempo podía darle la razón. A la vuelta de la esquina del 98, ¿quién podía negarle el liderazgo de Acción Democrática? Fermín sabía (y lo decía) que el tiempo de Luis Alfaro Ucero estaba fatalmente medido, fuera o no candidato presidencial. ¿Entonces hacia dónde va y qué busca Claudio Fermín? ¿Tendrá que acampar bajo la tolda del expresidente Pérez, como un «hijo pródigo» cualquiera? ¿Y qué pasa si el expresidente tiene ya una carta, marcada como parece ser el caso?
>
> ¿Quién o qué condujo a Fermín a una decisión tan temeraria, ¿la vanidad, la exasperación, la impaciencia, la pobreza mental de sus

asesores? Ninguna razón es válida para dar un paso de esa naturaleza. Claudio parece haber perdido la oportunidad de su vida política en el juego de barajas, siempre incierto y aleatorio, de una candidatura presidencial. Claudio ¿claudica?

El hundimiento de Alfaro y de Acción Democrática

Poco a poco y especialmente en la sesión de clausura de las Jornadas programáticas, tuve claro cuál era el verdadero propósito de Alfaro Ucero al idear y realizar aquel evento extraordinario: su virtual lanzamiento como candidato presidencial de Acción Democrática. Parecía increíble que un hombre sin grandes dotes intelectuales y con escasa instrucción hubiese tenido, sin embargo, la inteligencia necesaria para promover una actividad tan importante y singular. Pero resultaba más increíble aún que lo que había creado con las manos lo destruyera con los pies. En esos días entrevisté en mi programa semanal de televisión en el canal CMT, a Rubén Carpio Castillo, educador y exdiplomático adeco. Rubén me preguntó fuera de cámara si Alfaro pensaba en realidad presentarse como candidato presidencial. Le respondí que ese era mi parecer y me dijo ¿qué gran error, cambiar el inmenso poder que tiene ahora por una vaga posibilidad!

Cuando la candidatura fue tomando cuerpo, Arístides Hospedales y yo, quizás los dos miembros del CEN más cercanos a Alfaro, nos armamos de valor para decirle los dos a un tiempo, que lo pensara bien, que meditara el paso que iba a dar. Pero los cantos de sirena suelen tener más efecto que los consejos de amigos. No tuvo Alfaro la fortaleza de voluntad de Ulises de pedir que lo amarraran a un palo de la nave para no salir corriendo detrás de las engañosas y devoradoras sirenas cantarinas. Las «sirenas» eran contratistas, banqueros, el polémico editor de un diario y una revista y otros cuantos vivos que se habían aprovechado de Alfaro para sus negociados y le hacían creer que era un predestinado para la silla de Miraflores. De esos días es la anécdota que contaban Luis Piñerúa y Octavio Lepage, de una conversación que tuvieron con el secretario general de AD y candidato in pectore, promovida por un tercero amigo de los tres. Piñerúa con su manera habitual de ir al grano y sin muchas sutilezas, le espetó el grave error que sería su candidatura como aspirante a suceder al anciano y errático Rafael Caldera. Lepage apuntaló esos argumentos. Alfaro les respondió: «Está bien, no seré candidato pero Venezuela se perderá un gran presidente».

El apoyo que dieron a la candidatura de Luis Alfaro los doce gobernadores adecos electos en 1995, fue decisivo. La elección directa de gobernadores había sido un gran avance en materia de descentralizar y democratizar la administración pública y la gestión de gobierno, pero al mismo tiempo y quizá por falta de cultura o tradición política, aquellos doce gobernantes adecos se veían a sí mismos como líderes que habían logrado el triunfo solo por sus méritos y carisma. El partido que los apoyó pasaba a segundo plano y la disciplina partidista que había sido siempre una camisa de fuerza para quienes quisieran volar con alas propias, se desvanecía en estos casos. «Tenemos doce reyezuelos» se solía decir en los corrillos de AD. Los doce reyezuelos hundieron cualquier aspiración diferente a la del anciano «caudillo» secretario general de AD, quien para entonces tenía 76 años de edad. A partir de allí la cercanía y extrema confianza que él depositaba en Lewis Pérez Daboín, quien lo había sustituido en la Secretaría General del Partido, se trocó en áspera y distante hasta llegar a ser franca enemistad. Aparentemente, Lewis era otro aspirante *in pectore*, lo que agrió aquellas relaciones.

En el mes de marzo de 1998, AD acordó hacer público un resumen de los acuerdos y resoluciones de las jornadas programáticas y presentarlo como «La propuesta de un acuerdo nacional para el país que queremos». Para el mes de abril de ese mismo año, la estrella rutilante y virtual presidenta de la República para el período 1999-2004 –encuestas *dixit*– era la alcaldesa del municipio Chacao (en la zona metropolitana del estado Miranda) y ex Miss Universo, Irene Sáez. Sería postulada por el partido socialcristiano Copei y promovida por el gobernador copeyano del estado Miranda, Enrique Mendoza. Cuando el hecho fue público y notorio, le pregunté a uno de los más serios y esclarecidos parlamentario de Copei cómo era posible que se lanzaran con esa candidatura bastante frívola. Me respondió algo que nunca olvidaré por su pragmatismo descarnado: «Es que Copei no aguanta otros cinco años en la oposición, quince años fuera del gobierno es demasiado». En ese mismo mes de abril, las encuestas decían que si el militar golpista Hugo Chávez, ya indultado por el presidente Rafael Caldera, aspiraba a ser presidente, solo obtendría el 9% de los votos. Alfaro no era medido o no se dejaba medir. Pero ya en junio su aspiración salió a la superficie y de una vez supe que sería designada jefe de medios de la campaña, además de coordinadora del programa de gobierno. Lo del acuerdo nacional había quedado en el baúl de las buenas intenciones abandonadas. ¿Cómo podía plantearse un acuerdo nacional en torno a una candidatura cien por ciento adeca y además carente de cualquier atractivo electoral?

Con la inmensa responsabilidad de manejar la parte mediática de la campaña acudí, en ese mismo mes de junio, a un seminario de dos días en el que publicistas de diferentes procedencias y expertos en campañas electorales harían sus presentaciones con la aspiración de ser contratados por los candidatos. De todos el que más me impresionó fue un brasilero llamado Hiram Pessoa de Melo. Me reuní con él, le expliqué las realidades de la candidatura de AD y le pedí reunirse con Alfaro, ya que de él dependía su incorporación a nuestra campaña. Apenas lo conoció, Hiram le espetó sin rodeos al candidato adeco, que sus posibilidades eran bastante remotas: «Usted es viejo, y quiere suceder a otro viejo, y este es un país donde la mayoría es joven y quiere un cambio». Evidentemente se trata de una campaña muy difícil. Aquello le cayó a Alfaro como una pedrada en la frente. No objetó la contratación de Pessoa de Melo, pero jamás simpatizó con él ni se dejó convencer por sus consejos.

El equipo del creador de imagen brasileño era excelente, constaba de tres o cuatro personas que hacían cuñas televisivas increíbles en cuestión de horas, utilizando como estudio un pequeño espacio de la oficina de prensa de la campaña. A diferencia de sus antecesores en la Secretaría General, Alfaro había logrado construir un moderno edificio con paredes de vidrio y muy funcional, en un terreno colindante con la vieja sede. Allí funcionaba el comando de campaña y estaba la oficina del candidato.

El equipo de brasileños reaccionaba con rapidez y eficiencia. Por ejemplo, cuando se coló que Chávez había ofrecido freír la cabeza de los adecos en aceite, apareció enseguida un mensaje que lo hizo bajar momentáneamente en las encuestas. Hicieron la del hombre de las mil caras que era una premonición de lo que ocurriría en realidad una vez que el militar golpista ganó las elecciones. Y también estaban las cuñas contra el candidato Henrique Salas Römer, que curiosamente eran las que más gustaban a Alfaro y las que autorizaba poner de inmediato como una que hacía burla del caballo Frijolito del candidato valenciano. Las que iban contra Chávez no corrían la misma suerte. Alfaro ordenaba congelarlas hasta nuevo aviso. Su enemigo a vencer era el exgobernador del estado Carabobo, Henrique Salas Römer, a quien el candidato adeco consideraba un representante de la burguesía más uña en el rabo. Ese comportamiento de Alfaro lograba desesperarnos porque era evidente que quien se despegaba de los contrincantes y cada vez se acercaba más al triunfo era Chávez.

La campaña no lograba levantar ni un ápice la candidatura melancólica del abanderado adeco y como era natural en esos casos, muchos dirigentes achacaban ese estancamiento a fallas de la campaña mediática. A partir del mes de junio de 1998, la bella Irene Sáez vio caer en picada sus posibilidades de ser presidenta de Venezuela, mientras que Chávez subía como la espuma en todos los sondeos de opinión. Un día Alfaro estaba eufórico porque Irene, desairada por una parte importante del partido Copei, le había prometido pactar públicamente con él. Pero jamás llegó la cita. Félix Seijas (IVAD) el encuestador tradicional de AD, tenía prohibido por el candidato mostrar las encuestas a otras personas, incluso del Comando y de la dirección partidista. Nuestro asesor de imagen brasileño nos decía que era la primera vez en su vida profesional en que debía hacer una campaña sin conocer encuestas y sin saber cómo y hacia dónde dirigirla. Pero el «gago» Seijas me dejaba colar datos reveladores, además de mostrar la totalidad de sus investigaciones al secretario general Lewis Pérez, quien se encargaba de divulgarlas entre varios miembros del CEN.

El comando de campaña en el moderno edificio con paredes de vidrio, parecía cada vez más un cementerio. Salvo algunos miembros del CEN, dirigentes de la provincia y periodistas, nadie se acercaba a saludar al candidato o a su equipo. Nada de la euforia de adeptos y del revolotear de adulantes que suele haber donde se huele una victoria. La pequeña figura de Alfaro, perdida por solitaria en medio de su gran oficina, resultaba patética. Antonio Ledezma, el joven exalcalde de Caracas, había sido designado jefe de la campaña para neutralizar su posible aspiración a la candidatura presidencial. Más de una vez tuve que rogarle casi en papel maternal, que no renunciara a esa responsabilidad. Estaba realmente perturbado no solo por la misión imposible que le había tocado sino por las dificultades para trazar una estrategia que no fuera cuestionada o modificada por el candidato. Él tampoco tenía acceso a las encuestas de Félix Seijas.

A una joven periodista que formaba parte del equipo de campaña se le ocurrió la idea de refrescar la imagen del candidato adeco. Fuimos entonces a proponerle que se dejara inyectar bótox para grabar unos mensajes publicitarios. Muy contrariamente a lo que suponíamos, Alfaro aceptó. La sesión cosmética se llevó a cabo en la casa de Rafael

Poleo, con el inconveniente de una inflamación que duró varios días y que obligó a maquillar al candidato. Pero cuando el problema pasó la gente se preguntaba qué milagro había ocurrido para que Alfaro luciera con el rostro más fresco y con menos arrugas. Recuerdo haber entrado más de una vez a su oficina y sorprenderlo mirándose en un espejo, asombrado él mismo de la metamorfosis producida por la cosmética moderna.

Una de las ideas del creativo brasileño fue un afiche con Alfaro fotografiado entre los gobernadores adecos y los alcaldes más importantes, como Manuel Rosales, que era de Maracaibo. Varios gobernadores, los mismos que habían forzado la candidatura del «caudillo», estuvieron rehuyendo el compromiso. La mayoría aspiraba a repetir en el cargo y Alfaro definitivamente los rayaba, dicho en lenguaje coloquial. Cuando ya el crecimiento electoral de Chávez era imparable, AD y Copei hicieron valer su mayoría en el Congreso para reformar la ley electoral y adelantar un mes las elecciones parlamentarias y de gobernadores, de manera que estas se realizaran antes que las presidenciales. Ambos partidos creyeron, en un acto de pretendida viveza que resultó de gran ingenuidad, que un Congreso controlado por ellos podría ser un freno para el ya inevitable presidente Chávez. AD, a pesar de estar muy golpeada por el descrédito que envolvía a los llamados partidos del estatus, logró elegir 8 gobernadores, 19 senadores y 62 diputados para ser –una vez más– la primera fuerza política en el Congreso. Si a esos parlamentarios se sumaban los de Copei, Proyecto Venezuela y Convergencia como partidos no vinculados a la izquierda tradicional ni al chavismo, por supuesto que, ya en la presidencia, Chávez se las vería muy duras con un parlamento adverso.

En esos comicios resulté electa senadora por el estado Cojedes; por primera vez aparecía como una paracaidista impuesta a un electorado con el que no tenía vínculos más allá de la militancia partidista en AD. Mi aspiración había sido representar al estado Vargas, pero Alfaro le reservó esa posición al periodista y editor Rafael Poleo, uno de los impulsadores más empeñosos de su candidatura presidencial. A pesar de la incomodidad de tener que responder a cada rato qué tenía yo que ver con Cojedes y qué pensaba hacer por ese estado cuando resultara electa, era obligante para mi agradecer el gesto de Alfaro de haberme reservado una entidad donde las encuestas daban por descontada la reelección del gobernador adeco Alberto Galíndez y la de cuando menos uno de los dos senadores que le correspondían a ese estado.

Los veintisiete días que mediaron entre esos comicios del 8 de noviembre y los presidenciales fijados para el 6 de diciembre, fueron de los más extraños y confusos que me tocó vivir en mi tránsito por la política. De pronto comenzó a llegar gente que hacía meses que no se dejaba ver en la oficina del candidato: banqueros, empresarios y, sobre todo, capitostes de los medios de comunicación televisivos con Gustavo Cisneros como general en jefe. Empezó a llover dinero para lo que se quisiera hacer dentro de la campaña y los canales ofrecían espacios gratuitos con una generosidad que nos dejaba boquiabiertos. Los desprevenidos nos preguntábamos si aquellos señores tan entendidos en las encuestas, creían posible el milagro de resucitar a un muerto. Alfaro no superaba el 7% u 8% en los distintos sondeos de opinión, Irene Sáez, la otrora fulgurante candidata de Copei, rondaba por los mismos números bajos, el candidato Henrique Salas Römer, de Proyecto Venezuela, estaba en un 25% y Chávez, con más del 40% a su favor, era a todas luces inderrotable. Cuando días después comenzaron las reuniones entre dirigentes de AD y de Copei, y vimos llegar a Salas Römer para entrevistarse con Lewis Pérez, Carmelo Lauría y otros miembros del CEN, las cosas comenzaron a aclararse. Había la tendencia creciente en las cúpulas de los dos partidos, de retirar las candidaturas de Luis Alfaro y de Irene Sáez, y formar un bloque de fuerzas democráticas con apoyo al exgobernador valenciano.

¿Qué sentido tenía entonces el generoso gesto de los canales Venevisión, Televen y Globovisión de ofrecer espacios publicitarios gratuitos y el de aquellos banqueros de hacer aportes sustanciales a la paralítica candidatura de Alfaro? Cuando comenzó la presión interna y externa de desplazar a Luis Alfaro Ucero en beneficio de Salas Römer, ya no cabían dudas: aquellos señores del dinero y del poder mediático habían hecho sus cálculos a futuro; la candidatura de Alfaro debía mantenerse para dividir el voto opositor a Chávez y asegurarle la victoria al militar golpista. Como ya eran incapaces de impedir su triunfo, habían decidido apoyarlo con la esperanza de hacer lo que siempre habían hecho: acordarse con el poder fuera el que fuere, en beneficio de sus intereses.

A los pocos días fui convocada por Lewis Pérez a una reunión nocturna en un salón del Hotel Caracas Hilton en la que estaban los gobernadores adecos recién electos, el alcalde Rosales y algunos miembros del CEN, entre ellos Carmelo Lauría, Carlos Canache Mata, Ixora Rojas y yo. El planteamiento era aparentemente simple: la única forma de impedir el triunfo de Chávez era prescindir de Alfaro y apoyar a Salas Römer. Había que procurar que el candidato adeco comprendiera la emergencia y renunciara voluntariamente a su aspiración. Muchos de los empeñados en la defenestración fueron los mismos gobernadores que meses atrás le habían prácticamente impuesto al partido la candidatura del entonces secretario general. A otros, sin estar en descuerdo con la propuesta, nos pareció que era obligante conversar con Alfaro y convencerlo de que aceptara una salida lo más decorosa posible. Para esos fines, fuimos comisionados Carlos Canache Mata, Ixora Rojas y yo. Esa noche, al llegar a mi casa redacté un proyecto de carta de renuncia a la candidatura para que fuera firmada por Alfaro y a la mañana siguiente lo llamé por teléfono para pedirle que se reuniera ese mismo día con Canache, Ixora y conmigo. Nos citó para las siete de la noche en el restaurante Hato Grill situado en Los Caobos, muy cerca del apartamento donde vivía. A las siete en punto estábamos allí los tres comisionados; se hicieron las ocho y Alfaro no aparecía, tampoco respondía al teléfono. Cerca de las ocho y media llegó su escolta, chofer y hombre de confianza y nos dijo que el senador Alfaro nos esperaba en su apartamento.

El hombre que encontramos sentado en una poltrona y empijamado, era un anciano de figura diminuta con la sonrisa congelada en el rostro y la mirada un poco perdida. Le explicamos el motivo de nuestra visita, yo le leí el proyecto de carta de renuncia y los tres insistimos en la necesidad de que saliera por la puerta grande, ya que el Comité Político Nacional convocado para el día siguiente, tenía el propósito y los votos para despojarlo de la candidatura. La única forma de hacerlo era mediante su expulsión del partido de manera que al quedar AD sin candidato, inscribiría a otro: Henrique Salas Römer. Alfaro nos sorprendió con respuestas que parecían las de un alucinado, alguien totalmente despegado de la realidad. Cuando le insistimos en que era inevitable que el Comité Político Nacional del día siguiente sustituyera su candidatura por la de Salas Römer, y que para hacerlo procederían a expulsarlo del partido, nos dijo algo que parecía una broma: «No les extrañe que yo mañana me reúna con Chávez en la plaza Bolívar».

De entrada no digerí lo que podía haber de cierto en aquella combinación de amenaza y burla, pero al meditarla me surgió una interrogante que mantengo viva hasta hoy cuando escribo estas líneas, trece años después de aquella escena: ¿Hubo algún acuerdo entre Alfaro y Chávez, o gente cercana a Chávez, previo al evento electoral de 1998?

Las razones para la sospecha parten de aquella negativa del candidato adeco a la que ya me he referido, para aprobar los mensajes publicitarios o cuñas que atacaban a Chávez y en cambio darle el visto bueno entusiasta a las que hacían mofa de Salas Römer. En un momento determinado, dejamos de hacerle caso al candidato y comenzamos a transmitir las cuñas contra Chávez porque teníamos razones para estar cada vez más aterrados con la posibilidad de su victoria. La cuña del hombre de las mil caras, una de las mejores que hicieron los creativos brasileños, se basaba en las diferencias entre el discurso de Chávez en sus apariciones en televisión o en actos públicos realizados en Caracas y en las principales ciudades del Interior, y lo que decía y hacía en mítines de poblaciones más pequeñas y apartadas. Verlo saltar en una tarima, como un poseído, con su gorra militar de paracaidista y un látigo en la mano que golpeaba contra el piso mientras gritaba ¡así, así le voy a dar a los adecos y a los corruptos!, era como para ponernos la carne de gallina. No tanto por el látigo como por lo de orate que había en aquellas actitudes.

Su vocación por el humor grueso, ese que se hace a costa de ridiculizar a terceras personas, ya era manifiesta en aquellos días. En un mitin de algún pueblo los organizadores, como un adelanto de lo que sería el gobierno chavista, no previeron la iluminación nocturna, Chávez, fiel a su costumbre, habló más de la cuenta y al hacerse de noche empezó a gritar: ¡Se fue la luz. Aristóbulo, ríete para saber dónde estás! Exponía así al escarnio público a su leal y luego perruno seguidor, el afrodescendiente diputado que lo había sido primero de Causa Radical, luego de Patria para Todos (PPT) y antes de eso militante de AD y del MEP.

Entonces, ¿hubo algún pacto, acuerdo o entente entre Chávez y Alfaro cuando este último asumió que era imposible evitar la elección del golpista? Lo relaciono además con la ya referida afluencia de generosos donantes, apenas veintisiete días antes de la fecha en que se elegiría al próximo presidente de la República. Aquellos banqueros y dueños de medios televisivos eran hombres de negocios cuya única ideología era precisamente hacer negocios. Y el negocio en puertas era ganar el favor del ya virtual presidente de la República, Hugo Chávez. ¿Se hizo eso sin que los interesados lo conversaran con Chávez o con sus más allegados en ese entonces como Luis Miquilena que era una especie de padre político del golpista? Y si así lo hicieron, Alfaro que era un político zamarro ¿no estaba enterado de ese acuerdo entre representantes del poder económico con el ex teniente coronel? ¿Nunca le sorprendió ese repentino impulso casi filantrópico de ricachones que hacía meses habían desaparecido del comanda adeco? Pasadas las elecciones y después del triunfo de Chávez hubo varias intervenciones de Humberto Celli en el CEN de AD, proponiendo que se investigara el destino de los fondos varias veces millonarios que según su opinión le fueron entregados al candidato Alfaro en esos últimos días de noviembre de 1998. Nunca se hizo.

Regresando a la reunión en el apartamento de Luis Alfaro, fue imposible que los tres visitantes lográramos alguna respuesta definitiva, nada que nos permitirá vaticinar cuál iba a ser la reacción de Alfaro al día siguiente en la reunión del Comité Político. ¿Iba a firmar la carta de renuncia a su candidatura? ¿Se iba a negar y entonces sería expulsado de AD y se transformaría en una víctima de la ingratitud de su propio partido? Unos minutos antes de que se iniciara la reunión del CPN y cuando todo el edificio del Comando era un hervidero de comentarios, rumores y chismes, recibí en mi oficina la visita de Corina Parisca de Machado y de la destacada profesora del IESA, Janet Kelly, ambas personas de mi aprecio, quienes iban a pedirnos en nombre de la democracia que el partido decidiera el apoyo a Henrique Salas Römer.

La reunión del Comité Político fue una de las más dramáticas que recuerdo de todas las que presencié en mi tránsito partidista. Ya estaba instalada la mesa directiva y se daba inicio a la reunión con Adelante a luchar milicianos..., el hermoso himno del partido, cuando apareció en la puerta Luis Alfaro Ucero acompañado de su hija. Ambos entraron como dos militantes de base y se sentaron en unas sillas de la cuarta o quinta fila a un lado del salón. Ni un solo aplauso para quien unos meses antes había sido proclamado candidato de Acción Democrática con los vítores de dirigentes y militantes. Más aún, para el hombre que había conducido al partido AD a un cogobierno de facto con el presidente Rafael Caldera y que había ejercido una suerte de presidencia paralela con el gran poder que el mismo Caldera le había cedido.

Me acerqué a Alfaro para saludarlo y lo mismo hizo Ixora Rojas, ambas le insistimos una vez más en que firmara la renuncia y saliera honrosamente por la puerta grande, pero esta vez fue su hija quien nos respondió que su papá no iba a renunciar y que ella venía con él para presenciar su expulsión del partido al que había pertenecido toda su vida. Todo se desenvolvió como si hubiese un guion estudiado previamente: la introducción del partido, la del secretario general Lewis Pérez explicando por qué se debía tomar una decisión dolorosa pero impostergable, luego algunos gobernadores y secretarios generales de la provincia exhortando a Alfaro a renunciar. Unos pocos, demasiado pocos, que expresaron su malestar por lo que iba a suceder y se oponían a sustituir a Alfaro por Salas Römer. Y llegó el momento de votar la expulsión en vista de la negativa de Alfaro a renunciar. Como una irónica evidencia del error garrafal que cometíamos, mientras AD decidía apoyar a Henrique Salas Römer aún se transmitían en la radio y en la TV las cuñas adecas de nuestros creativos brasileños, que se burlaban de ese aspirante presidencial valenciano y de su caballo Frijolito.

Lo que ocurrió es más que sabido, el partido Copei también prescindió de su candidata Irene Sáez para apoyar a Henrique Salas Römer. Irene inscribió rápidamente un partido con su nombre para que respaldara su candidatura y obtuvo 184.568 votos. Luis Alfaro, con el apoyo de URD y ORA, obtuvo 30.000 votos. Hugo Chávez le ganó a Salas Römer con 1.080.524 fotos de ventaja y la abstención fue del 36%.

El triunfo de Chávez era una desgracia anunciada e inevitable. Sin embargo, aquella noche en que se celebraba su victoria, primero en el Ateneo de Caracas y luego en la avenida aledaña, en medio de una multitud delirante, pensé que esa popularidad y ese fervor que lo acompañaban serían pasajeros como solía ser el apoyo a los presidentes electos: nada había más veleta que la devoción de las masas. Recordé la noche de la elección de Jaime Lusinchi en diciembre de 1983, cuando el barrio Santa Cruz del Este, cerca del cual quedaba mi apartamento, salió en pleno a celebrar al ritmo de una orquesta improvisada con ollas, pailas y pitos, la victoria del candidato adeco y el fin del errático y ruinoso gobierno copeyano de Luis Herrera Campins. No fue yo la única equivocada. Al día siguiente, muy temprano, recibí la convocatoria telefónica para la acostumbrada reunión del CEN los días lunes. A las doce estábamos sentados sin que faltara uno, los miembros del Comité Ejecutivo Nacional con unos cuantos mirones incorporados. La reunión la dirigió Lewis Pérez y la agenda tenía como único punto los resultados de la elección del día anterior. Imaginé que en ese momento comenzaba el análisis con la necesaria autocrítica por todos los errores cometidos: desde la escogencia del peor candidato posible hasta su vergonzosa defenestración amén del apoyo tardío y bastante cínico y oportunista a Henrique Salas Römer. Nada de eso ocurrió, una vez que se habló del triunfo de Chávez comenzaron las cuentas de los que podríamos hacer en el Congreso con la evidente mayoría que conformaban AD y Copei, y lo que deberíamos hacer para elegir un número importante de asambleístas, en caso de que Chávez convocara la Asamblea Constituyente que había anunciado. A esa reunión del CEN de AD se le podía haber aplicado el título de una obra de teatro venezolana muy exitosa a principios de los años setenta: Aquí no ha pasado nada.

Había pasado y seguiría pasando. En medio de una popularidad arrolladora, exacerbada por sus discursos populistas y revanchistas, Chávez tomaría posesión de la presidencia en febrero de 1999 en una ceremonia sin parangón en cuanto a irreverencia, violación de cualquier protocolo y con Fidel Castro transformado en la figura más importante de todos los invitados extranjeros que acudieron a los actos de investidura presidencial. El dictador cubano había sido recibido con bombos y platillos en la toma de posesión de Carlos Andrés Pérez, diez años antes. En aquella ocasión muchas personalidades se volcaron a retratarse con el tirano de Cuba y la prensa publicó un manifiesto de bienvenida –más bien de lamentable exaltación– con cientos de firmas de intelectuales, profesionales de distintas áreas, periodistas y artistas que hoy se sonrojan cuando ven su nombre en esa lista. La presencia de Castro esta segunda vez no fue la de un invitado especial sino la del pater familias que viene a ver cómo se porta el heredero y a dictarle patrones de conducta. En la mañana de su toma de posesión, Chávez humilló a Caldera al jurar sobre la Constitución «moribunda», una constitución que tenía como padre al anciano expresidente por ser quien presidió la comisión que la redactó. Pisoteó además las normas elementales de educación y cordura al convertir ese acto en un episodio inédito de revanchismo, exclusión, insultos y cobro de facturas. En la tarde humilló a los militares y les mostró sin tapujos cuál sería en adelante la relación con el sector de la vida nacional en el cual se había formado, al que había traicionado y gracias al cual era el presidente de Venezuela. Se vistió de militar con uniforme de gala, como si jamás hubiese sido expulsado de la institución por su intentona golpista, y logró que coroneles y generales se le cuadraran sin decir esta boca es mía.

Pero la mayor humillación primero al estamento militar y luego a todo el país democrático fue transformar en figura paradigmática del nuevo gobierno al tirano que quiso enterrar la democracia venezolana y que envió milicianos cubanos y armas para combatir con nuestras fuerzas armadas. En el exitoso empeño de liquidar la insurrección armada contra los gobiernos democráticos de Rómulo Betancourt y Raúl Leoni murieron numerosos miembros de nuestra institución armada, además de campesinos y gente del común. Treinta años después, el dictador cubano que había fracasado en su empeño de extender su régimen estalinista a Venezuela y al Chile de Salvador Allende, lograba su aspiración de colonizar a nuestro país sin disparar un tiro ni derramar una gota de sangre. Chávez le ponía a Venezuela a sus pies y a su servicio.

Pocos imaginábamos entonces que miles de cubanos vendrían a controlar aspectos claves de nuestra vida y que Cuba recibiría inmensos recursos venezolanos producto del auge petrolero, sin que la Asamblea Nacional y la Contraloría General de la República dijeran esta boca es mía. Como una triste ironía, CAP había sido enjuiciado y expulsado de la presidencia por una supuesta y nunca probada contribución de diecisiete mil dólares a la campaña electoral de Violeta Chamorro en Nicaragua. Chávez, en cambio, regalaba incontables millones de dólares a Cuba y a otros países sin que ese delito continuo hiciera mella, no solo en su permanencia en el poder, sino en su popularidad. En el discurso que pronunció en el Aula Magna de la Universidad Central de Venezuela repleta de simpatizantes, el 3 de febrero de 1999, Fidel Castro marcó las líneas maestras de lo que sería la masiva y abusiva intervención cubana en Venezuela. Hizo el autoelogio de los logros de salud pública y de la educación en Cuba y ofreció cooperar con el envío de médicos, maestros y demás servidores sociales a nuestro país, que él igualó en ese discurso con Haití y con las más deprimidas naciones de Centroamérica.

El envío de médicos cubanos, reales y supuestos, iría acompañado en los años subsiguientes por las ofensas, humillaciones y atropellos continuos a los médicos venezolanos. Por alguna razón que habría que buscar en los recovecos psíquicos de sus múltiples odios y resentimientos, Chávez demostró siempre desprecio y rechazo por los profesionales de la medicina del país y desató un acoso permanente contra las clínicas privadas. Los sueldos de hambre y el maltrato al que fueron sometidos hizo que al cabo de trece años de gobierno chavista más de cuatro mil médicos emigraran del país, entre ellos profesionales de la más alta calificación con posgrados en el extranjero. Como en el caso de los expertos y gerentes petroleros, muchos países tanto de América como de Europa, se beneficiaban de la inversión que había hecho Venezuela en formar profesionales de calidad.

El moribundo Congreso

Las calles circundantes del palacio legislativo se habían transformado en uno de los lugares más peligrosos de la ciudad, casi a diario el chavismo movilizaba turbas para hostigar a los parlamentarios de oposición. Hablar de «oposición» en aquellos días era algo exagerado porque muchos exponentes de partidos distintos del MVR –el partido que había llevado a Chávez al poder– hacían esfuerzos no siempre bien disimulados, por lograr algún encaje dentro del sector oficialista. Luis Alfonso Dávila, el presidente del Congreso, era un coronel retirado que simulaba ser un hombre de diálogo. Era amable y correcto en su trato con las personas, especialmente con las mujeres parlamentarias, tanto así que me animé a hacerle requerimientos relacionados con el funcionamiento de la Comisión de Administración y Servicios que yo presidía. Jamás cumplió sus promesas y percibí que se burlaba de mí. Era en realidad el clásico resentido que encontró en el chavismo una vía para vengar sus frustraciones profesionales durante la que pronto pasaría a llamarse la «Cuarta República». En un debate sobre los vicios y corrupciones de las cuatro décadas en que AD y Copei se alternaron el ejercicio del poder, Dávila se puso de pie para intervenir en la discusión y se explayó en los supuestos vejámenes que un personaje como Blanca Ibáñez –la entonces amante del presidente Jaime Lusinchi– habría causado a la institución armada al vestir el uniforme militar de campaña durante una jornada de auxilio a damnificados en el estado Aragua. Además, según ese discurso, eran la Ibáñez y Cecilia Matos, la compañera sentimental del presidente Carlos Andrés Pérez, quienes decidían los ascensos militares.

El senador copeyano Arístides Beaujon, quien durante los cuarenta años del bipartidismo había sido indistintamente presidente o vicepresidente de la Comisión de Defensa de la Cámara Alta, pidió la palabra y con un discurso breve hizo no solo callar a Dávila sino que su rostro palideciera. Le recordó la visita que le había hecho en su oficina de la Comisión para pedirle apoyo en el ascenso a general: «Usted, coronel Dávila, violó la ley porque esta prohíbe que los militares hagan esa clase de gestiones. Sin embargo, yo lo atendí y le dije muy claramente que usted no podía ascender porque tenía puntos negros, actos muy reprobables en su expediente. Si usted quiere, coronel Dávila, podemos hablar de esos puntos negros». Dávila permaneció sentado y en absoluto silencio sin usar su derecho a réplica. Beaujon lo había puesto en evidencia. Lo reprobable de su conducta pasada no era precisamente haber hecho *lobby* con parlamentarios para lograr su ascenso, al fin y al cabo aquella era una práctica más que común y cada aspirante se buscaba un padrino o una madrina del sector político que lo promoviera. Los hechos a que se refirió Beaujon fueron de índole delictiva y las distintas versiones sobre el carácter de los mismos no pasaron del chisme y las especulaciones, ya que Beaujon nunca nos reveló en qué consistían.

Al distribuirse las diferentes Comisiones del Senado, de acuerdo con la representación numérica de cada partido, le correspondió a AD la presidencia de la Comisión de Administración y Servicios y el CEN me eligió para presidirla. Estaba en discusión desde el período anterior el proyecto de Ley de Telecomunicaciones y al retomarlo fue necesario invitar al ministro del área que era el teniente coronel retirado Luis Reyes Reyes, y al director de Conatel, o Comisión Nacional de Telecomunicaciones, Diosdado Cabello, un teniente también retirado. El primero había participado como aviador en la asonada militar de noviembre de 1992 y Cabello junto a Chávez, en la de febrero de ese mismo año. Para aquel momento, Cabello tenía 35 años y después de su baja del ejército había estudiado ingeniería. Nos impresionó a todos por su expertica en el tema que le tocaba administrar y la propiedad de sus explicaciones y respuestas a las preguntas de los senadores. Un año después, cuando yo había renunciado al cargo de senadora y había solicitado y recibido mi jubilación, se aprobó la mencionada Ley y Diosdado Cabello fue agasajado por los empresarios del sector que reconocieron su excelente disposición a cooperar con la prestación de sus servicios. Eran otro Cabello y otro Conatel.

Un día de julio de 1999 pedí un derecho de palabra en el Senado para referirme a la manera irregular como el coronel Luis Alfonso Dávila manejaba los asuntos propios de su cargo de presidente del Congreso. Con ese motivo, la fracción oficialista movilizó una turba violenta de unas doscientas personas que gritaban improperios contra mí y esperaban mi salida del edificio para agredirme. Un teniente de la Guardia Nacional fue mi salvador, me hizo subir a un automóvil y me sugirió que me acostara en el asiento trasero, así pudimos salir por una de las puertas laterales del Capitolio sin que los violentos apostados en esa y en todas las demás puertas pudieran verme. Dos cuadras más adelante pude tomar un taxi para ir a mi casa. Al día siguiente quise manifestarle mi gratitud al teniente, cuyo nombre lamento haber olvidado, le hice llegar una torta preparada por mí. No sé si fue la torta o la noticia de su acto protector de mi humanidad lo que motivó que unos días después le aplicaran el castigo más temido por los efectivos de la GN: el traslado a una zona fronteriza en la región de Amazonas. Fue a raíz de ese incidente que decidí jubilarme, nunca me preparé para enfrentarme a la violencia física y esa era e iba a ser en el futuro la tónica del gobierno chavista. Pero antes, tengo que narrar lo ocurrido en el encuentro con Hugo Chávez.

El beso

Era inevitable, porque Chávez insistía en el tema desde su campaña electoral, la convocatoria de una Asamblea Constitucional Constituyente. Los partidos que aún eran mayoría en el Senado lograron convencer a los representantes del oficialismo de no renunciar a la iniciativa parlamentaria y preparar un proyecto de decreto para que sirviera de base a esa convocatoria. Una vez listo el texto y aprobado por la Cámara, la Comisión que trabajó en su redacción debía llevarlo a Palacio. En el grupo iban, además del presidente del Congreso, los jefes de las fracciones políticas. Yo había formado parte de la Comisión redactora, por lo que me correspondía participar en esa visita. El compromiso me resultó perturbador, Chávez tenía dos o tres semanas en la presidencia y en cada aparición pública no ahorraba epítetos para referirse a los partidos AD en primer lugar y Copei de refilón. Su insulto predilecto, ya transformado en latiguillo, era llamarnos las «cúpulas podridas». ¿Qué sucedería cuando Chávez se encontrara frente a frente con una exponente de esas cúpulas en estado de descomposición? Desde el día anterior empecé a prepararme para la humillación de extender mi mano al mandatario y que este me la dejara extendida y pasara de largo ignorando mi gesto de mínima educación.

En aquel salón miraflorino nos sentamos ante una larguísima mesa de un lado los parlamentarios y al frente los integrantes de la Comisión Presidencial Constituyente que Chávez había designado para fijar las bases de la convocatoria. Allí estaban Hermann Escarrá, Ángela Zago, Tarek William Saab, Jorge Olavarría y otros. Llevábamos sentados más de media hora con la incomodidad que representaba para los podridos sentirse en un ambiente rayano en lo hostil. Entró al fin el presidente y todos nos pusimos de pie, fue saludando uno por uno a los miembros de la Comisión Parlamentaria y al llegar a mí me estrechó la mano pero solo para halarme hacia él y estamparme un sonoro beso en la mejilla.

Yo me sonrojé y en medio de mi confusión apenas alcancé a oír a Tarek William Saab decir que ese beso era la único importante que había ocurrido aquella mañana. Quizá tenía razón porque el proyecto elaborado en muy difíciles circunstancias por la Comisión parlamentaria, sería ignorado. Al día siguiente, *El Nacional* publicó en la segunda página del primer cuerpo, la foto de un sonriente Chávez estrechándome la mano. No sé qué pasó con el beso. ¿Lo habrán censurado en la oficina de prensa de Miraflores? ¿No logró captarlo el fotógrafo? Se perdió para la posteridad esa evidencia de que en materia de besar a mujeres Chávez le echa palo a todo mogote, como decimos en criollo. Alguien le dijo que ese debe ser el saludo a las féminas y desde entonces no hay joven o vieja, fea o bonita que se le escape. Ni la reina Sofía de España. Y en cuanto a Elizabeth, la reina de Inglaterra, se salvó por un tris.

Salí de Miraflores con la impresión de que Chávez no era ese personaje fiero y cargado de odio que aparecía en la televisión con amenazas de liquidar todo lo que tuviera que ver con los cuarenta años de democracia bipartidista o «puntofijista» como prefería llamarla. Así el puntofijismo se transformó en un estigma cuando lo cierto es que fue el Pacto de Punto Fijo lo que permitió la tan admirada estabilidad democrática venezolana, además de servir de inspiración a la transición política española después de Franco y a la chilena pos Pinochet. Definitivamente, Chávez era el hombre de las mil caras como bien lo captó, en los días de la campaña electoral, nuestro creativo brasilero Hiram Pessoa de Melo.

El 27 de diciembre de 2000, cuando ya el Congreso estaba muerto y enterrado, la Asamblea Constituyente había concluido su labor y se había elegido un nuevo parlamento con el nombre de Asamblea Nacional, Analítica publicó mi artículo «El Cochinito», en el que criticaba la conducta de las fracciones de oposición, especialmente la de AD –la más numerosa a pesar de su pobreza cuantitativa comparada con los tiempos idos– al convalidar la burla que significó la elección del llamado «Poder Moral». Lo copio a continuación:

> No podía ser mejor fecha, ningunos días más apropiados que estos de aguinaldos, hallacas y parrandas para designar a los miembros del Poder Moral. A los amigos públicos del gobierno revolucionario se sumaron los amigos secretos, esos que llegaron a la Asamblea Nacional con los votos de la oposición para que hicieran oposición y ahora parten un confite con los emeverrecos a cambio de su aguinaldito. Hubo hasta un adelanto del Día de Inocentes y caye-

ron como tales los postulados y auto-postulados que no formaban parte del «paquete», nombre que los cogollos parlamentarios dieron al conjunto de acuerdos para imponer sus cuotas partidistas. Si se pudiera dar un valor en dinero contante y sonante a las horas de reunión de los parlamentarios y de la Comisión de Postulaciones, y a las palabras emitidas para argumentar en pro o en contra de los aspirantes, el que acabamos de presenciar sería el show más costoso de la historia patria. También el más burdo, porque uno va por ejemplo a ver un espectáculo del mago David Copperfield y sabe que todo lo que sucede en el escenario es truco, ilusión óptica, pero le queda el asombro del cómo lo logró. Las personas a las que desapareció en realidad no están desaparecidas, solo que uno deja de verlas. En el espectáculo de estos aprendices de taumaturgia uno sabía de antemano cuántos conejos saldrían del sombrero, de qué color sería su pelo y hasta sus nombres. Se ha dilapidado tiempo y dinero para publicitar una lotería cuando ya eran de dominio público los números ganadores.

Toda la discusión acerca de los doctorados, méritos, honradez y demás virtudes que se suponían debían adornar a los candidatos quedó resuelta de manera magistral por esa lumbrera del Foro bolivariano, ínclito diputado del MVR llamado Omar Mezza: La condición esencial era que los ungidos hubiesen visto de cerca la pobreza ya que de lo contrario carecerían de sensibilidad social. Haberlo dicho antes, así en vez de estar reuniendo papeles y sacando copias fotostáticas y esperando por constancias para llenar carpetas de credenciales, habría bastado con que cada aspirante probara en qué rancho de cuál cerro pasó la niñez, lo escaso y miserable de la dieta familiar en sus tiempos de pobreza extrema, alguna foto con sus ropas raídas y los zapatos rotos, mejor alpargatas. Es decir, como un niño de la Patria cualquiera. Eso fue lo que sacó del juego al doctor Carlos Ayala Corao, según palabras de Mezza Ramírez, el delito, la mácula de no haber sido un indigente. Visto al revés el asunto tiene una lectura muy acorde con la filosofía chavista de repudio a los ricos. El problema es que no solo están en entredicho los que ya lo son sino cualquiera que trate de serlo por medios lícitos tales como el trabajo, la inversión, la creatividad. Otra cosa son aquellos que nacieron pobres y hoy se vuelven millonarios gracias a la Quinta República como pasó en la Cuarta. Nuestro Dios revolucionario les asegura un puestico en su Olimpo particular.

A los chicos lindos de Primero Justicia, a quienes hay que reconocerles que son lo suficientemente inteligentes para entender que el papel de la oposición es oponerse, casi los despellejan. Dos enfurecidas diputadas del MVR les recriminaron que hubiesen llevado un cerdito de carne y hueso para graficar, como dicen algunos asesinos del idioma, la porquería que se estaba consumando en el recinto parlamentario. Amenazaron estas representantes del pueblo con denunciar a Julio Borges, Gerardo Blyde y demás autores del *performance*, ante la Sociedad Protectora de Animales. Lo cierto es que si el cerdito pudiera hablar debiera ser él quien protestara que se lo compare con los diputados que respaldaron con sus manos alzadas esa mojiganga. A algunos lo que les faltó fue mostrar sobre sus curules los otros cochinitos, esos de cerámica que se exhiben por estos días en cuanto lugar público existe para redondearse un resuelve. Los tenían escondidos.

Como estos son días navideños de amor y de paz, hay que tratar de buscarle su lado bueno a las peores cosas. Lo intentaremos: antes, en la Cuarta, cuando campeaba el oprobioso puntofijismo, la gente que debía acudir por cualquier causa a la Corte Suprema de Justicia, pasaba su trabajo tratando de averiguar de qué partido era el magistrado Cual para así poder llegarle y moverse con él sobre seguro. No dejaba de ser algo engorroso. En esta era de cambios revolucionarios, la transparencia es la norma de manera que ya todos, hasta el más despistado de los venezolanos está enterado del origen de cada nombramiento y a quién le debe lealtad cada uno de los coronados. Y por último, que ya no se hable más de AD La Florida y AD Los Chorros, hablemos mejor como en el pasado, de AD-Gobierno y AD-Oposición. Feliz Navidad para todos los lectores. La del Poder Moral, ya lo sabemos, será felicísima.

El 14 de ese mismo mes y año había renunciado al cargo de vicepresidenta de AD con una carta pública dirigida al presidente del partido Henry Ramos Allup y al secretario general Rafael Marín, la que transcribo:

Compañeros (los ya nombrados) me dirijo a ustedes para participarles mi decisión de renunciar al cargo de Segunda Vice-Presidenta de Acción Democrática al cual fui promovida, encontrándome ausente, por el Comité Directivo Nacional reunido en octubre del presente año. Esta decisión es producto de las reflexiones que durante los últimos meses me han provocado las actuaciones de la Dirección Nacional de nuestro Partido, que distan mucho de corresponderse con lo que es dado esperar de una organización política que se llame o pretenda ser de oposición. Los distintos procesos electorales realizados a partir del 6 de diciembre de 1998 hasta el último del 3 de diciembre de este año, han revelado que, a pesar de una considerable pérdida de apoyo popular, Acción Democrática continúa anclada en los sentimientos de muchos venezolanos. El partido ha podido sobrevivir no solo al permanente bombardeo de improperios del presidente de la República y sus acólitos sino también a sus propios errores y desviaciones. El Comité Ejecutivo Nacional que ustedes dirigen, lejos de mostrar algún propósito de enmienda, parece empeñado en repetirlos.

Esperé, para tomar esta decisión, el pronunciamiento del Consejo Nacional Electoral sobre el conflicto planteado entre lo que tristemente se ha dado por llamar «AD Los Chorros» y «AD La Florida», porque estuve y continúo convencida de que la legalidad asiste al CEN por ustedes presidido, sin embargo les consta que en repetidas oportunidades expresé mi pesar por esta absurda situación y mis deseos de agotar todas las posibilidades de entendimiento. Como este no fue posible, supuse que una decisión del CNE le permitiría a la Dirección Nacional favorecida, actuar con alguna racionalidad y con la grandeza que se espera de los triunfadores. La casi inmediata expulsión de los compañeros William Dávila Barrios y Timoteo Zambrano es una evidencia de que no existe ni lo uno ni lo otro. Más aún, las descalificaciones contra el ex gobernador de Mérida y las acusaciones de corrupción que se le hacen, con una saña que ni siquiera los adversarios del MVR han expresado, tienen que desconcertar por decir lo menos, a los miles de adecos que votaron por él porque creyeron en su gestión y la apoyaron. Oír y ver al presidente de Acción Democrática asumir la defensa del oponente, el dudoso gobernador de MVR, me ha resultado indignante. Cuestioné por considerarlo un error político, que una figura con evidente liderazgo como William Dávila, tomara partido en el conflicto interno planteado. Pero que sus propios compañeros sean los encargados de destruirlo me parece repudiable. Jamás podría compartirlo.

No solo en este caso se pone de manifiesto una insólita cooperación con el adversario que jamás ha disimulado su propósito de liquidarnos. Son numerosas y ampliamente conocidas las actuaciones en el seno de la Asamblea Nacional que desdibujan el papel de oposición que debería protagonizar nuestra fracción parlamentaria. Se ha dejado ese papel a grupos políticos con una representación mucho menos importante, para actuar de manera entreguista a cambio de unos mendrugos de poder. Una y otra vez esperé encontrar en la prensa escrita y en los programas de opinión en radio y televisión, la palabra de la máxima Dirección del Partido en torno al rocambolesco referéndum y a las raquíticas elecciones del 3 de diciembre. Me quedé esperando. No entiendo pues cómo se pretende, si es que se pretende, liderar una oposición a este seudodemocrático y por añadidura inepto gobierno, con tales conductas.

Por las razones antes expuestas les agradezco excluirme de la Dirección Nacional de Acción Democrática, espero no se les pase la mano y me excluyan también del Partido en el que quiero continuar como una militante de base, haciendo votos y los esfuerzos que me estén permitidos, para que Acción Democrática encuentre el rumbo que ahora parece perdido.

Desde entonces pasé no a la reserva sino al archivo histórico. Cuando me encontraba en diferentes lugares con personas que me decían que mi voz era importante, que hacía falta, que qué horror las parlamentarias chavistas, que ni comparación conmigo, que qué desastre de Asamblea, etcétera, etcétera, yo agradecía amablemente sus expresiones y simplemente explicaba que el país quería ver caras nuevas. Les decía también en son de chiste, que cuando chavistas y opositores se referían a la vieja política yo pensaba que estaban hablando de mí. Lo que en realidad me ocurrió y mucho antes de la llegada de Chávez, fue que cada período parlamentario me parecía más mediocre y tedioso que el anterior. La calidad del debate disminuía y se me hacía insoportable pasar horas, a veces hasta entrada la noche, sentada en mi curul escuchando sandeces. El Congreso se convirtió en una institución vergonzante; no podía decirse que en otros países la opinión pública sintiera admiración por sus parlamentarios, pero los soportaba por saberlos imprescindibles para el funcionamiento de la democracia. En otras palabras: un mal necesario. En Italia, por ejemplo, donde hubo cincuenta y dos gobiernos en los cincuenta años posteriores al fin de la Segunda Guerra Mundial y a la derrota del fascismo mussoliniano, el desprestigio de la clase política en general y de los congresantes en particular era tan marcado que se contaba el chiste de un diputado que tenía a su madre muy grave en un hospital, uno de sus seguidores políticos fue a visitarlo y lo saludó «buongiorno signore deputato». El político espantado le gritó: «No me llames diputado delante de mi mamá, la puedes matar del disgusto, ella cree que yo me gano la vida tocando piano en un burdel».

En el caso venezolano cuando Caldera primero y Chávez después llegaron al poder y dejaron entrever o anunciaron abiertamente sus propósitos de liquidar el Congreso, la mayoría de la población aplaudió entusiasta. Pocos entendían el papel de parlamento como muro de contención a los excesos y abusos que siempre son una tentación para cualquier gobierno. Lo entendieron cuando se toparon con una Asamblea Nacional absolutamente controlada por el presidente de la República, postrada a sus pies y entregada al más aberrante servilismo.

-IV-
Haber sido y ya no ser

Siempre me aterró la idea de la jubilación, ese pase a retiro que significa el ingreso en el mundo del anonimato; llamar por teléfono a cualquier oficina pública o privada, banco, empresa, sin que la palabra diputada o senadora actuara como ábrete sésamo. Me parecían patéticos esos excolegas que por equis o zeta razón no fueron reelectos y que continuaban utilizando las placas o matrículas del Congreso en sus vehículos a pesar de que la fecha estaba vencida. Es que aquellas placas aún sin validez legal, podían impresionar al policía de tránsito o abrir camino en algún lugar vedado para los mortales del común.

¿A qué podría dedicar sus horas antes laborables un político jubilado? ¿Sonaría alguna vez su teléfono que durante la etapa activa de su carrera no dejaba de repicar las más de las veces con peticiones de alguna ayuda o recomendación? ¿Tendría algún sentido seguir manteniendo un teléfono doméstico para conocimiento y uso público y otro privado para recibir llamadas exclusivamente familiares? ¿Para qué me iba a servir el celular recién comprado cuyo número había procurado mantener fuera del acceso de personas incómodas? En fin, eran interrogantes que no dejaban de producirme cierta angustia.

Lo primero que se me ocurrió fue inscribirme en una curso de computación. Hasta entonces todos mis artículos, discursos, ponencias, y cartas las redactaba con una máquina de escribir manual. La misma que, como narré antes, había utilizado durante la campaña de Piñerúa y que el candidato, ya derrotado, me regaló. Más de una vez mi fiel secretaria Itzamar Angulo había tratado de enseñarme los conocimientos básicos del uso de la computadora, pero yo le tenía miedo al ratón o mouse como si tratara de un roedor de carne y hueso. Las computadoras me inspiraban un terrible temor al fracaso. Después de ese curso muy elemental que además era colectivo, contraté a un profesor que me dio unas cuantas clases particulares. Y allí comenzó mi salvación. Mi mamá solía decir cuando alguien la llamaba por teléfono o la visitaba para contarle sus penas: «Fulanita (o) se desahogó pero me ahogó a mí». Otro tanto podrían decir quienes pasaron a ser mis destinatarios de correos: mi fiebre de emailear pasaba de los cuarenta grados, con desconocimiento de las normas mínimas del respeto a la privacidad y al tiempo ajeno cuando se usa el internet. Pero además de utilizar el ordenador, como dicen los españoles, ¿qué más podía hacer después de tantos años de actividad intensa, de levantarme de madrugada para ir a caminar al Parque del Este y luego regresar a casa, bañarme, vestirme y salir en carrera para la reunión en el partido, o una sesión de la Cámara de Diputados, o una entrevista de radio o televisión?

El teléfono ya no sonaba como antes, un empresario que me llamaba con frecuencia con la peregrina idea de que mis «influencias» lo ayudaran a conseguir contratos con despachos oficiales, me hizo saber por intermedio de un tercero que lo perdonara pero no podía llamarme más porque si acaso me estaban grabando, eso podría perjudicarlo en sus propósitos de negociar con el nuevo gobierno. Sin embargo, lo que pudiera parecer una realidad deprimente me resultó tranquilizante, empecé a conocer un tipo de paz y de reencuentro conmigo misma que me estuvo vedado por mucho tiempo. Me ayudó quizá el consejo que muchos años atrás, cuando apenas comenzaba mi carrera política, me dio Ramón J. Velásquez, el accidental sucesor presidencial de Carlos Andrés Pérez después de su defenestración: «Paulina, hay que saber distinguir entre los amigos de uno y los amigos del cargo». Siempre procuré hacerlo y me ayudó mi dificultad congénita para hacer amistades profundas. Los amigos entrañables de siempre, pocos por cierto, lo siguieron siendo. Los del cargo se esfumaron sin que me quedara una pizca de rencor o de amargura.

La repentina desafección no fue solo de individuos. Acción Democrática sufrió en carne propia el desprecio del PSOE, el partido «hermano» español que tanto apoyo y ayuda recibió de su par venezolano en los tiempos de nuestras vacas gordas. No estoy segura de que aquel flacucho, melenudo y desgarbado Felipe González, a quien conocí traído de la mano por CAP en 1981, hubiese hecho una campaña electoral tan exitosa sin la ayuda, especialmente económica, de AD. Los socialistas españoles prefirieron iniciar un coqueteo trocado luego en franca simpatía, con el seudosocialista Hugo Chávez. También la Internacional Socialista le pasó su factura a Acción Democrática de partido derrotado, más bien humillado. Entonces recordé algo que siempre decía Luis Alfaro y que a mí me parecía una manifestación de rusticismo o subdesarrollo: «yo no soy socialdemócrata, yo soy adeco». Quizá tenía razón.

El ideólogo del chavismo

Aquellos eran días en que a pesar de la inmensa popularidad del nuevo presidente, había que hacerle oposición. Poco a poco iban cayendo las máscaras y quedaba al descubierto el verdadero rostro de su proyecto político. Una de las máscaras que tardó algunos años en caer del todo fue la que ocultaba la enorme influencia que tuvo sobre Hugo Chávez, el sociólogo argentino antisemita, filonazi, revisionista, militaristas y fascista Norberto Ceresole. En los primeros meses de 1999, José Vicente Rangel, entonces canciller del nuevo gobierno, fue la figura determinante para la expulsión de Ceresole del país. Además, hizo declaraciones hasta exageradas y por supuesto hipócritas, de un ferviente projudaísmo. Trataba de proteger al naciente caudillo de toda sospecha de racismo antisemita. Durante el segundo gobierno de Rafael Caldera, las autoridades advertidas de la presencia de Ceresole en Venezuela, lo habían expulsado por primera vez.

Quienes quieran constatar hoy de qué manera influenció Ceresole a Chávez, no solo en su repudio al Estado de Israel y a los judíos en general, sino en su hermanamiento con autócratas del mundo árabe y con personajes de la catadura de Sadam Hussein antes y de Mahmud Ahmadinejad de Irán, Assad de Siria y Muamar Gadafi de Libia, después, apenas tiene que repasar los escritos del nefasto personaje condensados en su tesis «Caudillo, Ejército, Pueblo», localizables en cualquier buscador de internet. Para agregar piedras al pesado fardo de seguidor de ideologías extremas y colocadas al margen de las leyes nacionales e internacionales, Chávez no espero que pasaran muchos días desde su toma de posesión para enviar una carta de antología al terrorista venezolano Carlos Ilich Ramírez Sánchez (a) «El Chacal», condenado a cadena perpetua en Francia:

Miraflores, 03 de marzo de 1999

Distinguido Compatriota:
Nadando en las profundidades de su carta solidaria pude auscultar un poco los pensamientos y los sentimientos, es que todo tiene su tiempo: de amontonar piedras o de lanzarlas... de dar calor a la revolución o de ignorarla; de avanzar dialécticamente uniendo lo

que deba unirse entre las clases en pugna o propiciando el enfrentamiento entre las mismas, según la tesis de Iván Ilich Ulianov. Tiempo de poder luchar por ideales y tiempo de no poder sino valorar la propia lucha... Tiempo de oportunidad, del fino olfato y del instinto al acecho para alcanzar el momento psicológico propicio en que Ariadna, investida de leyes, teja el hilo que permita salir del laberinto.

El Libertador Simón Bolívar, cuya teoría y praxis informan la doctrina que fundamenta nuestra revolución, en esfíngica invocación a Dios dejó caer esta frase preludial de su desaparición física: ¡Cómo podré salir yo de este laberinto...! La frase, de contenido tácito y recogida por su médico de cabecera, el francés Alejandro Próspero Reverend en sus *Memorias*, es llama profunda de iluminación del camino que seguimos.

Otro francés, Alejandro Dumas, finaliza su obra *El Conde de Montecristo* con esta frase de Jesús: «La vida de los hombres está cifrada en dos palabras: confiar y esperar», induciendo a pensar que al final de la batalla aparecerá algún Supremo alguien que, investido de sabiduría como el Abate Faría inspiró el camino de salida, envuelto en nuevas síntesis revolucionarias en aproximación al Dios que cada uno lleva en su corazón.

Digamos con Bolívar que el tiempo hará prodigios solo en cuanto mantengamos rectitud de espíritu y en cuanto observemos esas relaciones necesarias que se derivan de la naturaleza de las cosas. La humanidad es una sola y no hay magnitud espacio-tiempo que detenga el pensamiento del héroe caraqueño. Digamos con él:

Yo siento que la energía de mi alma se eleva, se ensancha y se iguala siempre a la magnitud de los peligros. Mi médico me ha dicho que mi alma necesita alimentarse de peligros para conservar mi juicio, de manera que al crearme Dios permitió esta tempestuosa revolución para que yo pudiera vivir ocupado en mi destino especial. Con profunda fe en la causa y la misión, ¡por ahora y para siempre!

Hugo Chávez Frías.

Los medios de comunicación chavistas fueron multiplicando las manifestaciones francamente antijudías en programas de opinión, artículos y caricaturas. Los más emblemáticos por su agresividad y abiertas posturas de índole nazifascista, fueron los de Vladimir Acosta y Cristina González en la Radio Nacional de Venezuela, La Hojilla en la televisora del Estado, Venezolana de Televisión, conducida por el escatológico Mario Silva. «Los Papeles de Mandinga» en ese mismo canal y también medio impreso, cuyo responsable, Alberto Nolia, fue jefe de redacción del diario *El Nuevo País* del editor Rafael Poleo, hoy autoexiliado de Venezuela, y en esa misma época un desvergonzado lamesuelas de Blanca Ibáñez, la secretaria privada y compañera sentimental de Jaime Lusinchi. El diario *VEA* dirigido por el comunista estalinista Guillermo García Ponce y medios electrónicos como Aporrea. Chávez se mantenía, aparentemente al margen de esas posturas y nunca mencionaba –en sus discursos y cadenas– a Israel o a los judíos. El trabajo sucio lo hacían los subalternos.

El 28 de noviembre de 2004 ocurrió el allanamiento policial al Colegio Hebraica de Caracas, con el aparente fin de encontrar armas o indicios relacionados con el atentado terrorista que causó la muerte del fiscal Danilo Anderson, el 18 de ese mismo mes. Mientras la opinión pública expresaba su repudio al hecho ocurrido en horas de la mañana cuando los niños desde el preescolar hasta la secundaria llegaban a su colegio y ante la avalancha de protestas nacionales e internacionales, el gobierno se sintió acorralado. Jamás ofreció disculpas o alguna explicación pero el entonces canciller Alí Rodríguez Araque citó para una reunión privada a dirigentes de la comunidad judía venezolana. Les reveló que dos exobreros de Hebraica habían denunciado la existencia de armas en el sitio, probablemente como venganza por sus despidos.

Casi al unísono, dirigentes del chavismo silvestre que se agrupa en movimientos armados, violentos y anarcoides como los Tupamaros y La Piedrita, de la parroquia 23 de Enero de Caracas, acusaban al servicio secreto israelí Mossad de estar implicado en el asesinato del fiscal Anderson. Es menester señalar que desde 2002 hasta la fecha, el Mossad ha sido responsabilizado por el chavismo oficialista, por el mediático y por la banda de los loros y repetidores de consignas, de participar en todas las conspiraciones reales o ficticias que hayan podido intentarse en contra del gobierno de Chávez. El fracaso rotundo de las mismas deja muy mal parada a la que históricamente ha sido una de las organizaciones más eficientes en el mundo de los servicios policiales secretos.

En los primeros meses de 2006, ante el incremento de las posturas antijudías en la mayor parte de los medios oficialistas, escribí para *El Nacional*, de Caracas, el artículo *Chávez, La Hojilla y los Judíos*.

La pregunta más frecuente que desde hace años me hacen judíos venezolanos y de otras nacionalidades es: ¿Fuiste política y nunca te atacaron por ser judía? Hago memoria y recuerdo apenas tres casos desde que nací en Caracas, parroquia San José, de San Ramón a Crucecita, hace ya unos cuantos años. Primero fue una vecina y compañera de juegos infantiles cuando tenía siete u ocho años: cada vez que peleábamos por algo me gritaba ¡Judía! Su hermano, dos o tres años mayor, me acusó en una navidad de haber matado a Cristo. Como no recordaba haber matado a nadie le pregunté a mi mamá, y me dijo que esa era una acusación de los antisemitas y que por eso los nazis estaban matando judíos en Europa: aún no terminaba la Segunda Guerra Mundial. Al día siguiente el hermano de mi amiga quiso venir a jugar a mi casa como si nada hubiera ocurrido, lo eché, nunca más le hablé y aprendí desde esa edad a defender mi condición judía, siempre con la cabeza en alto. No me ayudó mi padre que –temeroso por lo que ocurría en Europa– realizaba casi en secreto las ceremonias del *shabat* (sábado) y otras festividades religiosas: la empleada doméstica era enviada a hacer cualquier diligencia para que ni viera ni oyera. Me ayudó mi escuela, la Experimental Venezuela, una cátedra abierta de libertad y tolerancia en la que los niños judíos, los hijos de comunistas, de ateos, o de padres que no querían que se les impartieran enseñanzas religiosas, podíamos reunirnos y usar ese tiempo leyendo en la biblioteca.

La segunda afrenta vino de un alto dirigente de mi partido, Acción Democrática, quien opuesto a que ingresara al Comité Ejecutivo Nacional, reunió a los delegados electores y les dijo que yo era sionista. Me causó hilaridad más que rabia, cuando muchos se acercaron a mí para contarme que mis adversarios me estaban acusando de algo raro que sonaba como comunista. Gané limpiamente la elección e ingresé al CEN de AD en 1982. La tercera ocurrió en un debate en la Cámara de Diputados sobre la ley antitabaco. Desde la tribuna de oradores dije que el proyecto tenía visos fascistoides y uno de sus promotores, un parlamentario de mi partido por quien siempre tuve especial estima, comentó en su curul «qué sabrá esa judía de fascismo». Al bajar del pódium me le acerqué y le dije que si había un grupo humano que sabía más que ningún otro lo que era fascismo, éramos precisamente los judíos y no los ignorantes antisemitas como él. Jamás volví a saludarlo. Es muy probable que decenas o centenares de veces otros hubiesen expresado lo mismo para descargar su molestia con mis posturas políticas, pero al menos no me enteré.

¿A qué viene este introito? Empezaré por reconocer que en sus siete años de incontenible verborrea, en la que el presidente Chávez no ha dejado títere con cabeza, jamás se ha referido a los judíos o al Estado de Israel ni para bien ni para mal. ¿Acaso será que el presidente –a diferencia de la mayoría de las personas que padecen prejuicios antisemitas– sabe realmente quiénes son y cómo son los judíos? Para la generalidad, incluso para quienes son simplemente ignorantes, los judíos somos una especie de sociedad secreta, un grupo cerrado que responde a los mismos patrones físicos, culturales, éticos y económicos. Los judíos tienen las narices largas y encorvadas, son todos ricos, avaros, no confiables, no se sienten ciudadanos de ningún país y por tanto no son leales. Constituyen una especie de mafia internacional y dominan al mundo porque son los dueños de la prensa, de las grandes productoras cinematográficas, de la banca, del capital y de todo lo que signifique poder. Es difícil hacer entender a esas personas que los judíos podemos ser blancos o negros, decentes o indecentes, honestos o corruptos, pobres o ricos, dignos o execrables, inteligentes o brutos, feos o hermosos como todos los demás seres humanos. Y sobre todo, que cada uno es responsable de sus propios actos y estos no pueden imputarse al colectivo al que ese individuo pertenece. ¿Que nos ayudamos y nos sentimos unidos por un espíritu de solidaridad? Por supuesto, faltaría que no fuera así después de todo lo que nos ha ocurrido a lo largo de milenios.

Podría parecer una incógnita lo que piensas el presidente Chávez de los judíos si no fuera por lo que dicen y hacen sus acólitos, en un régimen en el que ninguno de ellos se atreve a emitir una sílaba si no está seguro de contar con la anuencia del Jefe Máximo. Los medios oficialistas tales como «VEA», «Aporrea», pero mucho peor: la Radio Nacional de Venezuela, Venezolana de Televisión (VTV) y más recientemente TELESUR, transmiten con sospechosa regularidad programas y opiniones francamente antijudíos aunque algunos pretendan cubrirse con el velo del antiisraelismo o propalestinismo. Se han distribuido panfletos y se han pintados grafitis con esvásticas y lemas antijudíos en sinagogas de Caracas y otros lugares. La institucionalidad comunitaria judía ha protestado ante las autoridades nacionales de acuerdo con la gravedad de cada situación. La tapa del frasco (por ahora) ha sido el programa «La Hojilla» transmitido el jueves 5 de enero por el canal oficial, y conducido por Mario Silva y Lina Ron. El mismo fue destinado en su totalidad a cuestionar a Jonathan Jacubowicz, el joven realizador venezolano de la película *Secuestro Express*. ¿Dije venezolano? Craso error: para Silva y Ron, Jonathan es un judío que cometió afrentas contra la institución armada del país; además, su película según Silva, no fue adquirida por Miramax en los EE.UU. porque a sus dueños les gustara sino porque los judíos se ayudan entre ellos, y Miramax es de dos judíos, los hermanos Weinstein. Lina Ron vuelve a la carga para asombrarse porque la CAIV (Confederación de Asociaciones Israelitas de Venezuela) permite que gente como J.J. enlode a nuestra patria, y critica que el semanario *Nuevo Mundo Israelita* al reseñar la citada película, «le falte el respeto al país diciendo que Caracas es una ciudad de contrastes, un submundo de diferencias...». Silva se refirió después al Holocausto diciendo que si bien perecieron seis millones de judíos y eso fue injusto, nadie hablaba de los 50 millones de rusos que murieron en la Segunda Guerra Mundial, porque la idea es de hablar solo del Holocausto, lo demás es «monte y culebra» (*sic*). Debo añadir que la carga de odio antisemita de quienes hicieron llamadas telefónicas al programa, fue de tono aún más elevado.

En su alocución del 24 de diciembre último en un albergue llamado «El Manantial de los Sueños» el presidente Chávez se refirió a las riquezas hoy concentradas en manos de los descendientes de quienes asesinaron a Jesús; pero dijo además y en otro contexto, que su rutina diaria de televisión era ver *La Hojilla* y como no siempre le daba tiempo, se lo grababan y lo veía aunque fuera una parte. Es de suponer, por consiguiente, que ese programa en el que se concentra la forma más chabacana y degradante de hacer política, goza de la simpatía y aprobación presidenciales. Las preguntas entonces deben ir dirigidas al presidente y no a segundones: ¿usted que ha ido por el mundo lamentándose del racismo de la oposición venezolana, sabe que el odio antijudío es una de las formas más abominables de racismo? ¿En la revolución bolivariana los judíos venezolanos son iguales a las demás personas de la misma nacionalidad o son ciudadanos de segunda clase? ¿Es factible dentro del socialismo del siglo XXI, que los judíos venezolanos puedan pensar, disentir, opinar, escribir, ser cineastas y hasta intervenir en política? ¿Acepta usted que los judíos que nacimos, vivimos, estudiamos y trabajamos en Venezuela, que tenemos nietos nacidos en este país y nuestros muertos enterrados en esta tierra, continuemos viviendo aquí sin tener que arrodillarnos? Y por último, esto con los de *La Hojilla*: ¿si en vez de ser judío Jonathan Jacubowicz hubiese sido negro, con cuáles argumentos lo habrían atacado?

La fobia antiisraelí de Chávez fue apareciendo en la misma medida en que se incrementaba su relación con el «hermano» Mahmud Ahmedinejad, presidente Irán. El destape ocurrió durante la llamada Segunda Guerra del Líbano que desató el movimiento terrorista Hezbolá contra Israel. El gobierno venezolano convocó manifestaciones y marchas con empleados públicos para que protestaran contra Israel. Varias diputadas chavistas viajaron a Damasco para ofrecer solidaridad a las mujeres libanesas. Chávez hizo otro tanto para reunirse con el presidente Assad de Siria y luego con Ahmedinejad de Irán. Y para coronar esa explosión de filoarabismo o antiisraelismo, hizo salir de Venezuela al embajador de Israel, a quien declaró persona no grata y ordenó que el representante diplomático de Venezuela en Tel Aviv regresara a Caracas.

Un año después, en enero de 2007, al estallar el conflicto de Gaza, Chávez ordenó la expulsión del embajador de Israel y de todo el personal diplomático y consular de ese país. Se produjo la ruptura de todo tipo de relación debido a la intervención del régimen venezolano en un conflicto no solo antiguo sino geográficamente lejano. Chávez sobrepasó así a los países árabes vinculados por naturaleza e historia con el enfrentamiento: ni Egipto ni Jordania llegaron al extremo de una ruptura diplomática. El odio antiisraelí llegó a su clímax en un acto público dentro de la Mezquita de Caracas, encabezado por el canciller (de origen judío) Nicolás Maduro. Todos los altos funcionarios chavistas se ataviaron con el pañuelo característico del movimiento terrorista palestino Hamás.

No por casualidad en esos mismos días (31 de enero de 2009) ocurrió el asalto y profanación de objetos sagrados en la Sinagoga Tiferet Israel, templo de la comunidad sefardita ubicado en la zona de Maripérez, en Caracas. Ese acto de barbarie antisemita provocó una airada reacción en la opinión pública venezolana y de distintas organizaciones internacionales, además de la solidaridad con la comunidad judía expresada por las representaciones diplomáticas en Venezuela, de varios países de Europa.

Hizbollah, Hamás, El Chacal, Sadar, Hussein, FARC, ELN, ETA, Gadafi, Ahmadinejad ha sido la combinación explosiva de los mejores amigos de Chávez sin olvidar al padrecito Fidel Castro –el ídolo– y a los dictadores africanos y exsoviéticos que se han atornillado al poder por décadas. Algo que quizá los psiquiatras podrían dilucidar es qué pasó en la infancia de Hugo Chávez para que desarrollara esa vocación anómala que no reconoce reglas y más bien violenta aquellas que son de general acatamiento. Su conducta habitual ha sido colocarse siempre en el borde que separa el comportamiento socialmente aceptado del delictivo o cuando menos, políticamente incorrecto. Quizás sea una manera de ser narcisista: si no puedes llamar la atención por tus virtudes, logros y saberes entonces te transformas en el niño malo de la película.

Un periodista alemán desnuda a Chávez

En el año 2002, después del sainete que fue la salida de Chávez del poder, su renuncia y el retorno triunfal, estuvo en Caracas el periodista alemán Von Ryner Luken, del diario DIE ZEIT (El Tiempo) de Hamburgo, quien publicó el siguiente relato de su pasantía por Venezuela: Dossier 43/2002 «El Narciso de Caracas». Venezuela, el quinto país exportador de petróleo del mundo, está gobernado por un excéntrico. El presidente Hugo Chávez se tutea con el Papa, permite disparar contra los opositores de su régimen y dirige su propio show televisivo. Escrito por von Reiner Luyken. Coautora: Eurídice Ledezma.

> El palacio del presidente venezolano está situado en una colina sobre el centro de la ciudad de Caracas. El edificio del mandatario lleva el bello nombre de Miraflores... En las paredes del Salón de los Espejos cuelgan retratos más grandes que la realidad del héroe nacional, Simón Bolívar. El presidente está sentado frente a una mesa profusamente decorada, sus piernas ligeramente dobladas, una pose como las de los retratos de los reyes en el siglo XIX. Su mirada se concentra en una cámara colocada delante de la mesa. Lleva puesta una chaqueta de trabajo con las insignias de una empresa de acero. Ya está de nuevo en pantalla, el presidente Hugo Chávez Frías. Un avanzado teniente coronel que pasó de golpista

a jefe de Estado elegido y autodenominado revolucionario. Hace pocos minutos se presentó en la pantalla con su propio programa televisivo ante su pueblo como suele hacerlo casi siempre en domingo. El programa se llama «Aló Presidente». Chávez funge de moderador, director y entretenedor único en una mezcolanza de clases de Biblia, enseñanza política, respuestas a llamadas telefónicas y chistes populares, que dura seis horas. Aló Presidente juega un papel tan importante en la política venezolana como las reuniones de Gabinete y los debates en la Asamblea Nacional. A menudo los ministros escuchan por primera vez en estas entregas televisivas los nuevos propósitos del presidente. En el programa del 7 de abril de este año despidió al presidente de la empresa nacional PDVSA. Como un juez beisbolero mencionó uno tras otros los nombres de los directores, pitando y diciendo «Tú estás fuera».

La revista intelectual inglesa *Prospect* llamó a este jefe de Estado inconvencional «mezcla ecléctica de thatcherismo con ideología castrista, «un vivaz marxista majadero y un *showman* postmoderno». El vigoroso Chávez no es el jefe de una república bananera. Venezuela es el quinto productor del petróleo mundial. Especialmente los EE.UU. dependen del petróleo venezolano. Mucho más ahora, antes de una posible guerra contra Irak. Por lo tanto PDVSA es mucho más que una gran empresa. Allí descansa también el poder del presidente.

Desde su elección en el año 1998, Chávez se ha dedicado especialmente a jugarse con las relaciones hacia Estado Unidos. Es el único jefe de Estado que ha visitado a Sadam Hussein desde la Guerra del Golfo en 1991. Estrechó lazos con Irán y Libia. Se hizo amigo de Castro y le envía petróleo barato a Cuba, en la OPEP, cuyas cuotas habían sido sobrepasadas rutinariamente con anterioridad por su país consiguió elevar el precio internacional con medidas de contención estrictas.

Además, cerró el espacio aéreo para los aviones norteamericanos que querían perseguir a los mercaderes colombianos de la droga en cielo venezolano. Despidió a la misión militar norteamericana de Caracas. Y coronó la historia de sus provocaciones en New York donde había sido invitado como huésped de honor a un almuerzo con banqueros y financistas en el hotel Waldorf Astoria. Bill Rhodes, el más importante vocero del Citigroup para América Latina estaba sentado a su lado. A pesar de que trataba una y otra vez de comenzar una conversación con él, Chávez se las ingenió para hablar con todos y cada uno, especialmente los mesoneros y las mesoneras, excepto con su vecino. Esto lo consagró como héroe popular en América Latina donde la reputación de USA no es buena.

El presidente se presenta ante su pueblo con un chaquetón de trabajo.

Cerca de la entrada del Salón de los Espejos está un monitor con el cuadro que los televidentes reciben. Ellos no ven nada del lujo principesco de los sillones dorados y los cuadros, solo reciben la imagen del presidente en su chaquetón de trabajo. Y a veces, a la ministro de Información que está sentada a su lado. ¡Cómo lo idolatra! Como una fanática. Esta mujer de mediana edad sonríe gustosa con cada broma que él hace, a veces casi devotamente. El presidente la premia poniendo cariñosamente su mano izquierda sobre el antebrazo de la ministra. La mano izquierda con la que escribe, toma café, gesticula... La derecha la utiliza solo en los actos sociales para saludar. La voz de Chávez es sonora y agradable. Habla tranquilo e interminablemente. ¿Qué puede decir un presidente durante seis horas? Cada vez, cuenta de nuevo las anécdotas de la vida de Bolívar.

En la segunda mitad del siglo XIX, Bolívar, el héroe maltratado, se convirtió en culto del nacionalismo venezolano. Las plazas principales de casi todas las ciudades y la moneda llevan su nombre, Venezuela se llama ahora República Bolivariana y supuestamente se encuentra en medio de una «revolución bolivariana», un librito azul con el formato de la biblia de Mao, con cuyo contenido se justifica toda declaración.

Los opositores del régimen sostienen que el concepto «bolivariano» está vacío de contenido y «es solo una coartada emocional para tapar la falta de un programa político». En vez de un movimiento político el presidente lo que ha hecho es un culto a su personalidad. Chávez ha hecho del Estado su botín, dicen los críticos: «Él cree que lo que es bueno para él es bueno para Venezuela».

Los chavistas, sus más fieles seguidores, aseguran en cambio, que la Revolución sirve para «crear conciencia y pensamientos bolivarianos». Que la revolución bolivariana busca la paz y la libertad, no en una democracia representativa, sino «participativa y protagónica» Para lograr esto se han organizado las masas revolucionarias desde hace medio año en círculos bolivarianos. Algunos de estos están armados.

En 1988, el 56% por ciento de los electores votó por Chávez. Muchos ciudadanos creían que emprendería la lucha contra la criminalidad. Él lo había prometido. Obreros e izquierdistas votaron por él porque creyeron en su retórica socialista revolucionaria. En vez de eso el porcentaje a su favor se ha reducido al 30 o 35 por ciento. La oposición se extiende desde la asociación de empresarios hasta los sindicatos de trabajadores, desde la Iglesia católica hasta los grupos de las juventudes comunistas. El 11 de abril de ese año marcharon cientos de miles de opositores al régimen para una gran manifestación, en el palacio presidencial. Tiradores dispararon desde los techos de dos hoteles y de edificaciones públicas a la multitud. 17 personas murieron, cientos fueron heridos. Chávez ordenó la salida de tanques de guerra. Pero los generales simpatizantes de la oposición no obedecieron su orden. Chávez aceptó salir de Miraflores. Los generales lo enviaron preso a la isla de La Orchila en el Caribe. Dos días más tarde Chávez estaba de nuevo en el poder. Militares fieles a él lo trajeron de vuelta. Chávez aseguraba ahora que de ocho a diez millones de personas –el doble de la población de Caracas– marcharon a Miraflores para salvar la revolución.

A fines de la semana pasada la oposición volvió a movilizarse. Se considera que un millón de manifestantes exigieron la renuncia inmediata del presidente, mientras al mismo tiempo un grupo grande de seguidores de Chávez celebraba a su ídolo. Aquí se presentó Chávez ante sus seguidores con una boina roja, símbolo de la revolución bolivariana.

Chávez denomina a sus opositores escuálidos y sus adeptos atacan continuamente a los periódicos y los canales televisivos que critican a su régimen. Los chavistas han tomado los alrededores de la plaza Bolívar como si fuese exclusivamente de su propiedad hasta el punto de que nadie más se atreve a acercarse a ella.

Hugo Chávez sabe cómo atraer hacia si a periodistas extranjeros. El antiguo redactor del *Guardian*, Richard Gott, escribió una biografía de Chávez y calificó a su revolución como una «experimento singular» que «podía erigirse en orientador del futuro de América Latina». Jon Lee Anderson, reportero estrella de la revista *The New Yorker*, presentó al jefe de Estado como un idealista realizado. Ahora se encuentra una hermosísima reportera de la estación árabe de la televisión Al-Yazeera en el Salón de los Espejos del palacio presidencial y lo alababa embrujada: «él tiene una personalidad extraordinaria».

Se dejan engañar los corresponsables por el encanto de su fascismo disfrazado de revolución social porque quieren ver en Chávez un precursor valiente en la lucha contra la globalización y el neoliberalismo. O simplemente no pueden sustraerse de su irradiación, como sospechaba una periodista local.

Herma Marksman conoce esta sensación. Ella fue su amante durante 9 años. El *affaire* comenzó el 17 de abril de 1984. Ella puede recordar exactamente el día... En una fiesta casa de una amiga... «Nos entretuvimos. Hablando sobre política... Más tarde, al anochecer recitó poesías y cantó. Chávez no es un gran cantante pero no se inhibe de hacerlo cada vez que se le ofrece una oportunidad y frente a cualquier público... Ella se enamoró apasionadamente de él en ese mismo lugar...

Unos dos años antes de este romance Chávez había creado una célula secreta con otros oficiales. El 17 de diciembre de 1982 juraron no detenerse hasta romper las cadenas... En 1992 Chávez y sus compañeros del juramento trataron de tumbar el sistema de gobierno existente. Tuvieron éxito en la provincia, pero en Caracas, donde Chávez dirigía la rebelión, fallaron. Los golpistas estuvieron presos dos años. Antes de ser apresado, Chávez logró, en un corto discurso televisado, pasar de Mister Nobody a ser figura principal de la política venezolana. Se responsabilizó por el golpe y prometió: «se presentarán nuevas oportunidades. Nos espera un futuro mejor»... En 32 segundos se convirtió en el héroe popular.

Herma Marksman le dijo una vez, «quien es endiosado como tú, se vuelve vano y maníaco», él le contestó: «no te preocupes, tengo mis pies sobre la tierra». Eso fue en 1992. Un año después empezó ella a darse cuenta de sus primeros cambios. Chávez se había vuelto impaciente, intolerante y autoritario. En ese año rompió su relación con él.: «... Esa fue la época en que comenzó a creer que él era un elegido».

–¿De Dios?

«No, no de Dios. Yo nunca vi en él ni un ápice de religiosidad. No, más bien de la historia. Una vez me dijo que él provenía de una vida de vasallaje en el pasado. Él cree en eso al pie de la letra. Y agrega: Hoy pienso que está enfermo. Quizá desde hace tiempo tenga esa enfermedad en estado latente. Siempre fue un hombre necesitado de mucho afecto. Sin embargo, una vez me dijo «cuando alguien significa mucho para mí tengo miedo de que voy a destruirlo».

La psiquiatra María Josefina Bustamante sostiene que Chávez presenta una deformación narcisista de personalidad. Busca constantemente aprobación y ha perdido todo sentido de la proporción y de las normas que regulan las relaciones entre semejantes. Durante su visita el presidente ruso Putin le hizo una demostración de un salto de karate. Trató de besar a la reina Sofía de España y de abrazar al emperador japonés Akihito. Al Papa le colocó su brazo sobre el hombro como si se tratase de un viejo amigo. Tutea a cada uno, no importa quien sea.

Sí, obviamente –dice también el doctor Edmundo Chirinos– que el hombre es un narciso. Ya ha sucedido que Chávez hable sin parar desde la seis de la mañana hasta la medianoche sin interrupción. Es extremadamente extrovertido y bastante excéntrico. Además, obsesivo. –¿Pero es un psicópata? No, él es un político. –¿Acaso no lo son todos? pregunta sonriendo Chirinos. Su terapista piensa que Chávez se quedó en la pubertad. Chirinos se proclama «consejero de Chávez en situaciones psíquicas críticas». La sala de espera de su clínica para enfermedades psicoterapéuticas y neurológicas está decorada de manera cursi, como una selva. El agua cae sobre peldaños de piedra. Un león de madera y un perro de porcelana están colocados sobre plantas parásitas. El doctor es un hombre pequeño de pelo pintado y peinado cuidadosamente sobre su calva. Nos cuenta que al comienzo, cuando el recién elegido presidente sufría de contracciones nerviosas, él lo ayudó a controlarlas con ejercicios de relajación y de respiración. Últimamente aconsejó al presidente cuando su segundo matrimonio fracasó. En el fondo dice el doctor Chirinos, Chávez es un hombre que quedó atascado en la pubertad, tiene el «síndrome del adolescente». En su infancia le faltó la figura paterna. Chávez nació en 1954, hijo de una pareja de maestros pobres en el pequeño pueblo de Sabaneta... El niño, hasta los once años vivió con su abuela. El psiquiatra piensa que su complejo de Edipo lo tuvo con ella. Su relación con la madre fue siempre mala. Una vez, siendo ya adulto, dejó de hablar con ella por años después de una discusión. A los 17 años entró en el ejército. Está muy influenciado por el ejército, dice Chirinos. No sabe sino comunicarse jerárquicamente con otras personas. Chirinos no puede imaginarse que Chávez crea en una ideología importante. «Él no es un intelectual. Pero sabe engañar maravillosamente a la gente. Ellos creen que es muy leído. En realidad se ha aprendido de memoria una o dos páginas de todo tipo de libros y hace como si conociera a los autores profundamente. En realidad siempre ha pensado solo en el poder. Él ama el poder más que a todo lo demás. Está poseído por él».

–¿Hasta ser despiadado con los demás? –Sí, hasta eso. –Pero, ¿usted lo estima a pesar de eso? –No como presidente, el poder lo ha vuelto autoritario y totalmente prendado de sí mismo. –¿Y como persona? –Así, sí, me gusta mucho como persona, a pesar de sus defectos. Me gusta su espontaneidad. Fíjese, todos los presidentes y candidatos a elecciones acarician a los niños. Se trata siempre de actos hipócritas. Pero en él es auténtico. En eso radica su popularidad. En ese plano es absolutamente honesto. Esta espontaneidad tiene también que ver con un plano de su subconsciente, su necesidad de afecto. El da amor para obtener amor».

¿Es amor paternal el que ahora mueve al presidente a mostrar ante la cámara de televisión, en el Salón de los Espejos, un dibujo de su hija Rosinés de cuatro años? El colorido cuadro «una casa bellísima, en el que viven solo animales». «Es un arca de Noé». Él sigue con un lápiz las líneas circulares del dibujo fantasioso infantil. «Así de bello como es este domicilio –explica luego– debe ser toda Caracas. Ya comenzó a serlo».

A los televidentes en sus hogares se les muestran las fachadas de brillantes colores de las casas del Barrio 24 de Julio. Una amarilla, roja la otra, verde claro la tercera. Una realización de su Plan Reviva para el saneamiento de las barriadas. ¡Qué lindas están estas casas ahora! dice. «Como la pintura de Rosinés». Si uno viaja al lugar y observa las casas, no puede sino constatar que solo los lados delanteros fueron arreglados y pintados. En la parte de atrás todo quedó igual. Pura escenografía.

Luego Chávez muestra cuadros y estadísticas. Los resultados «de mi trabajo día y noche con mis expertos económicos demuestran los adelantos alcanzados», les explica. Una afirmación que se contradice con los datos más actuales. De acuerdo con la prensa venezolana el producto nacional bruto en los últimos seis meses ha bajado un 7%. El desempleo está por el 20%. Hay un 24% de inflación. Cada punto de inflación implica que 20.000 hombres caen en pobreza crítica, en la que vive ya un 80%, Cada 52 minutos es asesinado alguien en alguna región de Venezuela, 10.000 personas al año. En la costa del otro lado del Ávila, donde ocurrió un deslave que enterró valles y ciudades, se puede estudiar en su forma más deprimente el caos cotidiano. En Carmen de Uria, uno de los lugares más golpeados, viven todavía unas 150 familias en casas derrumbadas. Nadie sabe cuántos muertos están enterrados bajo el fango. No hay agua potable. En cada época de lluvia se renueva la amenaza de una catástrofe. Las mujeres se arrastran como sombras por las destrozadas callejuelas. Los hombres se quedan sentados en casas inhabitables y se emborrachan con aguardiente que toman por whisky. Esta es pues la economía revolucionaria.

Las ideas de Chávez relacionadas con la política económica provienen de un hombre que se llama Jorge Giordani, quien estudió primero técnica de la comunicación y luego –en los 60– se graduó de planificador económico en el pueblo inglés de Guilford. Además, a edad avanzada y por puro idealismo, se hizo profesor universitario y durante diez años fue el gurú de Chávez, por lo cual pudo llegar a ser ministro de Economía y Desarrollo en Venezuela. Giordani convirtió el Ministerio en un laboratorio en el cual científicos excéntricos probaban planes utópicos.

Chávez estaba fascinado. Llamaba a Giordani constantemente tanto a las tres de la mañana como a las seis. El comandante no duerme más de tres horas y espera también de sus colaboradores que trabajen sin descanso. Pero la lealtad no descansa en la reciprocidad. En mayo de este año dejó caer a Giordani. El expulsado no ha oído una palabra del presidente desde entonces. Se ha quedado en su casa demasiado golpeado mientras sigue rumiando acerca de planificación bolivariana.

El ambiente caldeado con sus viejos amigos favorece que haya cada vez más enemigos en su propio círculo, que no esperan sino la oportunidad de quitarle el poder. Un observador informado sostiene que Chávez utiliza 95% de su tiempo en descubrir y enfrentar intrigas. De los pocos fieles en los que todavía puede confiar se cuenta el anciano García Ponce, jefe de los Círculos Bolivarianos en Venezuela. Donde sea que Chávez aparece en público está García Ponce. Cada vez que Chávez fanfarronea políticamente, García Ponce está a su lado.

Entre los indiscutibles fieles se encuentra también el joven alcalde del centro de la ciudad –Freddy Bernal– donde está ubicado Miraflores. Un diplomático extranjero lo considera un «*killer*, un auténtico *killer*» (matón). Su oficina está custodiada por cuatro guardias uniformados de negro que con su presencia quedarían bien en una película de terror futurista.

Los adeptos a Chávez siguen siendo fieles a él. Los hechos de corrupción no los irritan, ni siquiera el de haber adquirido un Airbus que, en medio de la crisis económica, costó 65 millones de dólares. Él usa ahora el avión principalmente para visitar a su amante que vive en la provincia. Pero los pobres y dolientes de todo el país creen que nadie fuera de Chávez podría mitigar sus necesidades. De todas partes vienen a buscarlo donde quiera que Chávez deba presentarse. Durante largas horas esperan bajo el fuerte sol de la zona ecuatorial inválidos, enfermos, en silla de ruedas, y ciegos de la mano de sus acompañantes. Todos quieren entregarle al presidente cartas y documentos. Un pálido estudiante de anteojos de cristales como fondos de botella, asegura a todos que solo puede salvarlo de la ceguera una cirugía de los ojos en Cuba. El presidente debe ayudarlo: «esto está estipulado en la constitución bolivariana». Cuando se le pregunta si él había escuchado a alguien que de verdad había sido ayudado por Chávez, respondió muy bajito: «no». «Yo creo en Chavez» (en castellano en el original). Este es el eslogan de los chavistas. Pero luego no aparece el ofrendador. Ayudantes recogen las cartas y documentos y los solicitantes se retiran lentamente. La gente de las barriadas se aferra a Chávez como a una promesa. Los barrios están marcados por escaleras empinadas, calles angostas y grises cloacas, con casas de ladrillos crudos y techos de zinc que se multiplican en las laderas del monte Ávila alrededor de Caracas. Crecieron sobre terrenos ocupados ilegalmente. Los habitantes creen que solo Chávez decretará la expropiación de sus antiguos dueños.

Y está también Lina Ron, una luchadora callejera empedernida que burlonamente se autodenomina «la cara más fea de la revolución» y que persigue por sí sola a los criminales cuando ve amenazado el orden. Una mujer a la que nadie se atreve a oponerse abiertamente. Fuma como un camionero. Corre tan rápido a través de la ciudad que casi es imposible seguirla y hala tras ella a una tropa de hombres que la obedecen ciegamente.

Su cuartel general es una antigua casa de citas convertida en búnker, en el centro de la ciudad. Si se le pregunta qué es lo que fascinó de Chávez, contesta apasionadamente: «Él es generoso y humano. Él es amigo de los buenos. Él ha profundizado el proceso revolucionario y nuestra revolución. Él es puro en palabras y límpido en hechos. Él ama a los débiles y es valeroso frente a los malvados».

Probablemente su adoración proviene más bien de que solo bajo el mando de Chávez ha tenido la libertad de marcar su distrito en la espesura de la capital como una leona. Dos hombres de su entorno dicen después, cuando la jefa está a suficiente distancia como para no poder oír: «Nosotros infiltramos la revolución. Nosotros planificamos una revolución dentro de la revolución. Esto solo camina con sacrificios de sangre. Por ella nos entrenamos cada día. Tenemos bombas, pistolas, granadas, radios y fusiles.

En el Salón de los Espejos del palacio presidencial ha llegado el programa a un punto crucial. De pronto se descubre que una mujer está a la espera de una respuesta en el teléfono desde hace media hora. «Aló, amor» dice el presidente. «Espero que no estés en una casilla telefónica. ¿Estás sentada? ¿Te ha traído alguien una taza de café? ¿Estás en tu casa, amor? Chávez sonríe a la cámara. Sus ojos brillan juguetonamente. Tan natural, tan juvenil. Luego mueve sus hombros y se echa a reír a carcajadas.

Solo en los tres o cuatro cortos descansos, cuando una maquilladora retoca su bronceada tez, nos encontramos de pronto con Hugo Chávez muy diferente ante la cámara apagada. Un hombre extraño, con rasgos gélidos, tan fríos como si alguien le hubiese apagado una luz interna. Un hombre que la gente allá afuera en el país no llega a ver.

Mientras tanto ya son las cuatro de la tarde. ¿Quién está viendo todavía la televisión? La estadística de los que ven la estación estatal está por el 5%. Ahora llama una mujer joven de España que le comunica la creación de dos Círculos Bolivarianos allá: «Siempre vemos Aló Presidente», dice. «Todo el mundo ve Aló Presidente». Chávez alardea, medio en serio que el régimen de Pekín le pidió que aprendiera chino para que los chinos pudiesen ver su programa. Su amigo Fidel Castro ve todos sus programas, como todo buen revolucionario. Una magnífica ocasión para llegar al próximo tema: el Che Guevara. La ministra de Información asiente muy seria, mientras habla de las enseñanzas que hay que sacar del asesinato de este gran revolucionario, cuyo aniversario se cumple justamente ahora. Del Che regresa de nuevo a Bolívar, y de Bolívar a él –Chávez– y al golpe de los oligarcas contra su Revolución. La cámara sigue prendida.

Después del golpe de abril la gente de Chávez sospechó de los EE.UU., como en su momento cuando se trató del golpe de Estado contra el presidente chileno Allende. Se dice que se avistó un barco de guerra americano en las costas venezolanas en la hora crucial. El mismo Chávez declaró que mientras se encontraba en la isla del Caribe donde estuvo preso dos días, vio un avión norteamericano. Solamente puede especularse acerca de una colaboración activa. Cuando alguien le sugirió a un diplomático americano en Caracas que esta vez se habían dejado agarrar in fraganti, se sonrió sin negar el cargo. Presumiblemente hubo una ayuda secreta que conduce a Otto Reich, un político de origen cubano que el presidente George Bush eligió como jefe del Departamento para Latinoamérica del Ministerio de Relaciones Exteriores. A decir verdad, el Departamento de Estado se dio cuenta muy pronto que estar cerca de los golpistas le produciría más daños que beneficios. Excepto Colombia, Perú y Ecuador todo los demás países suramericanos denunciaron el golpe de Estado.

El gobierno norteamericano se retrajo. Se le exigió a la embajada que previniera a la oposición de no tomar el poder por la fuerza. El exembajador Reich fue retirado de una delegación que viajaría a Venezuela. Por otro lado, Chávez también cayó en cuenta de que con la ayuda de Washington puede mantenerse más fácilmente en el poder. Cada vez se oyen menos peroratas antinorteamericanas de él. En julio Venezuela produjo más petróleo que en los meses anteriores y sobrepasó por primera vez desde hace años su cuota de OPEP. El ministro de Minas prometió seguir aumentando la producción de acuerdo con los sucesos relacionados con Irak en el cercano Oriente. Como los lumpen en la obra de Bertolt Brecht, Bush y Chávez se sientan ahora en la misma mesa. Es obvio que el petróleo y el poder son más importantes que la libertad y la democracia.

-V-
Tiempo de marchas e ilusiones

La oposición venezolana fue objeto de las más duras críticas desde el comienzo del gobierno de Chávez, con la particularidad de que la mayor parte de los cuestionamientos provenían de su propio seno. Hablar mal del gobierno es un deporte universal, pero hablar mal de la oposición es un deporte no sé si inventado, pero sin duda perfeccionado al máximo por los opositores del régimen de Hugo Chávez. ¿Quiénes eran o hacían la oposición en los primeros años del régimen? La sociedad civil, es decir todo lo que no tuviera relación con los partidos políticos que fueron arrinconados por las circunstancias. El éxito del movimiento de madres que se llamó «Con mis hijos no te metas» logró, en marzo del 2001, que el gobierno retrocediera en sus propósitos de ideologizar la educación primaria. Hubo burlas a las señoras «sifrinas» que supuestamente hacían sus protestas con bolsos de Louis Vuitton y otros atuendos de marcas de lujo, pero fue realmente el primer y más efectivo asomo de rebeldía frente al proyecto totalitario de la llamada revolución bolivariana y más tarde socialismo del siglo XXI. Fue un movimiento exitoso hasta el punto de frenar los primeros intentos de estatizar la educación de los niños venezolanos para encajonarla en el ideario todavía confuso del chavismo.

De ahí en adelante la sociedad civil: periodistas de televisión y de otros medios, figuras de la farándula y personas que destacaron en distintos campos profesionales con excepción absoluta de la política partidista, tomó las riendas de la protesta ciudadana. Las manifestaciones públicas fueron creciendo en obligación moral pero también al estilo venezolano, una fiesta. Los oradores –al concluir la caminata– solían ser figuras como las ya anotadas. La vieja política que incluía a sus rostros más visibles, se había convertido en un insulto que servía por igual a oficialistas y opositores. Aquellas marchas y concentraciones eran un bonche. Los vendedores de toda clase de bebidas, comidas y baratijas colmaban las calles. Había además un atuendo marchístico que consistía en gorras, zapatos, camisetas pins, banderas, banderines y otros objetos alegóricos a la postura antigubernamental de quienes lo lucían. Gracias a este delirio marchístico de los opositores del régimen, surgió una profesión muy original, la de marchólogo. Los periodistas que tenían programas de opinión en diferentes radios no dejaban de invitar a su marchólogo predilecto para preguntarle cuántas personas habían asistido a la marcha de la oposición versus la marcha oficialista. El marchólogo hacía entonces un despliegue de sus conocimientos matemáticos multiplicando y dividiendo metros cuadrados por número de asistentes. La presencia de personas de piel oscura y con aspecto de pobres llenaba de entusiasmo a los marchistas y a sus comentadores porque daba una señal de que los seguidores de Chávez «lo estaban abandonando».

Fue en medio de la ilusión de poder acabar con el régimen de Chávez a fuerza de marchas que se produjo la más monumental de todas el 11 de abril de 2002. Chávez acababa de despedir a toda la plana gerencial de Petróleos de Venezuela (PDVSA) durante una cadena radio televisiva y utilizando un pito de manera burlona y humillante, para anunciar a cada uno de los despidos. El 8 de abril viajé con unas amigas a Chicago y Nueva York con el propósito de visitar algunos museos de historia y cultura judía y tomar ideas para crear uno en Caracas. Viajamos en el avión privado de una de ellas. El 11 de abril, ya en Nueva York, el grupo estuvo en permanente contacto con familiares de Caracas para conocer el desenlace de la marcha de la oposición. Fuimos conmovidos por la cantidad de muertos y heridos de ese día, tanto que esa noche ninguna disfrutó de la obra de teatro que habíamos ido a ver en Broadway. Pasadas las 10 de la noche fuimos a cenar a un restaurante italiano bastante concurrido y cerca de las 11.30 el esposo de una de las viajeras le informó por teléfono sin mayores detalles, la renuncia de Chávez. Pedimos champaña y celebramos cantando el himno nacional ante el asombro de los demás comensales.

Al día siguiente, el último de nuestro viaje, mis amigas salieron para concluir las visitas a museos y yo me quedé en la habitación del hotel porque entre las emociones del día anterior y una gripe acompañada de una tos inclemente, no había pegado un ojo en toda la noche. Pude ver en la televisión la extraña juramentación de Pedro Carmona como presidente sustituto de Chávez y luego una entrevista a Carlos Andrés Pérez. Encendí después la radio buscando una emisora que tuviera música suave para poder dormir. Apareció de pronto un diálogo en un español lleno de obscenidades por una parte y su traducción a un inglés muy pobre por la otra, que mencioné en el artículo Interruptus publicado en *El Nacional* de Caracas, ya de regreso en esta ciudad:

Hace años, solía contar un chiste con ubicación en Bolivia, pero hubiese podido ser en cualquier otro país latinoamericano de la época: había llegado a La Paz una afamada soprano para hacer la Violeta de *La Traviata*. Concluido el primer acto, se presentó en el camerino de la cantante un edecán del presidente de la República y le manifestó que este, muy emocionado por su actuación, la invitaba al palco presidencial. Hasta allá fue la diva fue para recibir elogios y flores. Regresó al camerino justo para salir de nuevo a escena. Al final del segundo acto, llegó otro edecán y le expresó lo mismo, el presidente deseaba felicitarla en su palco. –Caramba, me parece excesivo, si acabo de estar allí –dijo la soprano, a lo que el edecán respondió: ¡Pero es que este es otro presidente! Venezuela era entonces una de las pocas democracias estables en el continente hispano-luso parlante y éramos hasta arrogantes en nuestro orgullo por esa suerte. Después de lo vivido por los venezolanos en las 48 horas que mediaron entre el 11 y el 13 de abril últimos, jamás volveré a ofender con ese chiste a ningún otro país.

Viajé a Nueva York días antes del paro general. Era pesimista con los resultados del mismo, me parecía una prueba de resistencia en la que el gobierno tenía todas las de ganar. Cualquier teléfono a mi alcance era usado para saber qué estaba pasando. El jueves 11, en horas de la noche, mi hija me informó la magnitud inédita de la marcha en apoyo a PDVSA y su trágico final. Muertos y heridos por balas disparadas a mansalva, entre estos últimos una amiga suya; cierre de los canales de televisión comercial. ¡Chávez está caído!, sentencié, ante el escepticismo de las amigas venezolanas que me acompañaban. Esa misma noche, ya bastante tarde se confirmó mi vaticinio. Pronunciamientos militares, renuncia de Chávez y un gobierno de transición presidido por Pedro Carmona. ¡Como si me hubieran oído! Ese fue siempre mi candidato: hombre serio, culto, ponderado, honorable, con experiencia gerencial.

Noche en vela, llamaba y llamaba a Caracas para oír la versión de cada miembro de mi familia y de cada amigo a quien creía enterado. Decidí, ya a las 9 de la mañana del viernes, dormir aunque fuera una hora. Quise buscar una música suave en la radio y como si la casualidad fuera más bien brujería, en la primera emisora que sintonicé estaban entrevistando a un tal Jesús «Chucho» García, chavista que hablaba un farragoso español, traducido por alguien que apenas garrapateaba el inglés. Dijo que Chávez no había renunciado, que había sido una coñoemadrada (*sic*) de la burguesía urdida por Carlos Andrés Pérez y Godgiven Hair (Diosdado Cabello). Que los militares leales a Chávez y los círculos bolivarianos se estaban organizando para el contragolpe. Me reí del asunto y lo comenté burlonamente por la noche durante la cena, a las compañeras de viaje. Imposible dormir esa mañana, más teléfonos para enterarme de los atropellos contra parlamentarios y ministros chavistas y del asedio a la embajada de Cuba. ¡Dios mío, en qué clase de demencia habíamos caído! ¿Es que sobre Miraflores pesa algún maleficio que hace enloquecer hasta a los hombres más sensatos? Pesa, porque el sábado temprano, cuando hacía maletas para regresar a Caracas, presencié en un canal de televisión mexicano, aquel adefesio de auto investidura y aquel público extraño: por ninguna parte la CTV, ni los Partidos, ni la sociedad civil. Ya en Caracas viví el resto: Carmona fue obligado a renunciar, se juramentó Diosdado, regresó Chávez. Diosdado le devolvió el coroto. Habló Chávez, era otro presidente. Volvió a hablar el domingo 14 por la tarde ante los paracaidistas en Maracay y era entonces el mismo de antes del 11 de abril. Dio una rueda de prensa el lunes 15 y ya no era el mismo presidente de la madrugada ni el de la tarde del domingo. Muertos, heridos, destrucción, saqueos por doquier, caos tolerado por el gobierno, botín para los defensores de la revolución. ¿A cuál presidente atribuirlos? ¿Señor del cielo, por fin, quién es el presidente de este país?

La volteada de la tortilla

Lo ocurrido en esos días de abril fue, sin duda, un quiebre de nuestras ilusiones. Con mi inveterada costumbre de evadirme de los acontecimientos que me angustian y que no está en mis manos resolver, me negué a seguir alguna de las transmisiones de televisión sobre la investigación de los hechos por parte de la Asamblea Nacional. Era una manera de autoprotegerme de un infarto causado por la indignación de ver cómo los asesinos pasaban a ser héroes y viceversa. La vocación del régimen por la impunidad del crimen había permitido que un atracador y asesino, exconvicto por el asalto a la casa de una anciana a la que luego asesinó, fuese electo concejal del Municipio Libertador. Ese mismo sujeto fue filmado y fotografiado mientras disparaba contra los pacíficos manifestantes de oposición que marchaban hacia el Palacio de Miraflores, el premio fue presentarlo más tarde como candidato a concejal por el partido de gobierno al Concejo Metropolitano y resultó electo nuevamente. Los acusados y encarcelados por el asesinato de 17 personas y las heridas a más de 30, fueron los jefes y funcionarios policiales que trataron de proteger a los manifestantes y evitar el acto genocida. En esos días escribí para *El Nacional* el artículo: «Mi verdad, tu verdad, su verdad».

Cuántos días hace que empezó el maratón parlamentario que, se supone, pretende descubrir la verdad de lo sucedido en el país entre el 11 y el 14 de abril? ¿Diez, quince? Pareciera que han transcurridos meses, quizá, porque cada una de las interpelaciones toma horas que parecen semanas. La primera, probablemente la única verdad que todos los habitantes de este país podríamos admitir de manera unánime, es la resistencia, la capacidad más infinita, estoica de los interpelados. Cinco, diez, quince horas obligados a permanecer sentados frente a los diputados y frente a millones de televidentes, muchos no se han levantado ni para hacer pipí y, y en ciertos casos, no se han llevado ni un vaso de agua a la boca. Con los parlamentarios la cosa es diferente: se mueven por el recinto, salen, fuman, comen, hablan entre sí, leen periódicos o revistas, llegan y se retiran cuando quieren y algunos, como el inefable comunicador estrella del régimen, Juan Barreto, violan la norma elemental de urbanismo que obliga a no hurgar con los dedos dentro de las fosas nasales y mucho menos tomar el producto de esa exploración para hacer bolitas. ¡Asco!

Del resto, la verdad o verdades dependen de dónde esté ubicado políticamente cada televidente: Si es con el oficialismo, aquí hubo una conspiración fascista que condujo al derrocamiento (golpe de Estado) del presidente Chávez. Si es contra Chávez, los militares de alta graduación que, de una u otra manera se desmarcaron del teniente coronel HCHF antes o a raíz de los sucesos del 11-4-02, no dieron ningún golpe, había un vacío de poder, por renuncia del susodicho. Por añadidura, fue la masacre practicada por francotiradores oficialistas, la orden presidencial de activar el Plan Ávila y la movilización de los Círculos Bolivarianos, lo que motivó sus actuaciones.

En medio de estos dos extremos, están personas que no practican ni un antichavismo feroz ni un chavismo fanático. A las primeras podríamos llamarlas simplemente no chavistas y a las otras, chavistas con capacidad autocrítica. Cualquiera de los dos grupos, precisamente por no ser dogmáticos ni estar cegados por la rabia, podrían coincidir en las mismas dudas: 1ª ¿Por qué tanto empeño en acusar de conspiradores y de golpistas, a los civiles y militares que participaron en la salida de Chávez? Para decirlo más coloquialmente, ¿cuál es el rollo con dar un golpe, después de haber conspirado? Si partimos del supuesto de que no todos los venezolanos somos menores de diez años de edad y que tampoco sufrimos de Alzheimer colectivo, estos acusadores o inquisidores deberían ser menos insistentes en el tema. ¿Acaso no fue una conspiración pensada, preparada y planificada durante una década lo que llevó a Chávez y compañía a dar un golpe militar el 4 de febrero de 1992? ¿Era menos constitucional y legítimo el gobierno de CAP que lo que fue el gobierno de Chávez hasta la noche del 11 de abril último? Chávez ha pretendido marcar diferencias, con el argumento de que en aquella ocasión nadie salió a defender al gobierno de CAP ¿Salió acaso el pueblo a darle apoyo a los golpistas? En absoluto, si no hubiese sido por el discurso de Caldera (que justificaba el golpe) ni Aristóbulo se hubiera devuelto rapidito desdiciéndose de sus palabras condenatorias pronunciadas previamente ni Chávez hubiese llegado a presidente. Caldera tampoco. Por añadidura, otro golpe provocó la muerte de decenas de personas (militares y civiles) destrucción de edificaciones públicas y de otros bienes nacionales. ¿Cuántos muertos o heridos y cuánta destrucción provocó el golpe del 11 de abril?

2º Los Círculos Bolivarianos. Vamos a dar como cierto lo que dice el oficialismo: Que no son grupos armados ni brigadas de choque ni malandros, sino organizaciones de base destinadas a elevar el nivel sociocultural de las comunidades. Pero es que estos Círculos tienen varias páginas web (la tiene, incluso, uno que funciona en Nueva York) en las que puede leerse cómo se les adoctrina en términos de revolución chavista. Y, por si no fuera suficiente, Chávez y Diosdado no se cansan de repetir que los tales Círculos son los defensores de su gobierno. ¡No prohíbe expresamente la Constitución Bolivariana, esa que el presidente llama «La Bicha», el financiamiento de partidos u organizaciones políticas con dineros públicos? ¿Entonces, cómo es que con nuestros dineros, con nuestros IVA, IDB y otros impuestos se financia la ideologización, manutención y movilización de esos Círculos? ¿No se llama esto clientelismo del más descarado? ¿No es malversación, es decir, corrupción a secas, destinar partidas presupuestarias para crearlos, mantenerlos y movilizarlos? Si nos centráramos en estas dos dudas sin tratar de ir más allá en cuestiones más complejas, hoy los venezolanos de la parte del medio, los que apenas quieren saber qué pasó, tendrían una idea más clara sobre algunas cosas. La masacre del 11-4 y los abusos, tropelías y saqueos de los días subsiguientes, deben quedar para la Comisión de la Verdad Verdadera, porque en esta del Parlamento poco se acuerdan de esos hechos, han terminado por ser un asunto marginal.

En ese tiempo yo tenía un chofer absoluta y abiertamente chavista cuyo tío, militante de la misma tolda, fue uno de los muertos de ese trágico 11 de abril. Estaba en la manifestación de apoyo a Chávez y hubo gente que disparó contra esos manifestantes. Es muy probable que nunca logremos saber qué ocurrió realmente ese día. Gente afecta al gobierno disparó contra la marcha multitudinaria de la oposición para impedirle avanzar hacia el palacio presidencial, pero también hubo personas que dispararon contra los chavistas que pretendían minimizar el impacto de esa marcha. El gobierno calificó lo ocurrido el 11 de abril como un «golpe de Estado» y la dirigencia opositora se plegó de inmediato a esa versión dejando a un lado el argumento de la renuncia que había sido revelada de manera pública por el general en jefe Lucas Rincón, en la madrugada del 12 de abril:

Los miembros del Alto Mando Militar de la República Bolivariana de Venezuela deploran los lamentables acontecimientos sucedidos en la ciudad capital en el día de ayer. Ante tales hechos, se le solicitó al señor pesidente de la República la renuncia de su cargo, la cual aceptó. Los integrantes del Alto Mando ponen sus cargos a la orden los cuales entregaremos a los oficiales que sean designados por las nuevas autoridades.

¿Cuánto de mala conciencia de la dirigencia opositora hubo en esa aceptación tácita de la versión oficialista? Los demócratas reprochando un supuesto golpe contra el golpista mayor y este acusando de golpistas a sus opositores. Nadie quería ser señalado como golpista y sin embargo todos o casi todos conocían del plan o planes para sacar a Chávez del gobierno. El 11 de abril el expresidente de la Asamblea Constituyente y exmentor de Chávez, Luis Miquilena, el líder empresarial Pedro Carmona Estanga, el presidente de la Confederación de Trabajadores de Venezuela (CTV) Carlos Ortega y varios dirigentes políticos, eran huéspedes del magnate Gustavo Cisneros en su canal de televisión, «Venevisión» y desde allí seguían las incidencias de la marcha opositora. Supuestamente, Miquilena había concertado a un grupo de parlamentarios chavistas para que «saltaran la talanquera» y junto a la bancada opositora hacer la mayoría reglamentaria para darle forma constitucional a la eventual salida de Chávez. Por su parte, Pedro Carmona Estanga cocinaba su propio plan con jefes militares, a espaldas del Comando opositor del cual formaba parte. Pocos dieron importancia a lo escrito por Jorge Olavarría, otro chavista arrepentido, en su columna de *El Nacional*, inmediatamente posterior a los acontecimientos del 11, 12 y 13 de abril de 2002. Narraba Olavarría que el 10 de abril llegaron a su casa Isaac Pérez Recao y José Gregorio Vásquez López con un proyecto de decreto que entraría en vigencia a la salida de Chávez, y él –Olavarría– les hizo ver las incongruencias e inconstitucionalidad del mismo. ¿Cómo podría saber alguien el 10 de abril lo que iba a ocurrir al día siguiente? El entonces joven abogado José Gregorio Vásquez López es hijo de Gladys López de Vásquez, viceministra de la Secretaría de la Presidencia en el primer gobierno de CAP y siempre ligada a su entorno y al de Cecilia Matos. Otro de los supuestos implicados en el frustrado «golpe» y obligado a huir del país, fue Daniel Romero, secretario privado de CAP en su segundo gobierno.

Un amigo que había trabajado en el grupo de asistentes del Ministerio de la Secretaría de la Presidencia en el segundo gobierno de CAP, me contó que en el mes de diciembre de 2001 recibió una llamada telefónica de quien había sido una alta funcionaria en ese gobierno y vinculada al grupo Cisneros desde la salida de CAP. La llamada tenía por objeto invitarlo a formar parte de un equipo que diseñaría las estrategias del gobierno que sustituiría a Chávez una vez derrotado. Mi amigo le preguntó cuál sería la remuneración y agregó que había pasado algunos años con graves problemas económicos y que solo a fines de 1999 había empezado a trabajar con una empresa trasnacional que contrataba con el gobierno de Chávez. Cualquier otra actividad, más aún si era política, lo obligaba a renunciar a ese trabajo. La exfuncionaria le respondió que no había remuneración pero que tendría un cargo importante en el gobierno que seguiría al del defenestrado Chávez. Mi amigo le replicó que él era un padre de familia y necesitaba tener ingresos, no podía darse el lujo de trabajar ad honorem. Y allí concluyó el contacto.

Si a esa cantidad de «proyectos» civiles agregamos la comedia de enredos de los militares peleándose por las posiciones, podremos tener entonces una idea aproximada del por qué el batiburrillo que fue la renuncia de Chávez y su resurrección a las 48 horas, una vergüenza de dimensión universal.

La participación de Gustavo Cisneros en este sainete me obliga a recordar sus esfuerzos frustrados por ganarse el favor de Chávez (por ejemplo, su visita a La Casona, con el cantante Julio Iglesias. Coincidió esa visita con una cena en honor del primer ministro chino Gian-Zeming, en la que este, Iglesias y por supuesto Chávez terminaron cantando rancheras. Algunos medios reseñaron después del golpe del 11-A, Chávez llamó a La Casona a varias personas y le confesó a una de ellas que estaba pensando llevar a juicio a Cisneros por rebelión militar. Sus palabras fueron: «Estoy seguro de que Carmona es un producto de Cisneros y de hecho, antes de que fuera a Fuerte Tiuna para hablar con los militares alzados, había asistido a una reunión en Venevisión». Reunión en la que –según Chávez– había otros empresarios y que, según el propio presidente, fue interrumpida por dos llamadas del entonces secretario adjunto de Estados Unidos para América Latina, Otto Reich. El presidente Chávez dijo conocer esos detalles porque habían logrado infiltrar el dispositivo de seguridad del empresario.

Cisneros y Venevisión

Gustavo Cisneros había sido un amigo «entrañable» de Acción Democrática en honor a la amistad que había unido a su padre Diego Cisneros con Rómulo Betancourt. Cada 13 de septiembre las festividades aniversarias del Partido del Pueblo comenzaban con un opíparo desayuno en la sede de Venevisión, presidido por el dueño del Canal –Gustavo Cisneros–, su hermano Ricardo y por la plana mayor de la empresa. Después de los tradicionales discursos con halagos a la dirigencia adeca, esta era conducida a un estudio donde entre codazos y empujones por los puestos más cercanos al presidente del Partido,

Gonzalo Barrios (que eran los más «ponchados» por las cámaras) los miembros del CEN y algunos colados de rigor se sentaban en unas gradillas colocadas especialmente para la grabación del mensaje aniversario. El mismo era transmitido por Venevisión en horario estelar y retransmitido por los otros canales comerciales. El 13 de septiembre de 1999, cuando Hugo Chávez tenía casi siete meses en el poder, fue bastante problemático coordinar la grabación del mensaje ya que en el canal respondían con evasivas. Al final dieron el Sí y los dirigentes de AD acudimos al desayuno y posterior grabación. Esta vez no había salón comedor ni Cisneros, ni directivos ni discursos. Apenas un huidizo Carlos Bardasano, gerente del Canal, que nos saludó casi de pasada. El buffet consistió en unos croissants fríos y de factura mediocre, jugos industriales, refrescos y café de termo, todo servido en platos y vasos de cartón. Sencillamente nos echaron de comer y el mensaje fue transmitido a media noche. De amigos del alma pero sobre todo del bolsillo, pasamos a ser amigos incómodos.

De fiasco en fiasco

La oposición venezolana, acusada de todas las ineptitudes puede exhibir el mérito de no haberse amilanado ante ninguna de las adversidades. A pesar de las consecutivas derrotas electorales y de la depresión colectiva que provocó el retorno de Chávez el 13 de abril de 2002, continuamos sin crecer pero también sin decrecer. El país ha estado, desde la llegada de Chávez al poder, partido en dos mitades irreconciliables. La mejor representación de la Venezuela que nació en 1999 ocurrió el día 11 de abril de 2002 cuando los canales de televisión comerciales decidieron contrarrestar la cadena ordenada por el gobierno y difundir al mismo tiempo los sucesos de Puente Llaguno, es decir a los francotiradores chavistas disparando contra la multitud. Los televidentes vieron las pantallas de sus televisores partidas a la mitad con escenas contrastantes: en una el gobierno pretendía hacer creer que había calma total y en la otra se veían los muertos y heridos además del pánico que sembraron los disparos a mansalva. Desde entonces el país ha sido una pantalla de televisión partida en dos: los chavistas solo ven la mitad que les agrada en los canales estatales (cuyo número ha *in crescendo*) y creen ciegamente todo lo que desde allí se les dice. Lo mismo ocurre pero en sentido contrario con los opositores que ven el único canal crítico que queda en el país: Globovisión.

El debilitamiento extremo de los partidos políticos tradicionales provocó la entrada en escena de una cantidad de dirigentes políticos improvisados en su mayoría procedentes de la farándula y de los medios de comunicación, pero también de sectores sin experiencia en las lides políticas. Así se gestó el fracaso tremendo que significó el paro petrolero de diciembre de 2002 y enero de 2003. Fue tan terrible que permitió la desaparición de una semidemocracia y el surgimiento de un gobierno totalitario porque copó la totalidad de las instituciones para manejar la vida del país a su antojo. El grave error que significó –y continúa significando– creer que la sociedad civil es capaz de sustituir a las organizaciones políticas, se evidenció cuando dos líderes de sus respectivos sectores: Carlos Ortega, presidente de la Confederación de Trabajadores de Venezuela (CTV), y Carlos Fernández, presidente de Fedecámaras, la institución representativa de los empresarios, fueron arrastrados por la presión de esa sociedad civil a prolongar indefinidamente un paro que debía durar solo 72 horas. Así quedó también demostrado que un verdadero líder es aquel que asume sus responsabilidades y elige lo sensato por encima de lo popular.

El desastre estaba allí ante nuestra narices y éramos incapaces de verlo. El transporte no se sumó al paro, lo que significó que los pobladores de Caracas y otras grandes ciudades podían trasladarse de un lugar a otro sin problemas. Los automovilistas, negados a prescindir de sus vehículos, se proveían de gasolina en las estaciones de servicio del oeste de Caracas, zona chavista, donde todo funcionaba como esa otra mitad de la pantalla del televisor. Allí había normalidad absoluta y muchos habitantes del este comenzaron a visitar aquella zona para obtener alimentos y distintas mercancías. Los más radicales decretaban boicots contra los restaurantes, cafetería y demás negocios que no se habían sumado al paro, pero estos siempre estaban llenos de clientes. En esos días perdí mi costumbre de caminar cada mañana a las 6 en el Parque del Este porque no podía gastar gasolina. Me quedaba despierta hasta las 2 o 3 de la madrugada pegada a la computadora haciendo lo que hemos hecho la mayoría de los opositores en estos largos años de pesadilla chavista: enviarnos mensajes para convencernos a nosotros mismos de lo que ya estamos más que convencidos. Gracias a esta manera tan sui generis de sumarme al «paro» terminé con unos cuantos kilos añadidos a los ya existentes y con las rodillas dañadas por el peso y el prolongado sedentarismo.

En medio de aquella calma chicha todos saltábamos alborozados cuando ocurría algo que en circunstancias normales debía alarmarnos: ¡se hundió un barco petrolero, qué maravilla, se incendió otro, qué suerte! Parecía cosas de locos. Pero ningunos de esos disparates alcanzó el nivel de las bailoterapias en la autopista Francisco de Miranda que une a Caracas de extremo a extremo. Mi marido y yo viajamos a Miami en los primeros días de enero de 2003 y participamos en una marcha en la Calle 8, en la que la comunidad cubana apoyaba a los venezolanos en su lucha. Tiempo atrás me molestaba mucho que algún cubano me advirtiera lo que nos esperaba con Chávez, comparándolo con Fidel Castro. No había dejado de sentirme incómoda por esos comentarios que creía una exageración, pero a medida que pasaba el tiempo la molestia era menor. Fue conmovedor ese apoyo del exilio cubano con una marcha muy concurrida a pesar del inusual frío de ese día. Pero por la noche, cuando pude ver en la televisión a las muchachas de la oposición batiendo las caderas a ritmo de salsas y merengues, en el acampado de la autopista Francisco de Miranda de Caracas, se me cayó la cara de vergüenza. Los cubanos exiliados aportando toda su solidaridad al «hambriento y sediento pueblo huelguista de Venezuela» y ese pueblo dedicado a la rochela y al bochinche de los tiempos normales.

El paro, como era de esperarse y aunque no quisiéramos verlo, terminó en fracaso rotundo y liquidó de paso los liderazgos de los dos Carlos: Ortega y Fernández, además de aplastar el prestigio de los líderes del sector petrolero que arrastraron al país a esa locura. Veinte mil trabajadores de Petróleos de Venezuela, desde gerentes del más alto nivel hasta obreros, fueron arrojados de sus puestos de trabajo y despojados de prestaciones sociales y de otros beneficios de ley. Fue el más terrible crimen de carácter laboral que se haya cometido en toda la historia del país. Nadie contabilizó luego la cantidad de muertes por infartos, accidentes cerebro vasculares, cáncer y suicidios que siguieron al trauma que significó para miles de padres y madres de familia, verse de pronto en la calle sin ingresos, sin techo y sin seguros de salud. Tampoco se ha contabilizado cuántos son los profesionales venezolanos que hoy enriquecen con sus talentos y experiencias a empresas petroleras de Estados Unidos, Rusia, Colombia, Canadá y de muchos países árabes productores de petróleo.

El terrible y muy costoso paso en falso que fue el paro, me inspiró el artículo «Horóscopos», publicado en febrero de 2003 en *El Nacional*.

Si hubiese que atribuirle un solo resultado positivo al paro cívico convocado en diciembre de 2002, no vacilaría en afirmar que fue el descrédito en que quedaron sumidos todos los astrólogos, pitonisas, quirománticos, videntes y demás especímenes de la fauna inmensa de explotadores de la estupidez humana. No había día de aquellos dos meses en que no nos llegaran por internet, las predicciones de brujos y brujas de distintas nacionalidades y sitios de residencia. Los conductores más calificados de diferentes programas de opinión, no solo comentaban esas predicciones sino que invitaban, con frecuencia casi obsesiva, a sus autores y algunos de los más connotados dirigentes de la oposición se prestaron para aparecer en un show más que ridículo, con una de esas videntes. En fin, todo aquello fue una demostración palpable de los niveles de locura que puede alcanzar un colectivo en estado de desesperación.

Quizá uno de los mejores augurios para este año que comienza es que –al menos en el plano político– son muy pocos los farsantes antes calificados que se han atrevido a pronosticar el desenlace. Han sido desplazados por los analistas políticos que hoy afirman una cosa y a la semana otra absolutamente opuesta y se quedan tan tranquilos, confiados en nuestra incapacidad de recordar algo que haya sucedido cuarenta y ocho horas antes, otra de las manifestaciones de la enajenación colectiva que sufre la sociedad venezolana, por obra y desgracia de Chávez.

El primer día de este año me juré a mí misma no perder un solo minuto de mi tiempo en la lectura de ningún horóscopo; sin embargo, una amiga me envió por correo electrónico las predicciones de una astróloga argentina llamada Ludovica Squirru, experta en tradiciones místicas orientales cuyas predicciones, basadas en el horóscopo chino, causan gran expectación en su país y en el resto del mundo latinoamericano. Nunca había oído hablar de Ludovica, quizá fue ese nombre lo que me produjo curiosidad. Por otra parte, no es lo mismo ser una Capricornio cansada de que me anuncien herencias que no tienen de dónde venir, viajes que jamás realizaré, casas que nunca compraré; que ser un Búfalo, debido este hecho al año (y no al mes) de mi nacimiento. Resulta que en este año, que es el de Mono, no solo voy a recibir una jugosa herencia o donación sino que echaré raíces en nuevos lugares en los que entraré en comunión con la naturaleza. ¡Por favor! Si recibiera la herencia, no echaría raíces en ningún lugar que no fuera mi Caracas natal, pero me encantaría pasar temporadas en los mejores hoteles de París, Nueva York, Madrid, Roma y Buenos Aires, mis ciudades predilectas. Lo más decepcionante no ha sido constatar que también la sabiduría china sirve para embaucar incautos, sino los nombres de mis acompañantes en este signo del Búfalo: Pase Margaret Thatcher, no me molestan Jane Fonda, Dustin Hoffman, Walt Disney y Peter Sellers; hasta aceptaría la locura de Van Gogh si viniera acompañada de su genio, ¿pero Richard Nixon, Napoleón Bonaparte y lo peor, Adolfo Hitler?

Como la curiosidad no tiene fronteras, me dispuse a buscar el signo del causante de nuestro tormentos y de lo que le espera en este año del Mono. Ese que ustedes saben quién es y a quien no pienso nombras más de una vez, en ningún artículo o conversación de este año; es nada menos que Serpiente. Ahí sí es verdad que la Ludovica botó la pelota: «Tiempo de grandes transformaciones psíquicas y físicas. La serpiente sabe que no puede engañarse más y es por eso que decide tomar las riendas de su vida y cortar con situaciones atávicas negativas que la paralizan. Aceptará nuevos desafíos dejando que entren personas jóvenes, asesores y consejeros para nutrirse de su energía e imaginación. Durante este año estará distendida, abierta a escuchar opiniones diferentes y aceptar otro menú de opciones. Volverá a reinar en fiestas, centros de política y diplomacia pues estará inspirada, muy seductora y locuaz».

Voy a buscar el email de Ludovica para decirle que de toda esa sarta de embustes, en lo único que la pegó es en lo de locuaz. Y, ahora sí, de verdad no leo más horóscopos ni chinos ni de ninguna nacionalidad. Aunque pensándolo mejor ¿de qué signos serán Francisco Carrasquero, Jorge Rodríguez y Oscar Battaglini? (Como nota recordatoria: los tres mencionados eran para el momento el presidente y dos de los rectores del Consejo Nacional Electoral).

El siguiente capítulo de la seguidilla de reveses fue el referéndum revocatorio del 15 de agosto de 2004. Unos meses antes, cuando comenzó la recolección de firmas para convocarlo, las encuestas revelaban una caída de la popularidad de Chávez y la posibilidad cierta de que su mandato fuese revocado si se convocaba una consulta popular con ese fin. El gobierno aplicó una serie de maniobras dilatorias y usó ese lapso para crear las «Misiones» de distinto tipo, es decir, limosnas colectivas para comprar conciencias. Y las compró. Una encuesta realizada por profesores de matemáticas de la UCV, en una población del estado Apure, revelaba que la gran mayoría de sus habitantes se declaraba adeca. Sin embargo, votaron masivamente por Chávez. La explicación obtenida después fue que cada familia tenía dos y hasta tres ingresos como producto de las «Misiones». La oposición más radical y hasta alguna moderada jamás quiso aceptar como válido el resultado del referéndum revocatorio, la convicción de que hubo fraude arrasó con el liderazgo de la Coordinadora Democrática cuyos integrantes fueron acusados de venderse al gobierno, pero lesionó además gravemente la credibilidad en el valor del voto para sustituir a Chávez.

El acceso que tuvo el diputado oficialista Luis Tascón a la información del Consejo Nacional Electoral sobre cómo había votado cada uno de los concurrentes al referéndum y la publicación de una lista con los nombres de los votantes opositores, fue otro golpe mortal para la confianza en la solución electoral. A los «botados» de PDVSA se sumaron los despidos de sus trabajadores o los que no pudieron conseguir alguno por aparecer en la «Lista Tascón». Años después, cuando Tascón, execrado por sus propios copartidarios había formado una pequeña fracción disidente en la Asamblea Nacional y padeció de un cáncer intestinal que le causó la muerte, el diario *El Nacional* publicó un reportaje sobre jóvenes estudiantes que practican la prostitución a cambio de objetos y usos suntuarios. La periodista autora del trabajo le preguntó a una de esas jóvenes cómo sabía que los clientes contactados por teléfono no eran pervertidos, o quizá psicópatas asesinos, la joven respondió que ella los investigaba en Facebook, Twitter y en la ¡Lista Tascón!

El plan B

Una de las imputaciones más agrias que se le hicieron a la Coordinadora Democrática al producirse el descalabro electoral de agosto de 2004, fue el no haber diseñado un plan B en caso de un fraude o cualquier otra trastada del gobierno. La insistencia en el tema y el colapso de la autopista Caracas-La Guaira, en su tiempo obra cumbre de la ingeniería universal, me inspiraron el artículo «En busca de un Plan B», publicado en *El Nacional* de Caracas el 6 de enero de 2006:

> Venezuela es un país donde se siente profundo desprecio por las tradiciones, es por eso que admitimos con la mayor naturalidad que

este y casi todos los gobiernos anteriores cambiaran a su antojo los nombres de calles, avenidas, parques y autopistas; mudaran o desaparecieran estatuas, bustos y placas conmemorativas; trasladaran obras de arte de un lugar a otro sin la asesoría de expertos o simplemente las dejaran vandalizar y destruir. Mientras en los países del primer mundo, en los del segundo y hasta del tercero, cada año se repiten los mismos conciertos sacros, cánticos y villancicos al llegar la navidad; aquellos maravillosos aguinaldos del siglo *xix* que cantaba (en la Venezuela pre-democrática) el Orfeón Lamas, bajo la dirección del maestro Vicente Emilio Sojo, con los solistas Carmen Liendo, Teo Capriles y Antonio Lauro; han pasado por todas las transformaciones rítmicas que van de la guaracha al mambo, de este al merengue dominicano, luego a la gaita zuliana deformada, bailable y salsosa, hasta aterrizar en esa cosa horrenda llamada reggaetón.

El cambio de cuarta a quinta república le pareció –a la mayoría de entonces– un gran avance: era como si hubiésemos subido un peldaño más en nuestro ascenso hacia la gloria. Y poco a poco hemos ido tragando y digiriendo sin mayores mortificaciones, todas las revolucionarias transformaciones que nos han conducido de la categoría de país en vías de desarrollo a una cosa extraña que quizá algún día logre ser apenas un país. El rechazo a la injerencia cubano fidelista en nuestra soberanía y seguridad nacionales, que no solo fue general sino que costó muchas vidas de soldados de la patria y de civiles, es hoy absoluta indiferencia ante el surgimiento de una nueva entidad geográfico-política llamada Cubazuela, cuya bandera combina con estilo (hay que reconocerlo) las de los dos países ahora fusionados por voluntad de sus caudillos. Pero no todo es indiferencia, en muchos casos hay entusiasta aceptación. Especialmente entre muchos de esos militares que vieron con sus propios ojos morir a sus camaradas en la lucha anticastrista de los años 60, o debieron haberlo aprendido en alguna cátedra de heroísmo militar en tiempos idos.

Así como se esfuman las tradiciones, la memoria y el orgullo nacionales, llegan modas cuyo origen es difícil de establecer. Por ejemplo, gracias a eventos de ingrata recordación como el semi paro semi nacional de diciembre de 2002 a febrero de 2003, se puso de moda hablar de una cosa llamada plan B.

Cuando el paro general fracasó precisamente porque no fue general, llovieron acusaciones sobre el hoy preso y condenado a 15 años de prisión Carlos Ortega, presidente de la Central Obrera de Venezuela y contra Carlos Fernández, presidente de Fedecámaras, hoy asilado político en los EE.UU., porque no tenían un plan B. Es decir, nunca previeron lo que debía hacerse en caso de que sucediera lo que sucedió. Así fue como los envolvió el desprecio y la crítica destructiva de quienes tres días antes los aplaudían e incitaban a que endurecieran sus posiciones huelgarias.

Peor aún fue lo ocurrido después del referéndum revocatorio presidencial del 15 de agosto de 2004. Los dirigentes de la oposición debieron presumir desde el primer día que estábamos siendo víctimas de un fraude continuo y que el gobierno jugaba con esos avezados políticos, gerentes y negociadores como un partido de grandes ligas contra el equipo de los Criollitos. Y a pesar de todo eso no se preparó plan B alguno para el día 16. De manera que fraude o no fraude, el día crucial todos quedaron con los ojos blancos, sin vista y sin saber cómo reaccionar. Cayeron por supuesto en el foso del descrédito de donde no han podido emerger.

Hasta esta madrugada del jueves 5 de enero, cuando escribimos nuestro primer artículo del Año del Perro (horóscopo chino), todas las carencias de planes B eran atribuidas a la oposición hoy dispersa, encarnecida e incoherente precisamente por el motivo anotado. Pero resulta que el viaducto número uno de la autopista Caracas-La Guaira, obra maestra de la ingeniería en tiempos del dictador Pérez Jiménez (1953) que llevaba unos veinte años deteriorándose sin que nadie se ocupara seriamente de su recuperación; por fin colapsó. Caracas, la capital de la República Bolivariana, chavista, socialista del siglo 21, indigenista precolombina, proiraní, ollantahumalista y evomoralista de Cubazuela, ha quedado totalmente aislada del resto del país y del mundo. Aún admitiendo en sana justicia las responsabilidades de gobiernos anteriores, este que lleva siete años transformando, cambiando, revolucionando, socializando, expropiando, invadiendo, anarquizando, robando tolerando toda clase de abusos y tropelías cuando provienen de los «pobres» llenando al país de Misiones (reparto de dinero a manos llenas) llevando a prisión a cuanto opositor le estorbe, regalando millones de dólares a todos los Kirchner, Evos, Tabarés, damnificados de New Orleans, y pobres del Bronx neoyorquino; este gobierno que no existe como tal porque se trata de un solo hombre llamado Hugo Chávez, demostró ignorar que existen planes B, C, D o de cualquier otra letra del alfabeto.

El plan B era la vieja carretera Caracas-La Guaira construida por los presos en tiempos de la dictadura gomecista, pero está plagada de ranchos, derrumbes en la vía y delincuentes que asaltan a cuanto aspirante suicida se atreva a desplazarse por la zona. El plan C podría haber sido la vía El Junquito-Carayaca, pero ayer o anteayer el ministro competente (¿?) descubrió que está intransitable por los huecos y obstáculos en la vía. No hay tampoco plan D, ni plan E, solo incertidumbre y desesperación de quienes deben viajar al interior del país y sobre todo al exterior, y de quienes deben regresar por vía aérea para incorporarse a sus tareas habituales. Las importaciones de todo lo que comemos, vestimos, calzamos, y de los insumos con que nos curamos de enfermedades y trabajamos, están varadas en el puerto de La Guaira y su traslado –quién sabe cómo y por dónde– elevará los precios a niveles incalculables. El único fresquito que nos entra, en medio del caos que tal desastre representa, es que Chávez se quedará mudo en el próximo «Aló Presidente» y quién sabe si podamos hacerlo enmudecer definitivamente después de diciembre de 2006. Pero eso sí, preparemos un plan B, por favor.

Una frustración que se sumó a las anteriores, fue la derrota electoral de Manuel Rosales, contendor de Chávez en las elecciones presidenciales de diciembre de 2006. Resumí los sentimientos más exteriorizados en esos días en el artículo «¡Ay, qué rabia tengo!» publicado en *Analítica*:

Toda derrota afectiva, laboral, deportiva y por supuesto política provoca una sensación de pérdida en quien la sufre; es lo más parecido a un duelo. El duelo se asume de distintas maneras: unos se deprimen y encierran en su tristeza, otros lloran y se lamentan para aliviar su dolor, y están quienes reaccionan cargados de furia y tratan de encontrar al culpable o culpables de su desgracia. La oposición venezolana, los cuatro millones que votamos el domingo 3 de diciembre por Manuel Rosales, aspirábamos a que nuestro candidato derrotara a Hugo Chávez y pudiera sustituirlo en la presidencia por la vía democrática. La mayoría de las encuestas con alguna credibilidad y el grueso de los analistas extranjeros, daban ganador al candidato a la reelección con variantes en los porcentajes de ventaja. Esto habría sido suficiente para desanimarnos, pero ¿quién querría dudar de las posibilidades que nos abrían, de que esta vez sí podíamos lograrlo al presenciar los actos multitudinarios que logró convocar nuestro candidato o participar en ellos? ¿Por qué no podía ocurrir un milagro como aquel de la señora Violeta Chamarro, una simple ama de casa como la catalogó una vez Carlos Andrés Pérez, que derrotó al todopoderoso Daniel Ortega. O como el de la derrota de Pinochet? etcétera, etcétera, etcétera... Hasta muchos de los condicionistas y condicionólogos partidarios de la abstención se sumaron a última hora a la fórmula Rosales. Los condiciomanícos quedaron rezagados y hasta arrinconados como les ocurre a los pájaros de mal agüero. Uno de los factores que más entusiasmó a la gente era la promesa que hacía el candidato de oposición de cobrar el triunfo.

Pero perdimos, ojo repito, ¡perdimos! Y perdimos todos: tú, él, ella, ustedes y nosotros. Apenas Rosales reconoció el triunfo de Chávez se desató la ola de histeria entre quienes creen que la responsabilidad, más aún, la obligación de derrotarlo era solo suya –de Rosales– y de su equipo de campaña. ¡Traidor, cobarde, mentiroso, falso, acordado con el régimen, vendido! Alguien hasta le auguró sarcásticamente que sería embajador en la ONU para compararlo con el tornadizo Arias Cárdenas. Quienes hasta hacía minutos lo aplaudían le encontraban los mayores atributos, ahora querían pulverizarlo. ¿Por qué?

Esas reacciones corresponden a la inmadurez política de quienes entienden esa actividad –la política– como el ejercicio para ir a unas marchas o manifestaciones cada vez que hay un proceso electoral y luego pasar unas cuantas horas haciendo fila para votar. El descrédito de los partidos políticos en Venezuela, del que estos tuvieron mucha culpa pero no toda, condujo a que también la política fuese considerada por la mayoría como una actividad menor y hasta infamante. Quienes militaron alguna vez en un partido saben muy bien que, más allá de las intrigas, chismes, zancadillas y reconcomios según los casos, las derrotas se asumen como una responsabilidad del colectivo. Los que creen que los partidos no hacen falta y como escribió alguno de los rabiosos: «es la última vez que creo en políticos, de ahora en adelante solo confío en la sociedad civil», seguirán una y otra vez golpeando sus cabezas contra la pared. Hasta Chávez que no cree en nadie ni nada que no sea él mismo, reconoció la necesidad de contar con un partido propio. Los partidos sirven, entre otras cosas, para hacer de la política una actividad de cada día, analizada y razonada, que involucre a la gente, y no algo circunstancial basado solo en emociones. Y eso es lo que hace Chávez las veinticuatro horas del cada día: política que luego ejecuta.

Por suerte, al lado de los rabiosos que le endilgan a Rosales la cobardía de no haber cobrado, es decir, de no haber salido con su gente a matar y a dejarse matar; están quienes asumen la necesidad de hacer una oposición distinta: racional, organizada, sistemática y cotidiana. Y hacerlo con organizaciones políticas que llenen el vacío de las que murieron de muerte natural o se hicieron el harakiri. Por primera vez desde la llegada de Chávez al poder hace ocho años, la oposición logra espacios en el ámbito internacional. Quienes hayan leído en los días anteriores y posteriores al 3-D la prensa española casi toda, lo mejor de la francesa, muchos de la argentina, colombiana y brasilera y por supuesto la norteamericana, habrán observado que muy pocos consideran a Chávez como un demócrata a pesar de su concurrencia a unas elecciones que pretendieron ser democráticas. Y todos sin excepción otorgan una lugar importante a la nueva oposición venezolana liderada por Manuel Rosales. Encomendamos a los psiquiatras explicar los mecanismos por los que gente de oposición que lleva ocho años clamando por un líder, apenas asoma uno procede a volverlo trizas. Pareciera que en el fondo lo que quieren es un clon de Chávez, uno igualito pero de oposición. ¡Ah! se me olvidaba: como de este sector se trata creo que deberíamos revisarnos hasta en la forma de criticar al reelecto. No haber sabido vender sus errores y horrores muchos de los cuales están a la vista, también obliga a un cambio político de las estrategias políticas en el que participen personas con criterio político.

El nuevo deporte nacional

Las frustraciones, unas tras otras, obligaron a la oposición a buscar un culpable ¿y quién más indicado que la misma oposición? Si hablar mal del gobierno es y ha sido siempre el deporte más difundido en el planeta, hablar mal de la oposición se transformó en uno practicado al mismo tiempo y casi en sintonía, por partidarios y adversarios del gobierno de Hugo Chávez. Leer los artículos de algunos columnistas que habían hecho un hábito de esa práctica autodestructiva, me causaba indignación y fue con ese sentimiento que en agosto de 2008 escribí para Analítica, un artículo titulado *La Oposición de la Oposición*, que transcribo a continuación:

La mayoría de las religiones señala el camino del sufrimiento autoimpuesto, incluso la autoflagelación, como el más idóneo para expiar nuestros pecados. Los sacrificios humanos fueron una de las maneras de calmar la ira de los dioses en las religiones politeístas y hasta en la del Dios único del pueblo de Israel. Recordemos el pasaje bíblico del sacrificio de Isaac no ejecutado por milésimas de segundo. Con el tiempo algunos credos pasaron de los sacrificios humanos a los de animales y así nos fue legada la figura del chivo expiatorio, tan útil al género humano en todas las épocas y situaciones.

No sé por qué cada vez que oigo o leo a un periodista, analista, cronista, columnista, observador(a), politólogo(a), sociólogo(a), psicólogo(a), estadígrafo(), encuestador(a), locutor(a), animador(a) cantante, actor o actriz despotricando contra esa «oposición que tenemos», me viene a la mente una de las formas más dolorosas de la autoflagelación religiosa: el cilicio. Wikipedia lo define así: «una prenda de vestir o accesorio utilizado para provocar deliberadamente incomodidad o sufrimiento en quien lo viste». Por supuesto que no me refiero a las críticas a la oposición que hacen Chávez y la corte de opinadores del PSUV, sino a las que constantemente formulan algunos de los más radicales adversarios del régimen militarista, criptofascista y seudocomunista del teniente coronel Chávez Frías. Las unas y las otras adolecen, como único punto de coincidencia, de una absoluta falta de originalidad.

Para el chavismo, la oposición siempre será golpista, conspiradora, fascista y financiada por el Imperio. De allí no salen. La oposición es más pródiga en acusaciones y epítetos cuando se trata de juzgar ¿a quién?, a la oposición. Para algunos la misma está constituida por dirigentes cobardes e indolentes que están en connivencia y hacen pingües negocios con el gobierno. Otros, dentro del mismo leitmotiv de la cobardía y de la indiferencia, se revuelcan de rabia porque la oposición permanece impávida ante las 26 leyes inconstitucionales que se acaban de promulgar y no pone en práctica el artículo 350 de la Constitución que legitima la desobediencia civil. Esta última reacción se da, con mayor frecuencia, entre aquellos que establecieron sus residencias en el extranjero huyéndole al comunismo de Chávez y a la inseguridad personal. Muchos de quienes hicieron sus pininos de antipolítica y antipartidismo durante la cuarta república, siguen hablando peste de la partidocracia opositora como si aún gobernaran Acción Democrática y Copei. ¿De cuáles partidos hablan si aquí la única partidocracia es la del PSUV y eso mientras Chávez lo permita?

La oposición de la oposición, en su mayoría, coincide en rechazar las mismas caras de los mismos políticos de siempre. ¡Hasta cuándo fulano (a)!!!! Y como corolario de su repugnancia por la política y por quienes la practican, se avergüenzan al unísono de aquellos que solo piensan en promoverse para las elecciones del 23 de noviembre y que solo están interesados en repartirse la torta burocrática vulgo cambures. Después de toda esa descarga, los opositores especialistas en autoflagelación invitan a votar masivamente en las elecciones para gobernadores y alcaldes, en noviembre 23. Aunque aclaran que las mismas serán un esfuerzo inútil porque nada detendrá a Chávez en su proyecto hitleriano-estalinista-fidelista.

Como estuve (perdonen la primera persona) algunos años inmersa en el activismo político, se podría creer que entiendo algo de lo que ocurre con la oposición de la oposición. Craso error: por ejemplo, en la era prechavista era un lugar común hablar pestes de los partidos, de los cogollos y de los políticos en general. Con ese discurso llegó Chávez al poder y terminó de liquidar lo que quedaba de las organizaciones políticas tradicionales. Pero en esa misma medida liquidó también la democracia. ¿Se ha paseado alguno de esos opositores de la oposición por el simplísimo hecho de que sin partidos políticos no hay democracia? Pero no solo eso: sin partidos no hay liderazgo, sin liderazgo no hay organización y sin organización no hay capacidad de convocatoria. ¿Quiénes, cómo y con qué van a a aplicar el artículo 350 de la Constitución? ¿Se les ha ocurrido siquiera pensar que alguien pueda ganar una elección si sus electores no lo conocen? ¿Cuál es entonces el delito implícito en el acto de promoverse mediante afiches, cuñas, volantes y otros medios? Como si las contradicciones fueran pocas, la oposición de la oposición les exige a los políticos desacreditados, a «las mismas caras de siempre», a los cogolléricos y cobardones, que se pongan de acuerdo para postular candidatos unitarios. Pero eso sí: lo que me gusten a mí porque los otros son unos egoístas, incapaces e indeseables. Y además, esos mismos politicastros incapaces que nos tienen hartos son los que deben supervisar el registro electoral y cuidar los centros de votación. Y mosca con las máquinas el 23 de noviembre, para que no nos roben las elecciones como se las dejaron robar en el referéndum revocatorio de 2004 y en la reelección de Chávez en 2006. ¿Cómo ganó el NO el 2 de diciembre de 2007? Algún milagro ocurrió, todo menos creer que la Oposición tuvo algo que ver en esa proeza. Unas semanas antes del referéndum que permitió rechazar la reforma constitucional chavista en diciembre pasado, le pregunté a uno de los más empecinados abstencionistas cuál era su fórmula, método o idea para salir de Chávez. Jamás me respondió y creo que me borró de su lista de contactos porque nunca más me envió sus artículos. A riesgo de quedarme sin amigos y hasta de ser declarada enemiga pública número uno o chavista encapillada, pregunto desde aquí a la oposición de la oposición: ¿Tienen ustedes alguna idea de cómo hacemos para tener líderes carismáticos, que muevan masas y sean –además de impolutos– jóvenes y bellos? ¿Están ya ustedes, los criticones, organizándose para cuidar los votos el 23 de noviembre? Y por último, ¿podrían decirnos cómo se logra una manifestación de tres millones de personas para tumbar a Chávez, sin que ningunos de quienes detestan a la «vergonzosa oposición que tenemos» tenga que moverse de su casa?

Ese pesimismo o derroterismo que se había instalado en las mentes de los detractores de Hugo Chávez comenzó a ser superado con el rechazo de la reforma constitucional en diciembre de 2007. Así lo registré en el artículo «Lecciones del Día 2» publicado en *Analítica*: «Los resultados del referéndum convocado para aprobar o improbar el proyecto de nueva constitución presentado por el presidente Chávez, merecen muchos análisis y reflexiones. A la euforia de los opositores y a la frustración de los seguidores del proyecto chavista, han seguido una calma y un clima de normalidad que lo primero que enseñan es que a la población de este país le horroriza la violencia, y aquella que impera en el país y que cobra decenas de vida cada día, es la que ha impuesto la delincuencia común exacerbada por el consumo de alcohol y de drogas y sin freno alguno por parte de los cuerpos policiales. Para nuestra desgracia, muchos de sus integrantes forman parte de ese submundo criminal. Pero la mayoría de los venezolanos, independientemente de las posiciones políticas que hayan asumido en el pasado y que asumen ahora, prefiere no llevar sus diferencias más allá del intercambio verbal y algunos pescozones, eso que Gonzalo Barrios llamaba las «trompadas estatutarias».

La violencia queda reducida a una minoría de la cual forman parte personeros del régimen que –como cosa curiosa– son civiles. Cabe destacar en esta categoría a una diputada quien no conoce otra manera de hacer política que no sea el insulto, el abuso y la fuerza bruta. Quizá por rechazo a esos métodos, en su estado natal –Táchira– que ella representa en la Asamblea Nacional, la opción del NO obtuvo un triunfo rotundo. Aquí no habrá guerra civil a pesar de todos los vaticinios tanto de serios analistas como de astrólogos, videntes y otros especímenes. El empeño por difundir terror en los opositores mediante bandas de motorizados y demás antisociales que portan armas de fuego y están al servicio de algunos alcaldes conocidos por ignorar el respeto a la vida humana; es inútil. Cuando esos maleantes deben enfrentarse a multitudes no dispuestas a dejarse amedrentar, desisten y huyen. La primera lección es entonces la pérdida del miedo a las fuerzas paramilitares del régimen. Ni reservistas ni milicianos ni Círculos Bolivarianos ni Tupamaros pudieron mover un dedo para impedir que la voluntad popular se expresara libremente y para que se la respetara.

La segunda lección deriva de esa primera y es el derrumbe de un mito construido y solidificado a lo largo de nueve años: la invencibilidad de Chávez. Todo lo que se dijo sobre su carisma, endiosamiento, populismo, compra de voluntades con recursos inmensos para regalar, etcétera, etcétera, sumado a los fraudes de los que se suponía fuimos víctimas recurrentes; se derrumbó por el peso de una oposición que se organizó para cuidar los votos en las mesas de todos los centros de votación, que tuvo cuidado de tener todas las actas en sus manos, que permaneció despierta y vigilantes hasta la madrugada del día siguiente a la elección y que se mostró decidida a no dejarse atropellar. No eran aún las ocho de la noche cuando la palabra firme y seria de Gerardo Blyde, dirigente de Un Nuevo Tiempo, la sonrisa fresca y triunfal de Yon Goycoechea, líder el movimiento aniversario y la alocución escueta, clara y firme del general Raúl Isaías Baduel, exministro de la Defensa, fueron suficientes para saber que algo trascendental había cambiado para la oposición y en general para el país. El carómetro funcionó como nunca: en la rueda de prensa que ofrecieron el vicepresidente Jorge Rodríguez y el ministro Jesse Chacón, acompañados de otros dos miembros del comando electoral chavista; la sonrisa forzada del primero y la expresión fúnebre del segundo fueron más elocuentes que todas las palabras.

Cuando ya en la madrugada del día siguiente, la presidenta del Consejo Nacional Electoral dio los resultados que marcaban la derrota del empeño presidencial de liquidar la esencia democrática de la sociedad venezolana, supimos que Chávez era derrotable electoralmente y que ese debía ser el camino ahora y siempre, sin atajos de golpes militares, caracazos o cualquier otra fórmula contraria a la democracia.

Después vino el discurso de Chávez que, como suele suceder, empezó dando muestras de algún sentido de grandeza para terminar en la misma miasma (estado dinámico en que se encuentra la fuerza vital de cada individuo y que lo predispone para enfermar de ciertas patologías). La lección que sacamos es que esa cabra siempre tirará al monte y que no aceptará como corresponde, la derrota sufrida. Él sí buscará atajos para imponernos muchos de los cambios que la mayoría de los electores venezolanos rechazó el 2 de diciembre de 2007.

¿Desistirá de sus propósitos de cercenar el derecho a la propiedad privada, de cubanizar la educación de nuestros niños, de restarle poder a la fuerza armada regular para instaurar una milicia paralela, de intervenir las universidades públicas y eliminar su autonomía, de clausurar los pocos medios de comunicación audiovisual que no están bajo la bota chavista, de transformar a Venezuela en una república confederada con la Cuba fidelista, etcétera, etcétera? La lección que nos ofrece el triunfo electoral del domingo 2 de diciembre es que si bien Chávez dista mucho de ser un demócrata y continúa teniendo el absoluto control sobre todas las instituciones del Estado, no existe fuerza que pueda derrotar a una sociedad movilizada en defensa de sus derechos. La batalla, para usar las palabras del presidente guerrerista, pero en nuestro caso por la democracia, «apenas comienza» que eligieron la dureza del exilio para huir de la inseguridad personal, de la falta de horizontes y de la mediocrización creciente del país, puedan reunirse de nuevo en esta tierra de gente buena, noble, acogedora y generosa.

Los resultados en las elecciones de gobernadores y alcaldes en noviembre de 2009 con un triunfo indiscutible para la oposición en las circunscripciones electorales más populosas: Caracas, Miranda, Zulia, Carabobo, Táchira además del estado insular Nueva Esparta, y luego las parlamentarias en septiembre de 2010, contribuyeron a moderar el derrotismo de la oposición tras una década de fracasos y a despertar cierto optimismo sobre la posibilidad de derrotar a Chávez por la vía electoral.

Cherchez la femme

La lucha de las mujeres venezolanas por sus derechos civiles y políticos comenzó en tiempos del dictador Juan Vicente Gómez. En la célebre y legendaria Generación del 28, tuvieron participación activa Carmen Clemente Travieso, Lucila Palacios, María Teresa Castillo, Josefina Juliac y Antonia Palacios. En 1953, Carmen Clemente Travieso, una destacada periodista y mujer de avanzada, creó la Agrupación Cultural Femenina que bajo el subterfugio de las actividades culturales, tuvo como verdadero propósito el activismo por los derechos de la mujer. La Constitución de 1936 aprobada durante el gobierno del general Eleazar López Contreras que siguió a la muerte del dictador Gómez, constituyó un retroceso con respecto a las de tiempos de mayor dureza dictatorial, ya que prohibió expresamente el voto femenino. Las protestas del las mujeres activistas y de dirigentes identificados con esas luchas como el poeta Andrés Eloy Blanco y la poeta Lucila Palacios (Mercedes Carvajal de Arocha era su verdadero nombre), lograron que en 1944 durante el gobierno del presidente Isaías Medina Angarita, se eliminara esa prohibición y se permitiera el voto de la mujer pero circunscrito al ámbito municipal.

La Junta Revolucionaria de Gobierno presidida por Rómulo Betancourt, que siguió al derrocamiento del presidente Medina Angarita, aprobó el 17 de noviembre de 1945, cuando apenas tenía un mes en el poder, el estatuto electoral para convocar la Asamblea Nacional Constituyente. En ese estatuto se estableció el voto universal, secreto y directo para los venezolanos mayores de 18 años de edad. En las elecciones generales para la Constituyente fueron electas 13 mujeres como diputadas principales y 8 suplentes. Fue un número que jamás se repetiría en ninguna de las siguientes elecciones parlamentarias del siglo XX. En su discurso al ser aprobada la Constitución de 1947, Andrés Eloy Blanco, presidente de la Asamblea Constituyente, dijo:

En el primer minuto del 5 de julio nació la nueva Constitución de

Venezuela. Están calientes sus pañales, calientes de convencida lucha, calientes de acción, de pensamiento y de pasión. Pasión, acción y pensamiento realizan los designios de los hombres cuando la acción está al servicio del pensamiento y la pasión se inspira en el pensamiento de servicio. Aquí está, en estas páginas, el objeto primordial de la Revolución. Yo lo saludo y lo juro, como soberano de mi derecho; yo la saludo y la juro, como señora de mi conducta ciudadana. No la ofreceremos al mundo como obra perfecta, pero es hermosa, hermosa como su hermana primogénita. Nació del sufragio universal, contiene las más avanzadas providencias en legislación del trabajo, contiene lo más nuevo en la defensa social; entre sus hojas, con cuatro pétalos abiertos, está la flor de las cuatro libertades. Tiene un regazo para el niño de Venezuela. Y para que tuviera el tono y el estilo maternal, podréis hallar en ella entre una moción de la Representante Fermín, un desvelo de la Representante Saavedra, un artículo de la Representante Lucila Palacios y un esfuerzo de cada una de sus compañeras, la puntada de amor, el cairel de la ternura, la tibia artesanía de conciencia que por la primera vez en nuestra historia pudo dar la mujer venezolana para que la ley naciera en las rodillas de la madre.

Es hermosa, hermosa como la democracia. La democracia está de pie en la encrucijada de las más trágicas codicias. Por eso, como las hermosas mujeres, tiene sus dientes y sus uñas para los sátiros de la voluntad de dominio. Pero ella sola no lo es todo. Cuando una Asamblea hace una Constitución, hace el espejo de un pueblo. Cuando se hace el espejo de un pueblo, tiene que haber un buen pueblo para mirarse en él. Cuando se hace una Constitución, se hace un código de moral, pero no se hace una moral: cuando se hace una Constitución se hace una norma de conducta; cuando se hace una Constitución, se hace una ley de buen gobierno, pero no se hace un buen gobierno. Es el uso de ella, es el empleo de las facultades que ella confiere, es el timón bien llevado, es la proa siempre puesta a la justicia, lo que de ella va infundir la grave responsabilidad de los gobernantes. Ella es la Constitución. Pero todo lo que se haga de acuerdo a sus mandamientos y atribuciones, ha de ser un acto constitucional.

Allí está el texto derramado de los labios eternos del pueblo. Esta es la justicia que manda hacer la República, por mano de sus representantes. Ahora va a ponerse el vestido de viaje a la Gaceta, y se va a meter por las rutas de la patria; va a tocar las puertas. El campesino, el obrero, el industrial, el estudiante, el doctor, el niño, la mujer, el pudiente y el menesteroso van a vivir en su respeto, y el soldado va a ofrecerle sus armas y su sangre y sus pies, juntos en guardia, hechos de caminos de América y calzados de justicia. En nombre de la Asamblea Nacional Constituyente, representante del pueblo, declaro solemnemente sancionada la Constitución de los Estados Unidos de Venezuela.

De allí en adelante y en la medida en que el país se modernizaba en muchos aspectos y las mujeres iban teniendo acceso a carreras universitarias y a ciertas posiciones profesionales, su figuración política se hacía más escuálida. Ocurrió quizá que al encontrar otras maneras de realizarse y de sentirse emancipadas, las mujeres fueron perdiendo interés en la participación política que exige muchos esfuerzos y sacrificios y ofrece muy pocas recompensas, al menos en quienes la ejercen para servir y no para servirse. Acción Democrática, el partido que consagró el voto femenino y que llevó el mayor número de mujeres diputadas a la Constituyente del 47, pasó años conformándose con elegir una sola mujer diputada y una senadora. Y Esos eran tiempos en que los parlamentarios se elegían por las listas que presentaba cada partido, de manera que eran los partidos los que negaban una mayor presencia de la mujer en las listas. Hubo que esperar a las elecciones de diciembre de 1983 para que resultara electo un número inédito de mujeres que iban en las listas de AD, gracias a la reforma estatutaria que obligaba a una cuota femenina del 10% en todas las listas y cargos del partido y a la votación masiva que recibió Acción Democrática en esas elecciones.

Una diputada copeyana, muy contrario de lo que podría pensarse de alguien que milita en el socialcristianismo, sostenía una tesis no exenta de lógica cuando se hacían comentarios, críticas o denuncias relacionadas con las amantes presidenciales. Según ella, como a las mujeres se las privaba del derecho de ejercer el poder en forma directa, abierta y legítima, buscaban la manera de ejercerlo por interpuesta persona. Mi opinión, más allá de esa tesis, es que la presencia tan obvia u omnipresencia de las llamadas queridas o compañeras sentimentales de dos presidentes adecos (barraganas las bautizó Piñerúa con especial énfasis en Blanca Ibáñez) Carlos Andrés Pérez y Jaime Lusinchi, fue factor determinante en el repudio y rechazo que en mayor o menor medida ambos generaron. Se suele creer que los venezolanos somos muy amplios de mente y muy tolerantes con la vida privada de las personas y quizá haya algo de verdad. Pero lo que no tolera una sociedad en que hombres y mujeres continuamos siendo bastante machistas, es que un hombre y mucho menos si es el presidente de la República, se deje dominar por una mujer. No fue la calidad de sus gobiernos lo que privó al juzgarlos, porque los hubo peores. Y tampoco el que fueron gobiernos adecos, lo fueron el de Rómulo Betancourt (1959-64) y el de Raúl Leoni (1964-69) y nunca provocaron tanta animadversión. Betancourt supo mantener dentro de la mayor reserva su situación extramatrimonial hasta el fin de su mandato, y Raúl y Menca Leoni constituyeron la pareja presidencial más admirada y querida por los venezolanos.

Cualquier observador desprevenido podría creer, al observar la presencia femenina en la bancada parlamentaria del partido de gobierno y en el gobierno mismo, que Chávez es un militar fuera de serie, uno que defiende el derecho de las mujeres a gozar de las mismas oportunidades que los hombres en todas las áreas de la vida pública. Para desvirtuar esa posible creencia escribí «Las mujeres de Chávez», publicado en *Analítica* en abril de 2009:

Los movimientos femeninos luchan desde hace décadas en el mundo entero –Venezuela no ha sido la excepción– para que más mujeres sean incorporadas en los cargos públicos y privados que implican toma de decisiones y para que siempre haya más mujeres en los órganos de representación popular y en la dirección de los partidos políticos.

Nunca antes hubo en Venezuela un presidente que mostrara mayor inclinación a colocar mujeres en los puestos más importantes de la vida pública. Hugo Chávez, quien se ha caracterizado por privilegiar la presencia de militares en casi todas las áreas de la administración pública (salvo en el Ministerio de la Cultura, donde ha designado a un veterinario) ha decidido sin embargo que sean mujeres las que lleven las riendas de las instituciones que en cualquier otro país serían pilares de la democracia constitucional. El Tribunal Supremo de Justicia es presidido por una magistrada cuya trayectoria y oscuros antecedentes no es el caso comentar ahora. La Asamblea Nacional tiene al frente desde hace años a una aguerrida diputada que se siente Doña Bárbara. Las inmensas responsabilidades del Consejo Nacional Electoral en un régimen que convoca cuando mínimo una elección cada año, no podía asumirlas sino una hija de Eva. La Fiscala General de la República –no parece necesario aclararlo– es del sexo femenino y la Defensora del Pueblo, otro tanto. El único que impide la rendición total de Hugo Chávez ante el dios Himeneo, es un sujeto que lleva por nombre Clodosbaldo Russián (Rufián lo ha apodado la rabia popular) encargado de algo tan anodino como es controlar los gastos del gobierno, es decir, de Chávez. Lo que equivale a vacaciones pagadas desde hace diez años sin otro término que el que decida el caporal del país.

¿Se habrá paseado alguna de esas damas que antes de declarar a los medios cuidan estar correctamente maquilladas, mejor peinadas y hasta bien vestidas, en razón de qué y por qué ocupan esos cargos? Después de tanto esfuerzo por escapar del feísmo que parece ser ley en las altas esferas revolucionarias ¿se preguntarán alguna vez cómo es que un teniente coronel machista –como se supone que deben ser los tenientes coroneles de por estas calles– ha descargado responsabilidades tan agobiantes en diez delicados hombres femeninos? Lo más probable es que esas señoras crean que Chávez las distingue por sus talentos personales, por sus méritos profesionales, por su lealtad partidista, por su claridad ideológica. En medio del engolosinamiento que provoca el poder (o en sus casos, estar al servicio del poder) quizá nunca hayan ni sospechado que son utilizadas precisamente por ser mujeres.

Quizá el propósito haya sido mostrar que si los hombres pueden ser sumisos, cínicos, indignos, indecentes y rastreros, las mujeres también pueden serlo y hasta mucho más si tomamos en cuenta la pasión que caracteriza a nuestro género. Pero el único propósito no puede ser ese de desacreditar a las mujeres, el más importante es colocarlas como carne de cañón el día que esta acumulación de miserias humanas, canalladas, atropellos cobardes, abusos, crímenes, burlas al pueblo, robos descarados y humillaciones colectivas llamada revolución socialista del siglo XXI (jamás la llamaré bolivariana) tenga que rendir cuentas. Pobrecitas ellas, si tienen hijos, padres o esposas, padres y hermanos de los venezolanos a los que ellas han condenado a vivir en la exclusión, la persecución y la desgracia.

¿Podía ser otra sino esa clase de mujeres la que condenara a 30 años de prisión –la pena máxima reservada para los más irredimibles y sanguinarios criminales– a los comisarios Iván Simonovis, Lázaro Forero y Henry Vivas, y con penas de entre 17 y 30 años a seis policías metropolitanos acusados todos de cometer los homicidios del 11 de abril de 2002? El país entero vio por televisión quiénes disparaban contra la marcha opositora ese día, decenas de testigos declararon que la Policía Metropolitana los protegió de los chavistas que disparaban desde Puente Llaguno. Pero era necesaria una jueza desalmada, de obediencia perruna, y sin el más mínimo sentido de lo que es piedad y mucho menos vergüenza, quien se ocupara de ese trabajo sucio ordenado por el caporal para ser perpetrado un Viernes de Concilio, cuando se inicia el asueto de la Semana Santa. Marjorie Calderón es su nombre, jamás lo olvidaremos. Ni las mujeres que nos sentimos avergonzadas por el descrédito y la indignidad que ella y las antes nombradas han arrojado sobre nuestro género y por la manera como han embasurado las luchas femeninas, ni el pueblo venezolano que pasará facturas a los rufianes que hoy nos gobiernan.

El imperio de la vulgaridad

En un capítulo anterior, procuré explicar cómo era que los adecos de base carentes de una mediana instrucción, se empeñaban en copiar el habla culta o al menos correcta de los dirigentes del partido. Repetían lo que oían y no siempre habían oído bien, por lo que les salían unos barbarismos que causaban risa pero al mismo tiempo enternecían. Los presidentes de la República ponían especial interés en que sus discursos y alocuciones fuesen no solo bien escritos sino con un contenido que tuviese caracteres pedagógicos. Al fin y al cabo el hecho de ser la máxima autoridad del país los obligaba a tener una postura rectora y ejemplarizante. De todos los presidentes de la democracia existente entre 1959 y 1998, Rómulo Betancourt se destacó por incorporar palabras novedosas en sus discursos: la multisápida para referirse a la hallaca, nuestro criollísimo plato navideño. El hampoducto que sería la vía de castigo a los delincuentes. Obsoleta y periclitada para denominar conductas del pasado. Y así muchas otras.

La llegada de Chávez al poder marcó un estilo consistente en la vulgaridad, la chabacanería y hasta lo obsceno, como estandartes revolucionarios. Confundir lo vulgar con lo popular es realmente una manera de sentir desprecio por el pueblo, de creer que las gentes con menos acceso a la instrucción es incapaz de entender un lenguaje educado y correcto. Nunca antes en la historia de Venezuela un gobernante utilizó las tribunas públicas, sobre todo un medio tan masivo e invasivo como la televisión, para practicar de manera permanente el insulto, la burla hiriente, la grosería, la narración escatológica y otras formas de chabacanería contumaz. Como consecuencia, sus acólitos consideraron que al hablar de esa manera se congraciaban con su amo y señor y la forma no solo de hablar sino de comportarse del venezolano común, se hizo altanera y ofensiva. El mayor daño que ha hecho la revolución chavista a Venezuela ha sido el deterioro humano, no solo por la instauración de la violencia generalizada sino por la pérdida de valores como el respeto, la cortesía y la cordialidad con los semejantes. En abril de 2008 escribí para *Analítica*, el artículo «Modales».

Ha circulado profusamente un video –en YouTube– del ex vicepresidente de la Asamblea Nacional y actual ministro del Trabajo, Roberto Hernández Whonsiedler, sacándose la prótesis dental superior (vulgo plancha) en repetidas oportunidades, mientras presidía con cara de fastidio un sesión del parlamento. Los remitentes del video le han dado los más diversos calificativos al comportamiento en público de alguien que ha alcanzado tan altas posiciones. Todos coinciden en que se trata no solo de una carencia total de glamour, sino de la educación mínima que antes nos daban en casa nuestros padres y que la escuela complementaba. No se crea que las burlas y críticas derivan de la condición de comunista irredimible y de chavista estructural de quien fue mi condiscípulo en el Liceo Andrés Bello. Un importante dirigente de mi partido AD, en los nunca bien ponderados tiempos la cuarta república, solía lanzar escupitajos en el piso sin importar donde estuviera y luego tratar de hacerlos desaparecer con la suela de su zapato. Se podrán imaginar el estropicio si el lugar estaba alfombrado. De haber sido captada en video aquella imagen y de existir entonces el YouTube, también el insigne adeco habría sido sometido al escarnio nacional e internacional como le ocurre hoy a Hernández Whonsiedler. Cuando una iba a la escuela, ya no estaba en boga el Manual de Urbanidad de Carreño, pero nuestros maestros seguramente lo habían leído y algo había captado nuestros padres: no escarbarse los dientes en público ni con las uñas ni con palillos, taparse la boca para toser, no sonarse la nariz sin tener a mano un pañuelo y sin apartarse del grupo en el que se está, etcétera, etcétera. Suponemos que nada de eso está en el currículum comunistoide y racista que el ministro Adán Chávez –el primer hermano de la República– trata de imponer en las escuelas del país y que es rechazado por la gran mayoría de los padres y maestros venezolanos. La pregunta es a quién corresponde enseñar lo que antes se llamaba «modales» y que no son más que normas de comportamiento social.

En España acaba de ocurrir el sonado caso de un niño de diez años de edad que golpeó salvajemente a un compañero de curso. Un tribunal condenó a su madre a indemnizar a la familia del agredido. El abogado de la madre condenada alegó que la escuela era la culpable de lo ocurrido, pero el juez concluyó que hay normas de comportamiento que deben ser inculcadas en el hogar y que la escuela no puede cargar con esa responsabilidad. Si trasladamos el caso a la Venezuela de hoy sería imposible culpar a la escuela pero también a los padres. ¿Quién educó a esa masa de madres y padres marginales que nacieron y sobreviven en condiciones precarias? ¿Cómo exigir normas de cortesía y de respeto por los demás, a padres y maestros y niños sometidos a diario a una descarga televisiva de vulgaridades, violencia verbal e incitación a la física, chabacanería, agravios, humillaciones y matonerismo que provienen nada menos que del primer magistrado de la nación? Un currículum que pretenda formar verdaderos ciudadanos y no loros repetidores del menestrone ideológico del chavismo, debería comenzar por inculcar a los maestros (que en gran parte provienen de hogares tan desestructurados como los de sus alumnos) las bases para vivir armoniosamente dentro de un colectivo y para no ofender ni molestar con sus acciones y hasta con gestos, a las personas que lo forman. Basta ver el máximo subdesarrollo con que los venezolanos de todas las edades y procedencias sociales utilizan los ascensores, para entender por qué estos casi están dañados: presionan al mismo tiempo los botones de subida y de bajada, les dan golpes y dejan el dedo pegado en el botón de llamada porque creen que así el ascensor los complace más rápido. Hasta algo tan simple como eso debería formar parte de la educación mínima que tendría que impartir la escuela. Culpar solo al actual gobierno de esa falta de modales para conducirse como personas civilizadas y respetuosas del otro y de la propiedad ajena, sería injusto, los problemas vienen de muy atrás. Pero lo inaceptable es que al pretender cambiar de raíz las bases de la educación venezolana, se privilegie inculcar las ideas que bullen en la mente afiebrada del teniente coronel Chávez antes que las enseñanzas mínimas que distinguen a una persona del siglo *xxi* de un hombre del Cro-Magnon.

El currículum que hoy enfrenta a maestros y a padres contra las barrabasadas de Hugo Chávez y de quien fue su mentor político y ahora ministro de Educación, deriva de lo que el presidente maestro, estratega militar, médico, ingeniero, economista, experto petrolero, guía religioso, crítico literario, historiador, geógrafo, antropólogo, psicólogo, sociólogo, poeta, coplero, cantante de distintos géneros y bailarín de joropo; expone a la nación en cada una de sus cada vez más largas y frecuentes cadenas radiotelevisivas. El 23 de abril, día del Idioma y del Libro, instituido por la Real Academia Española por ser la fecha del fallecimiento de Miguel de Cervantes, Chávez dictó una clase magistral televisada a su pupilo Evo Morales quien se encontraba en Caracas, sobre la significación de la fecha. Al recordar que es la misma de la muerte de Shakespeare le preguntó a Evo y a todos los televidentes y radioescuchas: ¿Por qué nos quieren imponer una celebración colonialista? ¿Por qué se privilegia a Cervantes y a Shakespeare y se ignora a los escritores de la lengua aymará? Eso basta para deducir que lo que se pretende es un retorno a la época en que nuestros indígenas –en su mayoría nómadas– vivían de la caza y de la pesca y cuando mucho fabricaban un arco, una flecha, una torta de harina de yuca o casabe y una vasija de barro. Pero es una vuelta al pasado aderezada con resentimiento, con xenofobia y con estímulos a la vagancia y al pedigüeñismo: el venezolano nuevo ni siquiera tiene que molestarse en cazar o pescar, todo se lo proveerá la revolución gracias al padrecito Chávez y al petróleo. Solo en este punto el imperio y el colonialismo no merecen ninguna condena del teniente coronel. Pero aplaude a Evo cuando en su lengua aymará –que suponemos será obligatoria como sustitutiva del inglés– suele decir: «*Causachum coca, huanuchum yanquis*», o lo que es lo mismo: «por la cauda de la coca, mueran los yanquis».

La violencia, divisa del chavismo

De todos los vicios y males imputables al chavismo ninguno ha tenido resultados tan funestos como la impunidad. El día de su toma de posesión, en uno de los actos celebratorios, Chávez le preguntó a la entonces presidenta de la Corte Suprema de Justicia, Cecilia Sosa, frente a todo el país que seguía el acto por televisión, si ella no robaría para darle de comer a sus hijos hambrientos. Aquella justificación del delito fue como un ukase para que los policías y jueces del país se cruzaran de brazos, salvo que se tratara de perseguir a enemigos políticos del régimen o a las personas que Chávez ordenara juzgar y encarcelar. En 1998 hubo en país 4.500 homicidios, 5.868 en 1999, 8.022 en 2000, 7.960 en 2001, 9.617 en 2002, 11.342 en 2003, 9.719 en 2004, 14.589 en 2008, 16.047 en 2009. Las cifras son del Observatorio Venezolano de Violencia, dirigido por el sociólogo Roberto Briceño León, quien declaró el 28 de diciembre de 2011 que ese fue «el año más violento de la historia nacional», con 19.336 personas asesinadas y con un promedio de 1.611 asesinatos por mes o lo que es lo mismo 53 por día. A los homicidios hay que sumar el incremento de robos y sobre todo de secuestros. La inseguridad personal es la principal razón de que cientos de miles de venezolanos hayan emigrado a diferentes países en busca no solo de oportunidades sino de proteger sus vidas y las de sus hijos. El mayor crimen social cometido por el gobierno permisivo y prodelincuencial de Hugo Chávez ha sido la separación de miles de familias venezolanas, haber convertido así a Venezuela por primera vez en su historia, en un país de emigrantes. A diferencia de otras emigraciones caracterizadas por la baja extracción social de sus integrantes, la venezolana se ha dintinguido por la calidad profesional de quienes hoy trabajan como médicos, expertos petroleros, ingenieros de distintas especiales y profesionales de otras áreas del conocimiento, en diferentes países del mundo.

En abril de 2007 se publicó en *Analítica* mi artículo sobre este tema, con el título «La muerte se viste de Rojo»:

«Hannah Arendt, al estudiar y describir la banalidad del mal, demostró que muchos de los más crueles y sanguinarios exterminadores nazis eran amorosos padres de familia, apacibles vecinos, gente simpática que jamás habría matado una mosca de haber vivido como seres comunes y corrientes. El poder del que fueron investidos que involucraba el asesinato, la tortura y los vejámenes más aberrantes a otros seres humanos, con absoluta impunidad, les permitió esa transición sin traumas ni cargos de conciencia. Hannah Arendt se empeñó en probar que no se trataba de enajenados o débiles mentales (resulta tan fácil disculpar cualquier atrocidad con el argumento de la locura), sino de personas con absoluto uso y dominio de sus facultades mentales y muchas de ellas con inteligencia y cultura por encima del promedio. Mengele, el ángel de la muerte de Auschwitz, era un hombre realmente hermoso, seductor y culminó sus estudios de medicina con honores. Pero no tuvo el menor reparo en utilizar a mujeres, hombres y niños como ratones de laboratorio para sus experimentos seudocientíficos y en decidir quiénes de los prisioneros del campo debían ser llevados a las cámaras de gas y quiénes no.

Tal pérdida de la conciencia, de principios y de valores esenciales de la condición humana, muchos de ellos provenientes de las enseñanzas religiosas recibidas durante la infancia (la madre de Mengele era una ferviente católica que obligaba a sus hijos a rezar y a visitar la iglesia cada domingo) solo se logra mediante la deshumanización del otro, del previamente catalogado y definido como enemigo. Todos los genocidios del siglo XX, todos los anteriores y todos los que ocurren y ocurrirán, se basan en despojar de su condición de humano al enemigo que se quiere extinguir, con el agregado de que su presencia en el mundo es perniciosa. Los turcos contra los armenios; los nazis contra los judíos, gitanos, eslavos, homosexuales y artistas de vanguardia: los primeros eran no personas, todos los demás razas inferiores o practicantes de costumbres y artes degeneradas. Los hutus contra los tutsis en Ruanda: estos últimos eran cucarachas y debían ser aplastados como tales. Los bosnios cristianos contra los musulmanes en la ex Yugoslavia y ahora en Darfour los musulmanes contra cristianos. Sin olvidar la matanza antirreligiosa de los musulmanes chiitas y sunitas en Iraq.

¿Puede extrañarnos que el vicepresidente, el ministro del Interior y Justicia y los parlamentarios del chavismo se conmuevan por la muerte de un venezolano a manos del hampa común? No en un país normal pero sí en uno donde solo en la capital son asesinadas por lo menos diez personas cada día, número que asciende en los feriados. Jamás, óigase bien, jamás, el presidente locutor de radio y animador de televisión, ha dicho una palabra que condene la violencia in crescendo en las zonas más pobres de país, cuyas víctimas son pobres. Ni una sílaba para ordenar a sus súbditos que hagan algo por controlar la delincuencia, verdadera dueña de esta república bolivariana en trance de ser socialista: decenas de secuestrados, otras decenas de asesinados por los motivos más banales como un par de zapatos deportivos o un teléfono celular. Esto sin contar los centenares de crímenes que no se denuncian porque las víctimas prefieren dar por perdido lo que les fue robado o no denunciar las lesiones sufridas, seguras de que jamás lograrán que se haga justicia. Entonces sí extrañan o enardecen esas manifestaciones de pesar cuando el asesinado por hampones es un dirigente o militante del chavismo, porque son ellos los que tienen el poder y lo ejercen de manera discriminatoria y excluyente, quienes al ofrecer sus condolencias establecen la diferencia entre quienes son humanos y por consiguiente dignos de su pesar, y quienes no.

Más indignante aún es la conducta de esos servidores de Chávez cuando pretenden insinuar que cada vez que muere un chavista de cierta relevancia, su muerte debe ser achacada a la oposición. En un país tan polarizado como este habría que deducir entonces que el gobierno es el responsable de los miles de homicidios –en estos ocho años de desmadre– cuyas víctimas no tienen nombre n apellido ni rostro, y cuyas muertes jamás serán investigadas ni los asesinos castigados.

Para terminar por donde empezamos: el diputado Luis Tascón, el mismo que fue capaz de elaborar y hacer pública una lista de personas que votaron por la salida de Chávez en el referéndum revocatorio de agosto 2004, y someterlas al apartheid político y laboral, acaba de promover en la Asamblea Nacional un proyecto de Ley de «Protección de los animales domésticos, dominados, silvestres y exóticos libres o en cautiverio». De acuerdo con ese proyecto hasta un zancudo o una garrapata deben ser respetados en sus derechos animalescos a la vida y al trato considerado. Es lo que decíamos, la vida de los opositores al régimen vale menos que la de una garrapata o un zancudo.

El pasado

Dos latiguillos se han instalado en la oposición venezolana desde la llegada de Chávez al poder: «éramos felices y no lo sabíamos» y «no volver al pasado», es decir, a los cuarenta años anteriores a 1998. Ambos representan dos extremos contradictorios pero sobre todo irreales. No éramos precisamente felices y por eso la mayoría votó por el cambio que prometía el teniente coronel golpista. Lo que no percibió esa mayoría es que todo es susceptible de empeorar y siempre se puede ser más infeliz. En cuanto al ominoso pasado, dos palabras en las que se engloba todo lo ocurrido en la política entre 1958 y 1998, es injusto y más que todo un desapego de la verdad pretender que en esas cuatro décadas no hubo nada digno de ser rescatado como un logro. El solo hecho de saber que hemos perdido la democracia y el deseo y propósito de rescatarla, el no haber permitido que Chávez nos doblegara y que medio país haya luchado durante trece años para impedir el absoluto imperio de la dictadura que ha querido imponernos, son valores que le debemos a esos cuarenta años. El otro valor que va estrechamente ligado al talante democrático y también le debemos a los cuarenta años, es el respeto al que piensa diferente y la posibilidad de armonizar con los contrarios.

Un periodista argentino que se encontraba en Caracas el día del sepelio de la mamá de Diego Arria comentaba lleno de admiración que a ese acto hubiesen concurrido desde el presidente de la República, que era Luis Herrera Campins del partido Copei, y otros exponentes de ese partido, hasta dirigentes de la Izquierda, pasando por los de Acción Democrática, en cuyo gobierno Arria había sido gobernador de Caracas y ministro de Información y Turismo. El periodista sureño decía que eso jamás hubiese ocurrido en su país donde Perón y Balbín, los máximos líderes de la política argentina, siempre en posiciones enfrentadas, jamás habían cruzado una palabra.

No debe extrañar entonces que el triunfo de Chávez se haya producido y luego consolidado mediante la siembra del odio, del revanchismo y de la negación del oponente, su no existencia como persona. Sin la explotación permanente de la envidia y del resentimiento jamás habría logrado su propósito de perpetuarse en el poder. La otra estrategia fue el re-empoderamiento de los pobres que había sido el secreto del éxito y de la vigencia de Acción Democrática cincuenta y tres años antes. AD fue dejando un vacío en la medida en que abandonó las banderas, muchas de ellas clientelares, de la inclusión social y la superación de la pobreza de las mayorías depauperadas. Y ese vacío lo llenó el mensaje populista, demagógico y revanchista de Chávez. En los primeros días de su llegada al poder en 1999, cuando las masas lo adoraban en concentraciones multitudinarias, Humberto Celli dijo que esa negritas que bailaban en las concentraciones de Chávez eran las mismas que antes bailaban en los mítines de AD. Por supuesto que era verdad, los chavistas de hoy son y era los votantes adecos y copeyanos de ayer. Simplemente cambiaron el objeto de su amor.

Hace unos años fui con algunos familiares a pasar vacaciones en la isla de Margarita; al llegar al aeropuerto tomamos un taxi bastante desvencijado, tanto que el asiento delantero estaba roto y amarrado con unas cuerdas. Mi marido se sentó al lado del chofer y mis dos hermanas y yo en el asiento trasero. Comenzó entonces un diálogo entre el conductor y mi esposo, el primero exponía con marcado énfasis sus conocimientos de política petrolera, monetaria y económica en general que adquirió en la Misión Ribas creada por el gobierno de Chávez. Mi esposo, bastante entendido en la materia, le rebatía algunas afirmaciones pero el conductor, con su gracioso acento margariteño, insistía en lo que supuestamente le habían enseñado o él había comprendido. Llegamos al hotel y al bajarnos del automóvil el conductor se me quedó mirando y me dijo: «yo a usted la conozco, cómo es su nombre?» –Paulina Gamus–. ¡Compañera Paulina! soltó emocionado el chavista alumno de la Misión Ribas mientras me abrazaba y enseguida se disculpó ruborizado: compañera, el único que se pasó fui yo, toda mi familia sigue siendo adeca».

En los primeros años del chavismo sentí alguna pena por las amistades que se esfumaron debido a la división política del país, personas con las que tuve una relación que de profesional pasó a ser afectiva y que no se atrevieron en lo sucesivo a intercambiar un saludo por temor a ser tildados de traidores a la causa revolucionaria. Más de una vez tuve que soportar la recriminación de algunos adecos y sobre todo adecas, por haber tenido como mi más cercana y apreciada colaboradora en la Comisión de Política Interior de la Cámara de Diputados, a una joven profesional que luego se transformó en la ministra con presencia más prolongada en los trece años de gobierno chavista. Me fue imposible adivinar el camaleonismo de esa persona cuando trabajaba conmigo, porque jamás le pregunte a mis colaboradores a qué partido pertenecían. Su eficacia y lealtad fueron siempre más importantes para mí que la militancia política. Con Aristóbulo Istúriz tuve, desde nuestros tiempos de opositores al gobierno de Luis Herrera Campins en el Concejo Municipal de Caracas, una relación de respeto y cariño recíprocos. Para ese entonces, Aristóbulo era militante del Movimiento Electoral del Pueblo (MEP) al que había migrado después de haber sido adeco en su juventud. Cinco años después coincidimos como diputados en el Congreso de la República. Aristóbulo era uno de los tres diputados con que contaba el partido Causa Radical del que entonces formaba parte. Debo decir en honor a la verdad que el «negrito» Istúriz fue el diputado más trabajador y mi más dispuesto colaborador en la Comisión de Política Interior que yo presidía. Mientras los diputados adecos y copeyanos evadían sus responsabilidades y le sacaban el cuerpo a las actividades más ingratas como visitar las cárceles. Aristóbulo estaba siempre dispuesto a acompañarme y a trabajar para que los informes fuesen rápidos y contundentes. En ese tiempo le ocurrió una terrible desgracia, su hijo de 17 años de edad trataba de sacar el automóvil del garaje de su casa y Aristóbulo lo dirigía desde afuera sin percatarse de un saliente en la pared. El joven que retrocedía con la cabeza fuera del vehículo se desnucó y murió en el acto. El padre entró en una profunda depresión no solo por la pérdida del hijo sino por sentimientos de culpa y se negaba a volver al trabajo. En años subsiguientes, antes de ingresar al submundo chavista, declaraba en entrevistas de prensa y de televisión que gracias a mi insistencia y a mi apoyo moral había regresado a su actividad parlamentaria y política. Durante la campaña electoral de 1998, unas semanas antes de la elección de Chávez, entrevisté a Aristóbulo en mi programa semanal del canal CMT. Era otra persona y estaba en otro partido, el PPT que apoyaba a Chávez. Su talante bromista y cordial había desaparecido para dar lugar a uno retador, hosco e intolerante. Varias veces me amenazó con levantarse de su asiento e irse si le seguía haciendo preguntas que él consideraba insidiosas. Desde ese día he decidido asumir que las personas que conocí y aprecié durante los cuarenta años de democracia y luego se hicieron chavistas de rompe y rasga, dejaron de existir, murieron. Y quienes ahora llevan sus nombres y estampa son otros a quienes no conozco.

Los cambios de piel que provocó la polarización política fueron realmente asombrosos: varios humoristas que mantenían columnas en *El Nacional* de Caracas, se transformaron en los seres más malhumorados del planeta, en personas que destilan veneno contra todos aquellos que disientan de su pertenencia política. En cambio un periodista que cuando joven cubría la fuente parlamentaria para *El Universal* de Caracas, tímido y bastante parco al hablar, resultó un excelente humorista, quizá el único no escatológico ni ponzoñoso del bando oficialista. Me refiero a Clodovaldo Hernández.

En octubre de 2003 escribí para *Analítica* el artículo «Que vengan y escriban» referido a estos cambios de humor en los comunicadores chavistas.

Ignoro las razones de *El Nacional* para incorporar en su nómina de columnistas semanales, con página y días fijos, a la periodista Mari Pili Hernández, una chavista que al verla parece que no es pero que sí es. Aunque uno quisiera rechazarlo, no dejarse influir por ese tipo de falsas convicciones, existe un estereotipo chavista como lo hubo adeco y también copeyano. Recuerdo que en los años 70, siendo presidente Luis Herrera Campins, esta que escribe era jefe de la fracción de concejales de Acción Democrática en el Ayuntamiento de Caracas. Tanto en ese ámbito donde Copei tenía mayoría como en el nacional, practicaba la más radical oposición al gobierno copeyano. Un día, las mujeres periodistas que cubrían la fuente, comandadas por Desirée Santos Amaral (actualmente diputada del MVR) pidieron hablarme en privado. Una vez a solas con ellas, Desirée me dijo: «Esperamos que no te ofendas, pero nosotras hemos llegado a la conclusión de que tú no pareces adeca sino copeyana» «¿Sí y por qué?», respondí alarmada. «¡Porque te vistes muy bien!» ¿Qué significaba vestirse bien? Seguramente que no me recargaba de bisutería, ni me ponía colorines, ni usaba un moño de varias vueltas o un peinado tipo balón, sumergido en laca. Ese era el estereotipo de las mujeres adecas. No sé si antes o después, el profesor Antonio Cova hacía las delicias de sus alumnos universitarios, describiendo a las juezas adecas –según el estereotipo– pero con más bisutería o joyas de verdad y más laca en el cabello. Pero no nos desviemos del tema que es la recién estrenada columna de Mari Pili Hernández. Esta demostración de amplitud de *El Nacional* no es nueva en la prensa escrita de la era chavista; antes de los estragos que el paro causó en los periódicos y, especialmente, es sus páginas de opinión, uno leía y no creía que pudiese haber humoristas de antaño transformados –gracias a su chavismo frenético– en gente de muy mal humor, ergo Earle Herrera. En *El Universal* escribía una especie de gurú llamado Adán Chávez, capaz de ver él solito, las inmensas realizaciones que acometía su *brother* del alma.

Los suyos eran unos bodrios indigeribles. Pero en cambio, hice un descubrimiento que hasta hoy me llena de asombro: Clodovaldo Hernández. Ese joven reportero silencioso y hasta misterioso, que uno veía deambular por los pasillos del Congreso y observar con una sonrisita, medio burlona, los debates, se transformó por obra y gracia de su adhesión al régimen, en un excelente humorista.

No comparto, evidentemente, sus opiniones, pero no dejo de leerlo porque admiro y me divierten, su manejo de la ironía y su fértil imaginación. Pero ¿qué hace un (a) chavista cuando no tiene la gracias escritural de Clodovaldo; cuando no está levitando como Adán Chávez; cuando no es un balurdo que insulta y cuando es lo suficientemente inteligente o temeroso (a) del ridículo, para no caer en la adulación al propietario de la revolución bolivariana? Hace como Mari Pili.

Su columna de la semana pasada tuvo como tema el amor, pero no en términos eróticos (lo que habría sido mucho más interesante), sino a ese amor al prójimo que predican casi todas las religiones pero que muy poca gente practica, especialmente los gobernantes. La de hoy, jueves 16 de octubre, está dedicada a los pobres y a la solidaridad. Salvo un párrafo en el que se elogia la operación Barrio Adentro, máximo logro de un régimen empeñado en líneas tímidamente autocríticas, los otros cinco se refieren a la Madre Teresa de Calcuta –una personalidad a quien es imposible no reverenciar– y a su tesón misionero a favor de los pobres de la India.

Hay en esa columna de chavista light que se sonríe, que es grata, que no le ladra ni le mienta la madre ni le araña el rostro a los opositores; que se viste «como si fuera copeyana», que parece no haber sudado nunca y que hasta canta, con una aceptable voz de soprano ligera; elementos muy reveladores de la mentalidad revolucionaria, en lo que a los pobres se refiere. A Mari Pili le preocupa «cuando los grandes tecnócratas disertan sobre el tema de la pobreza sin haber entrado nunca en contacto con quienes la padecen. Hablar de pobreza sin que haya una acción concreta que comprometa la vida de quien discursea, es cínico por decir lo menos. Tanto como afirmar que un médico no puede ser oncólogo si no ha sufrido de cáncer. Luego, critica a quienes proponen planes para combatirla: «aumentar la inversión, reducir el gasto, otorgar créditos con bajos intereses, y una lista interminable de otras medidas que aumenten la productividad, todo para que algún día disminuya la pobreza». Nada de eso sirve y no se entiende cómo fue que se le olvidó incluir la educación, dentro de esas acciones inútiles para luchar contra la pobreza. Lo que sirve es la caridad, es decir, mantener pobres a los pobres y darles sus bolsitas de comida con el emblema de la revolución bonita y mandarles a los paramédicos cubanos y hacerlos llamar por teléfono a «Aló Presidente» para que el magnánimo les regale una beca o una platica para montar una fábrica de gofios. Decirles cómo es que pueden sembrar tomates en la parte de atrás del ranchito o montar su gallinero vertical. Una revolución sin pobres, no es revolución, ¿quiénes sino ellos dependen de las dádivas del Supremo o de la esperanza de recibirlas alguna vez? Así uno entiende por qué Fidel lleva cuarenta y un años en Cuba y por que Chávez, aún tiene a la mitad del país a su lado.

Otros que se hicieron famosos y se rodearon de prestigio por defender causas nobles, como la situación siempre ominosa de las cárceles venezolanas, adoptaron un silencio sepulcral frente al problema, como si este hubiese desaparecido. Nunca antes fue tan terrible y dramática la situación carcelaria del país. Sin embargo, el gran defensor de los presos durante la llamada «Cuarta República», Elio Gómez Grillo, decidió voltear la mirada para otro lado y escribir de los temas más banales e inocuos con tal de no rozar siquiera la sensible epidermis del régimen al que vendió su alma.

Quizá ninguno de esos casos sea tan bochornoso como el del dramaturgo, cineasta y guionista de telenovelas Román Chalbaud. Al presentar en función de estreno una de las películas que le financió el régimen, en junio de 2011, declaró a la prensa que él había sido perseguido por la Cuarta República. Varios medios, entre ellos *El Nacional*, salieron prestos a publicar su fotografía en momentos en que era condecorado por el presidente Jaime Lusinchi (1984-1989) y Teodoro Petkoff escribió en su editorial del diario *Tal Cual*, lo siguiente:

Román fue el cineasta que más financiamiento recibió en aquella época, al punto que el Estado creó una «Fundación Román Chalbaud», millonariamente financiada. Fue quien más películas realizó, todas con plata del Estado y filmó lo que quiso, lo premiaron (hasta el Premio Nacional de Cine recibió), y homenajearon abundantemente por esas películas, esas que Chávez calificó de «putas y maricos», ignorando que al autor de ellas lo tenía sentado al lado y quien con infinita cobardía ni siquiera chistó, tragándose el insulto y la descalificación con el mayor gusto. Jamás se le impuso ninguna forma de censura.

Otro caso digno de ser reseñado por su rocambolesca indignidad ocurrió con un funcionario diplomático a quien conocí en 1995 en Israel, como segundo de a bordo del entonces embajador de Venezuela Milos Alcalay. Javier Loyola, que así se llamaba (o llama), no desperdició oportunidad para adularnos con un sinfín de atenciones a mi marido y a mí, pero entre adulación y adulación soltaba su encono contra colegas que en su opinión no tenían méritos para ocupar los cargos que a él se le habían negado: no le habían concedido el rango de embajador. Tenía una relación afectiva aparentemente seria con una señora venezolana-israelí, quien vino con él a Caracas una vez que culminó su misión y debió reintegrarse a la cancillería. Ganó Chávez las elecciones de 1998 y le faltó tiempo a Loyola para declararse chavista hasta el alma, tanto que fue designado cónsul general en Bilbao. Dejó a la novia, rompió con todo lo que significara su pasado filocopeyano y se marchó a ocupar su nuevo cargo en España. Desempeñando esas funciones lo sorprende el 11 de abril de 2002, se desespera y enseguida llama al entonces diputado vasco-venezolano Iñaki Anasagasti, de militancia socialcristiana mientras vivió en Venezuela, para que lo recomendara con el recién designado canciller del gobierno de Pedro Carmona, José Rodríguez Iturbe. Iñaki le dice que es de madrugada en Venezuela, que debe esperar a que las cosas se aclaren. En el ínterin ocurre el retorno de Chávez, con lo que Loyola la emprende con insultos contra Anasagasti, llamándolo enemigo de la revolución, seguramente para desactivar cualquier comentario que pudiera hacer el parlamentario sobre los veloces cambios de chaqueta del lamentable burócrata. La oficina de prensa de la embajada de Venezuela en Madrid, publicó el 14 de abril en 2004: «Se suceden en España los actos de divulgación del cambio sociopolítico venezolano, como los auspiciados por la Embajada de Venezuela, que incluyen la divulgación de documentales y la realización de un foro informativo en la ciudad de Sevilla, junto a la exposición fotográfica del 11-A organizada por el Consulado General en Barcelona, junto al Colectivo Bolivariano Cayapa y el Colectivo Bolivariano de Barcelona. Asimismo, y con la colaboración del prestigioso diario electrónico «Resumen Latinoamericano», el Cónsul General de Venezuela en Bilbao, Javier Loyola, expondrá este miércoles 14 de abril en la capital bilbaína los acontecimientos que llevaron al rescate del proceso bolivariano, ocasión en la que se proyectará el laureado documental «La Revolución no será Televisada». Este Javier Loyola pertenece, sin duda, a la escuela del cinismo trepador creada por el varias veces embajador Roy Chaderton, discípulo dilecto del canciller Arístides Calvani, beneficiario de cargos y misiones del más alto nivel en la Cuarta República y desde 1999 revolucionario frenético y chavista de exacerbada pasión.

El empeño del fascismo chavista por borrar de la memoria colectiva lo que tuvo de positivo y encomiable la llamada Cuarta República, me inspiró el artículo «Enanos del alma», publicado en *Analítica* en noviembre de 2006:

Es más que sabido que la historia, desde que el mundo es mundo, la han escrito los vencedores. Claro está, con algunas excepciones. Por ejemplo, Franco ganó la Guerra Civil española y al interior de España la educación, la cultura, los medios de comunicación, el cine, la vida toda, se hicieron falangistas y contaron la historia de las barbaridades y crímenes de los «rojos» que englobaban también a los republicanos. Pero fuera de las fronteras de España se aposentó la historia de los vencidos: todos almas candorosas y niños de pecho que jamás cometieron una tropelía y fueron víctimas de la crueldad de los nacionalistas, con c y también con z de nazis. A la muerte del dictador hubo un pacto entre todas las fuerzas políticas para no remover las cenizas ante el temor de atizar ese fuego que consumió a un millón de españoles en una de las más cruentas guerras fratricidas. Pero la verdad no puede mantenerse oculta mientras hay dolientes de la misma. Los hijos y nietos de los protagonistas de aquella tragedia, nacidos y educados en democracia, empezaron a querer saber. Han sido varias las series de la televisión española que han pretendido contar esa verdad de manera objetiva, las más exitosas y fidedignas: *Cuéntame cómo pasó* con sus varias temporadas y *El amor en tiempos revueltos*. Pero ningún aporte más esclarecedor que la novela *Soldados de Salamina* de Javier Cercas, llevada al cine (2002) por el jovencísimo director español David Trueba, quien logró la proeza de hacer justicia a la memoria con apenas 33 años de edad. Lo que nos enseña la novela es que en esa guerra no hubo ángeles como no los hay en ninguna confrontación en la que cada quien se juega la vida y hay que matar para no morir. Los crímenes del régimen franquista fueron mayores porque no se limitaron a los años de la guerra, sino que se prolongaron a lo largo de los treinta y cinco años de esa dictadura, pero la barbarie también fue práctica de quienes combatían con las banderas comunistas o a favor de la república.

Hoy se han retirado las estatuas de Franco en casi todas las edificaciones y plazas públicas, y es una acción lógica dentro de una democracia, como la habría sido que en Venezuela se hiciera con las de Pérez Jiménez si las hubiera. Igual en Chile con las de Pinochet, en República Dominicana con las de «Chapita» Trujillo y así en todos los países oprimidos bajo la bota de un dictador. Fueron los mismos iraquíes quienes derribaron las estatuas de Sadam Hussein al producirse la caída de su gobierno. Son actos simbólicos dentro del amplio concepto de la venganza, pero no borran la historia. Una de las más recientes decisiones del gobierno chavista empeñado no solo en desaparecer la historia sino también en reescribirla, es el cambio del nombre del Parque del Este del cual solo una minoría recordaba el verdadero: Parque «Rómulo Betancourt». No contentos con esa decisión, añadieron la de retirar una obra de arte de la famosa escultora Marisol Escobar, que representa el rostro del expresidente con su característica pipa. La funcionaria encargada de ejecutar la medida declaró que, por tratarse de una obra de arte, se la llevaría a un depósito adecuado. ¿Quitarle el nombre de Rómulo Betancourt al Parque del Este y a la Autopista de Oriente, borra de la memoria colectiva lo que fueron su persona y su obra? Desterrar su efigie póstuma ¿qué es sino un acto de venganza? Pero una venganza muy diferente a las antes mencionadas, en este caso de trata de impedir el recuerdo del hombre que con voluntad de hierro supo enfrentar a la guerrilla castrocomunista e impedir que nuestro país se convirtiera en una provincia o colonia cubanofidelista, como lo es hoy. Su más importante aporte lo recibieron no solo la democracia venezolana –que ni los ocho años de Chávez ha podido liquidar en su totalidad– sino las de todo el continente americano: fue la Doctrina Betancourt que sancionaba a los gobiernos no democráticos, la que inspiró la Carta Democrática de la OEA aunque esta con efectos bastante debiluchos.

Chávez y su corte de abyectos adulantes pretenden escribir una historia de la que sean borrados los cuarenta años que vivimos en democracia, con sus aciertos y errores. Si así no lo hicieran la gente comenzaría a preguntarse cosas inconvenientes, por ejemplo: de dónde salieron Chávez y su combo, dónde estudiaron, cómo se formaron, quién les dio trabajo y les permitió alcanzar posiciones para desde allí llegar al poder. Procuran entonces lavarle el cerebro a los niños desde la escuela primaria, eliminar los medios de comunicación independientes y reducir la cultura al ámbito del estrecho cerebro del ministro del ramo. Eso trató de hacer Hitler y ya vemos qué clase de extraordinaria democracia es la Alemania actual. Lo pretendió Stalin y aunque el derrumbe tardó setenta años y Rusia dista mucho de ser una democracia, no es en nada comparable al sistema criminal y opresivo que aquel implantó. Aunque a Mao no le tumbaron las estatuas, el único que incomoda a los chinos de hoy recordando su era funesta, es Chávez. Y en cuanto a Franco vemos lo que dice Javier Cercas en su obra, con mi advertencia de que cualquier parecido con nuestra realidad podría no ser coincidencia: «Durante esos años de hierro Sánchez Mazas pronunció discursos, diseñó estrategias y programas, redactó ponencias, inventó consignas, aconsejó a su jefe y, sobre todo a través de F.E, el semanario oficial de la Falange, donde se encargaba de una sesión titulada «Consignas y normas de estilo». Difundió en artículos anónimos firmado por él mismo o José Antonio, unas ideas y un estilo de vida con el tiempo y sin que nadie pudiera sospecharlo –y menos que nadie el propio Sánchez Mazas– acabarían convertidos en el estilo de vida y las ideas que, primero adoptadas como revolucionaria ideología de choque ante las urgencias de la guerra y más tarde rebajadas a la categoría de ornamento ideológico por el militar gordezuelo, afeminado, incompetente, astuto y conservador que las usurpó, acabarían convertidas en la parafernalia cada vez más podrida y huérfana de significado con la que un puñado de patanes luchó durante cuarenta años de pesadumbre para justificar su régimen de mierda. (*Soldados de Salamina*, página 86) artículo «Los gordos del socialismo», publicado en *Analítica*, 29.10.2009).

«Si hay algo de lo que puedo vanagloriarme sin pizca de modestia, es de mis conocimientos amplios y profundos en materia de dietas y métodos para perder peso. Mi vida ha sido un recorrido incesante por todos los inventos y modas que condujeran a la anhelada esbeltez con el menor esfuerzo posible. La primera dieta balanceada, pobre en calorías, con caminatas de una hora diaria y por consiguiente aburridísima, la hice bajo supervisión médica a los quince años de edad. Pasé de ser una gordita con redondeces aquí y allá a una cuasi sílfide. Hasta hubiese podido inscribirme en el concurso de Miss Venezuela si entonces hubiese tenido la difusión que tiene hoy y si hubiese existido Osmel Sousa para corregirme unas cuantas imperfecciones. En aquellos tiempos las que medíamos 1,60 m también teníamos chance.

Por supuesto, dos años después volví a ser una gordita con las redondeces de antes. Pero había caído bajo los efectos de la dietomanía hasta llegar a ser, con el paso de los años, una diet-ólica. El término no existe que yo sepa, pero puede ser mi aporte a las toneladas de papel que se han escrito sobre la materia.

No sé quiénes recuerdan la dieta de la luna: había que cenar antes de que anocheciera. Mi hermano –que la hacía– quedó atascado en una tranca navideña cuando ya caía la noche y tuvo que comerse dentro de su carro y sin cubiertos, una hallaca helada. A esa dieta que también probé, siguieron la de la alcachofa, la uva, la papa, la toronja o grapefruit, la de los astronautas, la cronodieta, la anti-dieta, las de la Clínica Mayo, Beverly Hills, Weight Watchers, The Zone y Oprah Winfrey. La Atkins la abandoné apenas supe que su inventor del mismo nombre pesaba 116 kilos cuando murió por una caída. Y la Scardale me pareció de mal agüero al saber que su inventor, el doctor Herman Tarnower, murió asesinado por su amante.

Después de tantos intentos, casi todos temporalmente exitosos pero demasiado temporalmente, logré aceptar que el peso depende de las calorías que se ingieran, de la actividad física que se desarrolle y de la edad y género de cada persona. ¡Ahh! y también que nunca seré flaca.

Otra cosa que he aprendido a fuerza de interesarme en el tema de la obesidad y de leer cuanta cosa encuentro sobre él, es la relación entre pobreza y gordura. Los pobres que no sufren hambre absoluta como ocurre en muchos países de África, suelen engordar porque llenan sus estómagos con los alimentos más baratos que son las harinas, las grasas y los refrescos con sobrecarga de azúcar. La otra causa de obesidad que es un problema de salud pública en los Estados Unidos y que empieza a preocupar a muchos países de Europa, es la llamada comida chatarra, a la que niños y jóvenes suelen ser aficionados. En todos esos países los gobiernos buscan caminos y toman medidas para combatir ese mal que pasa de ser un problema estético y que amenaza las vidas de millones de personas. Salvo por supuesto en uno: el que rompe todos los moldes, el país del prodigioso socialismo del siglo XXI.

El presidente Chávez, cuyos conocimientos y saberes superan todas las enciclopedias hasta ahora existentes, decidió en su última clase magistral televisada ocuparse del tema de la obesidad. Con la pose de científico aspirante al Premio Nobel que adopta, cuando hace falta, buscó en unos cuadros estadísticos las cifras de obesidad en el país, nos reveló que este problema iba en aumento vertiginoso y lo atribuyó a que gracias a la revolución los venezolanos comen mucho. No sabemos por que el presidente tardo tanto tiempo en descubrirlo, bastaría con verse a diario en un espejo y con una mirada de sus acólitos más incondicionales y aprovechados: Diosdado Cabello, Jorge Rodríguez y todo el alto mando de la Fuerza Armada, para comprobar que la revolución engorda y bastante. Y no solo físicamente.

El temor que nos asalta ante esa nueva preocupación del teniente coronel Chávez, es que ahora la revolución no se limite a racionarnos la luz y el agua sino también los alimentos, como ocurre en Cuba, la fuente de su inspiración. La solución, sin embargo, es más que sencilla a los ojos de cualquiera que se haya especializado en dietas como en mi caso: ¿el socialismo engorda?, pues fuera del socialismo y seremos todos sanos y felices, además de esbeltos».

Socialismo y muerte

Un día cualquiera sintonicé una de las múltiples radios oficialistas con el pacifista nombre de Radio Arsenal. Entrevistaban –obviamente– a personas acólitas del gobierno y uno que se identificó como socialista concluyó su exposición con el grito «Patria, socialismo y muerte». La y en vez de la o antes de la palabra muerte era resultado del mal aprendido lema del Partido Socialista Unido de Venezuela (PSUV) «Patria, Socialismo o Muerte». Aquella confusión me causó gracia y la comenté con varias personas, hasta creo que la mencioné en un tuit como explicación de la mortandad que ocurría diariamente en Venezuela por causa de la violencia cotidiana.

Nunca antes la expresión muerte y el significado de ese sustantivo que es morirse uno o que se mueran otros, había sido tan repetido, sobado, manoseado y abusado como lo fue en los primeros doce años del imperio chavista. Para unos era parte de una consigna obligatoria, rimbombante pero irreal (muy pocos estarían dispuestos a morir por la patria y menos por el socialismo) y para otros un deseo repetido una y mil veces con respecto al primer torturador mental de la República. Y de tanto invocarla unos y otros, la muerte comenzó a rondar muy cerca del poder. El jueves 30 de junio de 2011, después de varios días de rumores y chismes, estimulados por el secreto que rodea la enfermedad de todos los dictadores, el presidente Hugo Chávez informó al país en cadena nacional, que padecía un cáncer no se sabe dónde, pero que le había sido extirpado en Cuba y era del tamaño de una pelota de béisbol. De allí en adelante todo fueron especulaciones, suposiciones y aproximaciones alimentadas desde el poder para estimular la creencia en la superioridad de Chávez por encima de todos los otros mortales y para jugar a incrementar su popularidad por la vía de la compasión. La oposición recibió la noticia entre hipócritas votos por la recuperación del ser humano que es Chávez e invocaciones sottovoce a la Parca para que cumpliera su cometido. Pero lo más importante y como desmentido a quienes siempre dudaron de la enfermedad de Chávez, ocurrió el cambio de la consigna y grito de batalla de los acólitos del régimen, tanto civiles como militares. Primero desapareció la muerte y casi enseguida la patria y el socialismo porque las tres palabras eran como trillizas siamesas. Y algún poeta del proceso, en un nuevo arrebato de inspiración revolucionaria, acuñó el nuevo lema: «Vivir, viviendo». No he logrado entender muy bien su sentido, pero supongo que es una invocación para que la muerte se aleje del entorno del caudillo y líder comandante presidente.

En los primeros días de diciembre 2011 me encontré en el ascensor de una clínica con un amigo que hablando como en clave para que no entendieran los demás, me dijo «tú lo dijiste, tú lo dijiste». Por supuesto que no entendí de qué se trataba. Mi amigo se bajó en un piso distinto al que yo iba y quedé no solo en la luna sino picada por la curiosidad. Llegué a mi casa, le envié un email preguntándole a qué se refería con ese «tú lo dijiste» y a vuelta de correo me hizo llegar copiado, mi artículo Maldiciones publicado en *Analítica* el 13 de junio de 2010, que transcribo a continuación:

Y el Señor le dijo a Abraham... «Bendeciré a los que te bendigan, y al que te maldiga maldeciré. Y en ti serán benditas todas las familias de la tierra» (Bereshit / Génesis 12.3). «Es difícil saber si alguien con cultura obtenida en lecturas de prólogos, carátulas de libros y lecciones del camarada Fidel Castro y del difunto Norberto Ceresole, tiene alguna idea de que la religión musulmana se origina por una mezcla de judaísmo y cristianismo. Y, como tal, hay figuras del Antiguo Testamento que son tan sagradas para quienes practican la religión de Mahoma como para los hijos de Israel. El patriarca Abraham, creador del monoteísmo y del judaísmo, es una figura estelar del islam y ocupa lugar protagónico en el Corán. Su nombre aparece citado más de setenta veces y en veinticinco suras, treinta y siete pasajes y ciento cuarenta versos. Y aparece en todas las épocas de la predicación de Mahoma, quien se decía el continuador de la misión del patriarca. La tradición musulmana hace decir a su profeta: «En cuanto a Abraham, yo soy de sus hijos el que más se le parece físicamente».

Quizá por esa razón los más feroces enemigos de Israel desde la creación del Estado judío: el egipcio Gamal Abdel Nasser, el sirio Hafez Al Asad o el libio Muamar Gadafi, le declararon la guerra, promovieron actos de terrorismo, vociferaron sus propósitos de destruirlo y llegaron hasta a amenazar a sus habitantes de arrojarlos al mar, pero nunca profirieron una maldición en su contra. Ni siquiera Mahmoud Ajmadinejad, con su insistencia obsesiva de lanzarle a Israel una bomba nuclear que lo borre del mapa, se ha atrevido a maldecirlo. Conocedores sin duda del Corán y del respeto reverencial del Profeta Mahoma por Abraham el Patricarca, deben tenerle pavor a la advertencia divina sobre el ítem «maldiciones contra Abraham», lo que significa también contra sus descendientes. Y que conste que si hay una cultura prolífica en materia de maldiciones esta es la árabe en general, de la que participan también los judíos que vivieron por siglos en países musulmanes y los andaluces y gitanos españoles, por los ocho siglos de dominación árabe en la península.

Entre las más famosas maldiciones de ese origen citaremos las siguientes: Permita Dios que te veas en las manos del verdugo y arrastrado como las culebras. Que te mueras de hambre. Que los perros te coman. Que malos cuervos te saquen los ojos. Que si eres casado tu mujer te ponga cuernos. Que mis ojitos te vean colgado de la horca y que sea yo el que te tire de los pies. Que los diablos te lleven en cuerpo y alma al infierno. Que pases por el ojo de una aguja y digas que es ancho, Que te veas como el vapor, con agua por todas partes y fuego en el corazón. Mala avalancha de m... te pille en un callejón sin salida y con la boca abierta. Ojalá se te sicatrise (sic) el ojo del c... Que tengas callos plantales y trabajes de cartero. Pero ninguna, ojo, ninguna dirigida al pueblo de Israel, verbigracia, a los judíos.

El presidente Chávez, quien navega entre el cristianismo, el marxismo-leninismo y el extremismo islamita, ribeteados de Vudú y religión Yoruba, sintió un sincero y hondo pesar por los nueve fallecidos en el incidente de la flotilla «humanitaria» abordada por soldados israelíes. Estaba tan dolido que no pudo menos que exclamar, en medio de una de sus diarias cadenas: «Maldito Estado de Israel». Quizá si hubiese limitado su maldición a los gobernantes, la cosa no sería tan grave, pero Estado significa: gobierno, hombres, niños, jóvenes, mujeres, ancianos, científicos, oficialistas, opositores, casas, hospitales, escuelas, universidades, todos los maldecidos. Y allí en donde entra en escena el peligro de maldecir a los hijos de Abraham. Pudiera considerarse que aquello fue un arranque de ira, conmovido por la muerte de nueve personas. Pero es difícil creerlo si tomamos en cuenta que en Venezuela son asesinados, cada día, decenas de seres humanos –muchos de ellos a manos de policías y fuerzas armadas nacionales– sin que el presidente Chávez se dé por enterado y dedique, no digamos una maldición a los asesinos, sino una sola palabra de condolencia a los deudos.

Si fuese la ignorancia de los designios divinos la que condujo a Chávez a la insensatez de desafiarlos, quizás podría librarse el castigo prometido por el Creador. Pero es que esa maldición fue proferida con odio y bajo el influjo de sus prejuicios antisemitas. ¿Por qué? Porque acto seguido, el jefe de la República Islámica-Socialista de Venezuela culpó al Estado de Israel de financiar a la oposición venezolana. Quienes conocemos el libelo de los Protocolos de los Sabios de Sion, entendimos muy bien: el Estado de Israel sustituye al todopoderoso judaísmo internacional, leyenda que todos los antisemitas –Hitler a la cabeza– han usado para sus fines de ocio y exterminio racistas. No vamos a exponernos a treinta años de cárcel por aventurar qué clase de maldición pudiera revertirse contra el presidente vitalicio de Iranzuela, pero a otros y desde tiempos inmemoriales les han ocurrido cosas bien feas. Con advertirle más bien le hacemos un favor»

El 16 de junio de 2010, sucedió un hecho inédito e insólito: la apertura del sarcófago del Libertador en el Panteón Nacional. Un grupo de extraños personajes vestidos con ropajes de astronautas santeros (todos de blanco) invadieron el recinto. Los restos mortales del prócer quedaron así expuestos de la manera más desconsiderada, todo a punto para que la reencarnación barinense del Padre de la Patria publicara sus emociones de esa madrugada en su cuenta de

Twitter: «Qué momentos tan impresionantes hemos vivido esta noche. Hemos visto los restos del Gran Bolívar. Dije con Neruda: Padre Nuestro que estás en la tierra, en el agua y en el aire... Despiertas cada cien años, cuando despierta el pueblo», indicó en uno de los primeros tuits. «Dios mío, Dios mío... Cristo mío, Cristo nuestro, mientras oraba en silencio viendo aquellos huesos, pensé en ti! Y cómo hubiese querido (...) Cuánto quise que llegaras y ordenaras como a Lázaro, «levántate Simón que no es tiempo de morir». De inmediato recordé que Bolívar Vive!!».

Luego escribió: «confieso que hemos llorado, hemos jurado. Les digo: tiene que ser Bolívar ese esqueleto glorioso, pues puede sentirse su llamarada».

Poco antes de las 3:00 de la madrugada, Chávez dio por concluida su transmisión por Twitter y se despidió de sus 663.081 seguidores: «Ahora tenemos que descansar un poco. Para seguir la batalla por la Patria. Bolívar Vive! La lucha sigue!! Buenos días a todos y a todas.

A raíz de ese suceso sin precedentes conocidos, los santeros, brujos, adivinos, videntes, astrólogos, paleros y demás escrutadores del más allá y de los asuntos paranormales, advirtieron que la profanación de los restos mortales de Simón Bolívar podría tener consecuencias nefastas e impredecibles para Chávez y sus acólitos. Quizá se inspiraron en la legendaria maldición del faraón Tutankamón, que ha cobrado decenas de vidas. Lo cierto es que casualidad o maldición, el 10 de agosto de ese año murió con solo 42 años de edad, víctima de un cáncer intestinal, el tristemente célebre diputado Luis Tascón. En septiembre de ese mismo año falleció el irreductible comunista estalinistas director del diario VEA, órgano oficioso del chavismo, Guillermo García Ponce. En septiembre del mismo año 2011 perdió la vida en un trágico accidente el exparlamentario y gobernador en ejercicio del estado Guárico, William Lara. Y ese mismo mes y año dejó de existir el general Alberto Müller Rojas, amigo y valido de Blanca Ibáñez y beneficiario de la Cuarta República, devenido en ideólogo del socialismo del siglo XXI y custodio de la pureza revolucionaria en las filas chavista. En marzo de 2011 falleció de un infarto fulminante la lideresa popular Lina Ron, tenía apenas 51 años. En junio le tocó el turno de rendir cuentas al Altísimo, al contralor general de la República, Clodosbaldo Russián. El 16 de junio de 2011 Chávez anunció al país que padecía cáncer y en noviembre del mismo año se conoció que a la presidenta del Consejo

Electoral, Tibisay Lucena, se le había diagnosticado un cáncer «de abdomen». El 25 de enero de 2012 murió de un infarto, a los 57 años de edad, el exdiputado y procurador de la República en ejercicio, Carlos Escarrá. ¿Preocupante, o no?

Cuando la política se vuelve religión

La pregunta que nos hacemos venezolanos y extranjeros dentro y fuera de Venezuela es cómo después de trece años de desmanes, de dilapidar los mil veces billonarios ingresos que ha tenido el país –los más elevados de su historia–, de despojar a la gente de sus propiedades, de cerrar industrias y dejar en la calle a miles de trabajadores, de toneladas de alimentos (que hubiesen podido alimentar durante meses el país) podridos por causa de la ineficiencia y la corrupción, de escasez de alimentos y medicinas y de colapso de los servicios públicos básicos como el subterráneo o Metro de Caracas, aún la mitad y casi la mitad del país continúe siendo chavista. Un importante personaje del chavismo embrionario y neonato, hoy enfrentado a Chávez y a su gobierno, responde cuando se le hace esa pregunta: ¡Caramba, ¿es que tú no entiendes que el chavismo es una religión? La psicoanalista Ana Teresa Torres, autora de *La herencia de la tribu*, describe con gran lucidez cómo lo que hoy nos ocurre tiene sus orígenes en el fundamentalismo heroico que se forjó a partir de la gesta independentista. Solo si acudimos a los dogmas como explicación, podemos comprender la veneración de millones de venezolanos al héroe encarnado en Hugo Chávez. Pero ¿cómo explicamos la sumisión perruna de todos los representantes de los poderes públicos? Una vía para ayudarme a comprender ese fenómeno fue la película *La caída* y lo narré en un artículo con el mismo título publicado en *Analítica* en marzo de 2006:

> Una amigo germano parlante traduce correctamente el título de la película: es el hundimiento. También se podría traducir, más libremente, como el naufragio. Pero, más allá del nombre que se le haya dado en español, es un testimonio que todos los habitantes de este mundo convulsionado y enloquecido deberíamos ver, especialmente quienes padecemos de regímenes que coartan las libertades y vulneran la democracia. Muchos articulistas y analistas tanto venezolanos como extranjeros han llegado a comparar a Chávez con Hitler, este a su vez equiparó recientemente al expresidente José

María Aznar con el Führer. Se pueden contar por miles las caricaturas que le colocaban al ex primer ministro israelí Ariel Sharon unos bigotitos y un uniforme o gorra con esvásticas, para hacerlo ver como el clon del más grande genocida en la historia de la humanidad. Hoy es natural que se hable de Ahmedinejad, presidente de Irán como un nuevo Hitler o una reencarnación de este, por su vociferado propósito de liquidar al Estado de Israel. Ese facilismo comparativo nacido de la manera superficial como se aborda la historia reciente –60 años no es nada– banaliza sin duda la figura de un criminal sin parangones. Uno solo podría comparársele, José Stalin, pero la vergüenza cómplice de quienes por muchos años callaron ante sus crímenes masivos y hasta los justificaron, impide que se rinda homenaje a los más de treinta millones de seres humanos que hizo asesinar o dejó morir de hambre, frío y enfermedades en campos de concentración y de trabajo conocidos como Gulag.

¿Cuántos fueron los muertos de Mao en China, de Kim II Sung en Corea o del Jemer Rojo en Camboya? Se hace muy poca referencia a esos crímenes contra la humanidad porque sus perpetradores no perdieron la guerra y hasta allí no pudieron llegar los fotógrafos de prensa ni las cámaras de televisión. Un alto oficial norteamericano que visitó en 1944 un campo de concentración para prisioneros políticos en la Unión Soviética, creyó que se trataba de una fábrica; hasta ese punto llegaba el camuflaje para fines de opinión pública internacional.

La pregunta que nos hacemos una y otra vez en cada uno de estos casos es ¿qué hace posible que un solo hombre se erija en dueño absoluto de las voluntades de todo un país y pueda asegurarse lealtades para cometer los más abominables crímenes? Esa es, en mi opinión, la virtud esencial de *La caída*: mostrar cómo generales y oficiales del más alto rango y formados nada menos que con el rigor militar prusiano, pudieron transformarse en títeres manejados a su antojo por un ser delirante y fuera de sus cabales.

La película no nos muestra el comportamiento de Hitler desde que llega al poder en 1933, de manera que no pretende etiquetarlo como un psicópata, lo que justificaría en cierta medida su conducta genocida. Al limitarse a los días finales tiene como objetivo mostrarnos el fanatismo de algunos de los más cercanos colaboradores del Führer o Líder, pero sobre todo el servilismo cobarde de la mayoría. Algunos –los menos– compartían el delirio final del autócrata, pero los más sabían perfectamente lo que ocurría, solo que les aterraba contradecir al jefe máximo.

¿Por qué habría de infundirles tanto temor un hombre ya derrotado y evidentemente despegado de la realidad? Porque se había tejido, durante trece años, una red de adulación y de conductas acríticas e incondicionales que no podía romperse ni en esos momentos en que todo se había derrumbado. Son especialmente dignas de resaltar las relaciones entre quienes rodeaban a Hitler en esos días finales en el búnker de Berlín: la mayoría se odiaba entre sí, la desconfianza recíproca era la norma. Bastaba que alguna pretendiera hacer una leve crítica o ver las cosas con ojos realistas, para que los demás lo acusaran de traidor a la patria y sobre todo al Führer. Este ya no era más que una sombra sin otro poder que sus rabietas e insultos, pero había logrado como la mayor parte de los autócratas, que sus incondicionales temieran unos de otros. Tanto se arrastraron a los pies del Líder para ganar sus favores, tantas fueron las zancadillas de unos a otros para colocarse lo más cerca posible del jefe, tanta la pérdida del más remoto vestigio de amor propio y de dignidad; que al final todos esos generales y oficiales de alto rango que formaban el anillo de confianza de Hitler, no solo se hundieron con él sino que permitieron que la población civil alemana –su propio pueblo– sufriera de manera indecible por no producirse una capitulación oportuna. Evidentemente, es un exabrupto comparar a Chávez con Hitler, lo que no es nada descabellado es comparar a sus acólitos con los de aquel. Todas las evidencias muestran que son la misma cosa: no importa su inteligencia, cultura, experiencia, edad, grado militar, formación académica, todos deben adular al comandante, acatar sus órdenes por descabelladas que sean sin hacer siquiera un gesto de duda. Algunos, incluso, proponen acciones más absurdas que las que se le han ocurrido al Líder porque eso (creen ellos) les permite ganar puntos. La crítica está totalmente enterrada y en cuanto a la autocrítica dudamos mucho de que alguno tenga tiempo o disposición para practicarla aunque sea en silencio. Hombres y mujeres pierden su condición de seres pensantes para transformarse en marionetas de un teatro en que *monsieur* Guignol es Chávez.

Desde que vi *La caída* no hago más que preguntarme si los miembros del Poder Moral, los magistrados del Tribunal Supremo, los diputados de la Asamblea Nacional, los directivos del Consejo Nacional Electoral, ministros y oficiales vieran esa película, ¿se reconocerían en esos seres aterrados ante un hombre delirante que los convirtió en cosas?

Punto final

Concluyo esta narración cuando han transcurrido trece años de la llegada de Hugo Chávez a la presidencia y del fin del sistema democrático del que los venezolanos disfrutamos durante cuarenta años. La comencé en 2008 y por alguna razón sepultada en lo más profundo de mi subconsciente, fui dilatando su escritura hasta que decidí concluirla después de las elecciones primarias para escoger al candidato que debería disputarle la presidencia a Hugo Chávez. 2012 es un año crucial para el destino de Venezuela, pero jamás diría que es nuestra última oportunidad, esa letanía se ha repetido cada vez que nos hemos enfrentado a una de las casi anuales elecciones que el régimen ha propiciado para alimentar la farsa de su talante democrático. Nunca es la última oportunidad para un país y menos para uno que a pesar de todos los asaltos al sistema democrático, sigue empeñado en no dejárselo arrebatar.

Todo aquel que ha pretendido hacer carrera política durante estos últimos trece años, ha acudido a la coletilla de no volver al pasado como si en los cuarenta años que mediaron entre 1958 y 1998 nada positivo y digno de ser rescatado hubiese ocurrido en Venezuela. Muchos han caído así en la trampa montada por el chavismo para legitimar sus orígenes golpistas: negar cualquier mérito o logro a los gobiernos de Acción Democrática y Copei. De todos esos logros el más importante es haber consolidado una forma de vida en libertad y con respeto a los derechos ciudadanos gracias a la cual a Hugo Chávez le ha sido imposible doblegar este país. Venezuela ha estado dividida en dos bloques casi idénticos con ligeras variaciones hacia uno u otro extremo, uno que se adhiere al proyecto chavista y otro que se resiste a perder su derecho a disentir y a que se respeten sus derechos civiles, políticos y económicos. Otro gran logro mucho más importante que el habitual inventario de las obras públicas: viviendas, hospitales, autopistas, puentes, sistemas de comunicación vial, etcétera, es la extensión del sistema educativo y su acceso a todos los estratos socioeconómicos. La democracia sembró escuelas, liceos, tecnológicos y universidades de acceso gratuito en toda la geografía nacional. Hace apenas cincuenta años los jóvenes de provincia que deseaban concluir sus estudios secundarios y eventualmente seguir una carrera universitaria, debían viajar a Caracas o a las capitales de los estados más importantes, ya que en las pequeñas ciudades y pueblos no había liceos. De manera que estudiaban solo quienes tenían familiares en esas ciudades o podían costear su residencia en una pensión. La democracia puntofijista jamás pretendió ideologizar la educación en ninguno de sus niveles, el único valor político al que se consagró la enseñanza fue la democracia.

Al iniciarse el proceso preparatorio de las elecciones primarias que tenían como fecha el 12 de febrero de 2012 y cuando aparecieron en la escena los precandidatos que se medirían en esa contienda, tomé la decisión de votar por María Corina Machado y expuse mis razones en el artículo «Primarias con nombre de Mujer» publicado en *Analítica*, el 3 de diciembre de 2010.

Hasta hace un tiempo, el anterior a la consolidación de la Mesa de la Unidad Democrática y a la decisión sobre las primarias para elegir al candidato opositor, la letanía más repetida por propios y extraños era la falta de liderazgos visibles o convincentes en el sector adverso a Chávez. «Es que no hay líderes» oíamos y leíamos dentro y fuera del país. Era como si Chávez hubiese logrado un embrujo maléfico sobre buena parte de la oposición, hasta hacerle desear un líder que fuese el alter ego de aquel que nos tenía –psiquiátricamente comprobado– ilocos! De pronto aparecieron en el espectro político opositor, una cantidad apreciable de aspirantes a competir en las elecciones presidenciales del 2012. La queja entonces fue que eran demasiados, lo cual me revelaba una vez más que ciertos sectores de la oposición se solazan en la autoflagelación. Vino la decantación y quedaron cinco precandidatos que vimos en el debate televisivo del lunes 14 de noviembre. Ahora nuestras interrogantes se reducían a por quién votar.

No sé cómo habrá sido el proceso para esa decisión en el resto de los electores, pero me voy a permitir narrar el mío. Me gustó Diego Arria, sin duda el de mayor experiencia en las lides de gobierno y con un gran prestigio internacional como negociador en situaciones dramáticas. Me gustó Leopoldo López, porque además de joven y preparado, fue un magnífico alcalde del municipio Chacao. Me gustó aún más Henrique Capriles Radonsky porque llegó muy joven a la política y ha ido madurando hasta ser el gobernador exitoso de uno de los estados más extensos, complejos y heterogéneos del país. Se me encogió el corazoncito adeco con Pablo Pérez, el joven, valeroso y eficiente gobernador del Zulia, uno de los estados más golpeados por la saña del odio y el revanchismo chavistas. Sin embargo decidí votar por María Corina Machado y diré por qué. Corría el año 1975 declarado por la ONU como Año Internacional de la Mujer, y formé parte de la delegación venezolana a la conferencia mundial convocada con ese motivo, en Ciudad de México. Estaba en el público que asistía a un foro con participación de veteranas dirigentes políticas de distintos países. Todas sin excepción se quejaban amargamente de la discriminación contra la mujer, especialmente en el área política. Un hombre de mediana edad sentado a mi lado hacía gestos de desaprobación a esos discursos y sottovoce hacía sus críticas. No pude aguantar la curiosidad y le pregunté por qué estaba tan irritado. Me dijo que era historiador y como tal conocía cantidad de casos, a lo largo de los tiempos, de hombres que habían dado su vida por mujeres y de mujeres que habían dado su vida por hombres. Pero ninguno –y lo remachó– ininguuuno! de una mujer que haya dado su vida por otra mujer. Políticamente se entiende. El historiador conocía muy bien lo que ocurre con demasiada frecuencia en el mundo de las mujeres políticas: las envidias, las mezquindades y los celos que también existen entre los políticos hombres pero menos evidentes y radicales. Envidias, mezquindades y celos que hacen que las mujeres tengan sus peores adversarias en las de su propio género y que las unas no voten por las otras. El feminismo suele quedarse en el discurso y casi siempre está ausente en la práctica.

He decidido votar por María Corina porque es mujer pero no una del montón, sino con inteligencia, valentía, claridad de ideas y demostrada capacidad de entrega a las luchas por la democracia. Y porque, vistas esas cualidades, me siento obligada a ser consecuente con el reclamo de oportunidades para la mujer que repetí una y otra vez a lo largo de mi vida política. Ser mujer no garantiza mayor eficiencia o idoneidad para ejercer cargos de alta responsabilidad; el mejor ejemplo lo vemos en el conjunto de señoras que desde sus altas posiciones se arrastran a los pies de Hugo Chávez y entran en franca competencia por exhibir la mayor indignidad y sumisión ante el autócrata. Pero tener como contendora a Hugo Chávez a una mujer con las características de María Corina Machado es un privilegio que debe llenarnos de orgullo y esperanzas a mujeres y hombres de este país.

Los resultados de las primarias fueron una sorpresa para todos: gobierno y oposición. Su organización y su éxito fueron posibles en primer lugar gracias al compromiso de todos los partidos y organizaciones políticas que constituyeron la Mesa de la Unidad Democrática (MUD) en junio de 2009: Acción Democrática AD (1941), Socialdemocracia [1] Alianza Bravo Pueblo ABP (2000) Social democracia [2] Bandera Roja BR (1970) Marxismo-Leninismo Convergencia CVGC (1993), Socialcristiano [3] Cuentas Claras CC Centro progresista Democracia Renovadora DR (1997) Socialdemocracia [4] Electores Libres EL (2004) Federalismo [5] Fuerza Liberal FL (2003) Socialdemocracia [6] Gente Emergente GE (1991) Centro Izquierda Causa Radical LCR Sindicalismo [7] Movimiento al Socialismo MAS (1971) Socialismo progresista Movimiento de Integridad Nacional Unidad MIN Unidad (1978) Centro Derecha [8] Movimiento Ecológico de Venezuela MEV (2008) Ambientalismo [9] Movimiento Laborista ML (2002) Sindicalismo [10] Movimiento Republicano MR (1997) Centro derecha Por la Democracia Social Podemos (2002) Socialdemocracia Patria para Todos PPT (1997) Centro Izquierda Socialismo [11] Primero Justicia PJ (2000) Centro Humanismo [12] Proyecto Carabobo ProCatia (1995) Socialcristiano Proyecto Venezuela ProVe (1998) Socialcristiano [13] Unidad Democrática UDEMO (2008) Solidaridad Independiente SI 1996 Humanista cristiano [14] Unidos para Venezuela UNPARVE (2008) Centro Unión Republicana Democrática URD 1945 Nacionalismo progresista Un Nuevo Tiempo UNT (1999) Democracia Social [15] Venezuela de Primera VDP (2005) Centro Progresista Vanguardia Popular VP (2007) Izquierdista [16] Visión Venezuela VV Voluntad Popular. Sin esa plataforma de acuerdo creada por los partidos jamás se habría logrado la realización de las primarias. Los directivos de una junta de condominio saben lo difícil que es poner de acuerdo a personas tan diversas que comparten una propiedad. Cuando se trata de organizaciones políticas, la concertación se hace mucho más difícil porque están en juego intereses relacionados con las expectativas de poder que tiene cada grupo. Ramón Guillermo Aveledo como secretario ejecutivo de la MUD y luego Teresa Albanes Barnola, como presidenta de la Comisión Electoral de la misma, adquirieron con su inteligencia y brillantes actuaciones, una autoridad moral indiscutible e indiscutida fundamental para el triunfo del 12 de febrero.

La victoria contundente de Henrique Capriles Radonsky solo fue superada en las emociones que produjo, por la concurrencia de más de tres millones de electores a un proceso que por sus características nunca despierta demasiado interés en ninguna parte del mundo. La misma prensa y los mismos analistas y comentaristas políticos que apenas unos meses antes denigraban de la oposición venezolana por considerarla poco seria y nada consistente, han elogiado la experiencia de las primarias del 12 de febrero con un ejemplo para cualquier otro país. Una de las especies más difundidas fue la derrota de las maquinarias partidistas y el supuesto entierro de Acción Democrática y Copei. Sin esos dos partidos no habría sido posible conformar la MUD ni integrar los grupos de voluntarios que llevaron a feliz término el proceso, pero luego la gente votó por personas más que por partidos. La candidatura de Henrique Capriles Radonsky se transformó en un remolque para los aspirantes a gobernaciones y alcaldías que se sumaron a su fórmula. Sin embargo, se debe aceptar que Acción Democrática y Copei no volverán a ser lo que fueron y que así como nacen nuevos liderazgos, también nacen nuevas organizaciones con nuevas maneras de hacer política.

El rostro y el mensaje de Henrique Capriles Radonsky corresponden a estos tiempos novedosos y refrescan el ambiente político enrarecido por la siembra de odio y de violencia excluyente de Hugo Chávez y por el escepticismo y la autoflagelación de muchos opositores. Cuando se contrasta esa imagen con el rostro abotagado, repetitivo y cansón se concluye que el pasado es Chávez. Después de trece años de destrucción nacional y de vergonzosa sumisión al castrismo cubano, no hay peor tiempo pasado que el que representa el chavismo.

Con la serenidad que dan los años que hoy tengo, esos mismos que me permiten ver hacia atrás sin rencores, puedo ver hacia adelante con la seguridad de que nuestros hijos y nietos vivirán tiempos mejores, sin miedo a ser despojados de sus vidas y de sus bienes por un gobierno permisivo con los delincuentes y arbitrario con la gente de trabajo y bien. Y con la esperanza de que los cientos de miles de venezolanos que eligieron la dureza del exilio para huir de la inseguridad personal, de la falta de horizontes y de la mediocrización creciente del país, puedan reunirse de nuevo en esta tierra de gente buena, noble, acogedora y generosa.

Este libro se terminó de imprimir
el mes de febrero de 2018 en los
talleres de Gráficas Lauki, C.A.